Dictionnaire des anges et des saints protecteurs

Sous la direction de l'équipe de la Centrale d'achats Maxi-Livres

Direction
Alexandre Falco

Responsable des publications
Françoise Orlando-Trouvé

Responsable de la collection
Stéphanie Lascar

Fabrication
Guillaume Bogdanowicz

Découvrez nos offres
et nos magasins sur le site :
www.maxi-livres.com

Garantie de l'éditeur
Malgré le soin apporté à sa réalisation,
cet ouvrage peut comporter des erreurs ou omissions.
Nous remercions le lecteur de bien vouloir
nous faire part de toute remarque à ce sujet.

Ouvrage réalisé avec la collaboration de :

Yann Gwennrann (anges)
Léopold de Vence (médailles)
Thomas Decker (saints)

Adélaïde Morin

Dictionnaire des anges et des saints protecteurs

- *Choisir son ange gardien et savoir l'invoquer;*
- *choisir, en fonction de ses problèmes, son saint protecteur;*
- *médailles miraculeuses...*

AVANT-PROPOS

D'un côté il y a le diable et ses démons, qui nous veulent du mal, de l'autre il y a les anges qui nous gardent et les saints qui nous protègent. Ce dictionnaire encyclopédique vous présente ces « amis qui vous veulent du bien » :

— Plus de 200 saints guérisseurs, avec leur histoire, parfois leur légende, et leurs « spécialités », qu'on peut invoquer sur plus de 340 maladies ou problèmes recensés, de l'abcès au mal d'yeux, des disputes conjugales aux oedèmes, de l'eczéma aux engelures, pour ne pas se perdre dans la nuit ou pour gagner un procès, pour dresser des loups ou faire revenir le soleil...

— Plus de 80 anges protecteurs, parmi lesquels, en fonction de votre jour de naissance, vous choisirez celui qui vous accompagnera de son aura tutélaire.

— Plus de 60 médailles miraculeuses, avec les prières appropriées pour se soigner et se guérir ainsi qu'on le faisait au Moyen Âge, en vertu de l'adage qu'*il n'y a que la foi qui sauve...*

Outre ces connaissances souvent pittoresques, héritées d'une tradition très lointaine, cet ouvrage vous propose aussi tous les passages de la Bible (Apocalypse comprise) et du Coran où il est question des anges, ces entités restées mystérieuses mais qui, avec ce livre, le seront un peu moins...

Les tableaux **Comment choisir son ange gardien selon sa date de naissance** et **Comment choisir son saint selon son mal** figurent en fin de volume.

A

ABBÉ JULIO

Né en 1844 dans la Mayenne, fils d'un ouvrier du bâtiment, l'abbé Julio (Houssaye, de son vrai nom) entre au séminaire et devient, lorsqu'éclate la guerre de 1870, aumônier des Volontaires de l'Ouest. Vicaire à Paris, ses idées sociales et humanitaires, si elles lui valent la faveur de ses fidèles, lui attirent la méfiance de sa hiérarchie, qui l'exclut, en 1888, pour ses prises de positions gallicanes. Pour survivre, il donne des leçons, et, tout en effectuant de nombreuses recherches dans les anciens rituels de l'Église, découvre le pouvoir magnétique des mains, et les guérisons qu'il entraîne. Il écrit plusieurs ouvrages et est consacré, en 1904, évêque et chef de l'Église catholique libre de France, une église dissidente qu'il veut affranchie des lois de l'Église catholique et romaine. Il meurt en 1912. Ses *Grands Secrets merveilleux,* ainsi que ses pentacles sont toujours très appréciés des connaisseurs.

ABBÉ JULIO (MÉDAILLE DE L')

On l'invoque pour aider à la guérison des maladies physiques et morales, et se recharger en énergie spirituelle. *Hymne à l'Amour universel,* écrit par l'abbé Julio lui-même, et à utiliser comme invocation :

Il est un amour, auguste et pur flambeau, / C'est l'Amour du Grand Dieu, seul Bon! Seul Vrai! Seul Beau! / Quand le Ciel est à moi, que m'importe la Terre ? / Mais je n'aime pas Dieu, si je n'aime mon frère : / J'imite mon Jésus, je calme la douleur, / Je donne la santé... Pour mon frère ou ma sœur / Toujours brûle d'amour mon âme inassouvie, / Et pour l'Humanité, je donnerais ma vie... / Ah, c'est ainsi qu'on aime au céleste Séjour ! / Toi seul es vrai, Divin amour ! / Amen.

ABEL (SAINT)

Abel vient de l'hébreu *helvel,* synonyme de « fragile ». Irlandais, Abel (fête : le 5 août) vient en Gaule au VIIIe siècle avec des missionnaires. Ses prédications l'entraînent jusqu'en Frise. Nommé évêque de Reims, il occupe le siège épiscopal trois ans, avant d'en être chassé par un usurpateur. Il se retire à l'abbaye de Lobles (Pays-Bas), dont il devient l'abbé. Il y reprend sa mission d'évangélisateur, à Liège et dans le Hainaut. Il y meurt vers 760. Parce qu'il a évangélisé les païens de l'actuelle Belgique, saint Abel était invoqué pour chasser le Démon.
Autre Abel (fête : le 2 janvier), celui de la Bible, le fils d'Adam et Ève. Berger, il est tué par son frère Caïn, qui travaille la terre, et jaloux de lui car Dieu a préféré son offrande (un agneau immolé) à la sienne (une partie de sa récolte). Les moribonds l'invoquaient, car il a été le premier mort de l'humanité.

ABRAHAM (SAINT)

Abraham vient de l'hébreu *ab raam,* « Père des nations ». Abraham (20 décembre) est un personnage important de la Bible. Patriarche des Hébreux, il quitte avec eux, deux millénaires avant l'ère chrétienne, le pays d'Ur (Chaldée) pour le pays de Canaan. Ancêtre des Juifs et des Arabes, il n'hésite pas à sacrifier son fils Isaac sur l'ordre de Dieu (au dernier moment, un bélier lui est substitué). Saint Abraham (fête : le 15 juin), était invoqué pour faire tomber la fièvre. Il vécut au Ve siècle ; d'origine égyptienne, prisonnier de pirates, il put s'enfuir en Gaule. Il fonda un monastère en Auvergne.

ACACE (SAINT)

Acace (ou Achate) était évêque de la ville d'Antioche, en Phrygie (Antakya, dans l'actuelle Turquie), au IIIe siècle. Lors de persécutions contre les chrétiens, il soutint, contre le gouverneur, une querelle théologique qui mit ce dernier dans l'embarras. Il fit emprisonner Acace, mais envoya à l'empereur le récit du procès. L'empereur, impressionné par la sagesse d'Acace, ordonna de le remettre en liberté, et de le laisser pratiquer librement sa religion. Bien que ne figurant pas dans le martyrologe romain, Acace est un saint vénéré de l'Église d'Orient (fête : le 31 mars).

ACACE (MÉDAILLE DE SAINT)

On l'invoquait contre l'injustice, ou pour protéger une personne prise en otage.

Saint Acace, toi qui devant les juges as défendu le seul et véritable Dieu qui est assis au-dessus des Chérubins et des Séraphins, aide-moi de tes conseils et donne-moi les mots pour plaider ma cause, que tu sais juste ; Saint Acace, que ta sagesse illumine ceux qui me jugent, et qu'enfin éclate mon innocence. J'espère en ton soutien, j'espère en ta sagesse. Donne-moi la force de mener mon combat jusqu'à ce qu'éclate la vérité. Amen.

ACHAIAH (ANGE)

Si vous êtes né du 21 avril au 25 avril, votre ange gardien est Achaiah, séraphin, dont le nom signifie : « *Dieu bon et patient* ». Achaiah encourage la vivacité mentale, l'intelligence et la réceptivité. Il favorise la compréhension. Achaiah est considéré par la tradition comme un messager céleste qui s'oppose avec succès au matérialisme. L'ange Achaiah aide à combattre le désir effréné de possessions, l'envie d'accaparer ce qui appartient à d'autres. Il révèle aussi les mystères de la nature, afin que l'on puisse s'harmoniser avec eux.

Cet ange, associé à la planète Mercure, donne beaucoup d'habileté manuelle (il est responsable des bras et des doigts et parraine les sculpteurs, les potiers et les artisans du bois et de la pierre) ; il donne aussi la patience, le sens du travail bien fait. Enfin, l'ange Achaiah favorise les individus à l'esprit ouvert et épris de liberté. Lorsqu'on l'invoque, il aide à acquérir la patience d'apprendre avant d'entreprendre, et la persévérance lorsque l'on se met à l'œuvre.

ADAM (SAINT)

Adam vient de l'hébreu *adama,* fait de glaise. Adam (fête : le 24 décembre) est le père de l'humanité. C'était tout sauf un saint, puisqu'Ève, lui ayant fait croquer la pomme de la Connaissance, il fut chassé du Paradis terrestre et obligé de gagner son pain, lui et ses descendants, à la sueur de son front. À saint Adam, patron des jardiniers, puisque premier occupant du jardin d'Éden, on demandait du soleil.

ADRIEN (SAINT)

Adrien de la racine latine *Hadria,* une ville de Vénétie (racine que l'on retrouve aussi dans le nom de la mer *Adriatique*). Officier de l'armée impériale, Adrien (fête : le 8 septembre) persécute des chrétiens à Nicomédie (actuelle Turquie). Mais, pour l'amour de Nathalie, chrétienne, se convertit. Emprisonné avec ceux qu'auparavant il condamnait, il est martyrisé le 4 mars 306, sous Dioclétien. Saint Adrien est le patron des bourreaux, des bouchers, des gardiens de prison et des brasseurs de bière !

Un autre saint Adrien (fête : le 4 mars), lui aussi d'origine romaine, fut un évêque envoyé en Écosse pour y convertir les populations, au IXe siècle. Il y fut mis à mort par les Normands. On l'invoquait pour ressouder les jambes cassées.

AGATHE (SAINTE)

Agathe vient du grec *agathos,* « bon ». Sainte Agathe (fête : le 5 février), vierge de Sicile au IIIe siècle, était si belle qu'un juge romain voulut l'épouser. Mais parce qu'elle avait repoussé ses avances, il la fit flageller comme chrétienne. Elle ne céda pas. Alors il lui fit couper les seins. Mais, dans sa prison, Agathe fut guérie de ses blessures par saint Pierre. Ses bourreaux la déchirèrent avec des griffes de fer et l'achevèrent en la traînant sur des charbons ardents. Les artistes, souvent, la montrent présentant ses seins sur un plat. Sainte Agathe, très populaire en Sicile, dont elle est la patronne, passait pour protéger l'île des éruptions de l'Etna quand on portait ses reliques au pied du volcan. Patronne des bijoutiers, des fondeurs de cloches, des tisserands et des nourrices.

AGATHE (MÉDAILLE DE SAINTE)

Elle était invoquée par les nourrices pour avoir du lait :

> *Sainte Agathe, toi dont les seins furent lacérés par les bourreaux avec des ongles de fer; toi qui eus la poitrine coupée, mais dont le bon saint Pierre effaça miraculeusement les plaies dans le secret ton cachot, Bienheureuse Agathe, toi qui sais ce que je souffre, donne du lait à mes seins, aide-moi à guérir de ma poitrine et des blessures de mon âme. Amen.*

AGNÈS (SAINTE)

Agnès vient du grec *hagnos,* « pureté ». Sainte Agnès (fête : le 21 janvier), à 13 ans, préféra mourir plutôt que de renoncer à sa foi, après avoir été dénoncée par des jeunes gens dont elle avait repoussé les avances. D'après les Romains, elle fut arrêtée, lacérée par des griffes de fer. Des hommes proposèrent de l'épouser pour mettre fin à son supplice. mais elle refusa, préférant la virginité et la mort. Le bourreau, excédé, lui trancha la tête (ou lui plongea un glaive dans le cœur). Selon les Grecs, comme elle ne voulait pas renoncer à sa foi chrétienne, elle fut conduite dans une maison de passe. Mais le premier homme qui s'approcha d'elle tomba, foudroyé (devint aveugle, selon une autre version). Agnès le guérit, et se rendit elle-même sur un bûcher où elle fut brûlée vive. C'était à Rome vers l'an 300. Ses reliques y sont toujours conservées. Agnès était invoquée par les jeunes filles lorsqu'elles pressentaient, en des circonstances douteuses, leur virginité menacée, ou pour surmonter l'angoisse des premières règles.

AIGNAN (SAINT)

Aignan est la francisation du nom latin *Anianus*. Saint Aignan (fête : le 17 novembre), d'origine hongroise (sa famille avait fui les Goths), évêque d'Orléans au ve siècle après avoir été ermite, organisa avec succès, en 451, la résistance de la ville contre Attila. Aignan y mourut le 17 novembre 453, à l'âge de 95 ans. Saint Louis avait pour lui une dévotion particulière. Saint Aignan, patron des cordonniers, était invoqué pour faire cesser la pluie !

ALADIAH (ANGE)

Si vous êtes né du 6 mai au 10 mai, votre ange gardien est Aladiah, chérubin, dont le nom signifie : « *Dieu propice* ». Aladiah apporte à ceux qu'il parraine une lumière intérieure qui éclaire aussi bien leur raison que leur intuition, et leur permet d'éviter les pièges de l'existence comme les mirages de l'idéalisme. Cette lumière augmente leur capacité à utiliser les forces invisibles qu'ils possèdent au tréfonds de leur être. Aladiah encourage aussi ceux qui veulent surmonter ces difficultés et ces détresses résultant d'un manque d'amour et d'harmonie. Au quotidien, l'ange Aladiah permet de lutter contre les dépressions, et contre l'idée que la souffrance rapproche du salut ou que les privations élèvent l'âme. Aladiah exige le respect de son propre corps. Ceux qui sont marqués par Aladiah accordent une grande importance aux relations sociales et privilégient la mesure et la discrétion, dans les actes comme dans les paroles. Cet ange, associé à la planète Uranus veille à l'entretien du corps, à son hygiène et à son système immunitaire. Lorsque l'on invoque Aladiah, il apporte son soutien pour se libérer de tendances autodestructrices liées à des culpabilités irraisonnées.

ALBERT (SAINT)

Albert vient du haut allemand *adal*, « noble », et bert, « brillant ». Saint Albert (fête : le 15 novembre), dominicain surnommé Albert le Grand, fut, au XIIIe siècle, un théologien allemand et un scientifique de renom. L'un de ses disciples fut saint Thomas d'Aquin, mort à Cologne le 15 novembre 1280. La place Maubert, à Paris, lui fut dédiée (Maubert est la contraction de « maître Albert »).
Autre saint Albert (fête : le 7 août), un moine de Sicile qui convertit les Juifs de Messine, au début du XIVe siècle ; on l'invoquait en cas de défaillance sexuelle.

ALBIN (SAINT)

Forme dérivée d'Alban. Saint Albin (fête : le 1er mars), au VIe siècle, fut évêque d'Angers. Il protesta contre les mœurs incestueuses des seigneurs francs qui, pour s'emparer d'héritages, épousaient leurs sœurs et leurs nièces. Saint Albin était invoqué lorsqu'on ne savait comment rembourser ses dettes !

ALEXIS (SAINT)

Alexis vient du grec *alexein,* « qui repousse les ennemis ». Prénom dérivé d'Alexandre, il apparaît au IVe siècle à Rome. Saint Alexis (fête : le 17 juillet), né à Rome vers 350, a une vie si exemplaire que même les chrétiens, des siècles plus tard, l'ont trouvée trop belle pour être vraie. Fils de sénateur, le soir de son mariage, qu'il refuse de consommer, il part vivre d'aumônes, désirant trouver Dieu par la pauvreté. Il vit dix-sept ans sous le porche d'une église, à Édesse, puis, en haillons, revient à Rome, chez lui, en se faisant passer pour un mendiant. Personne ne le reconnaît, et il vit encore dix-sept ans de la charité des siens qui ne savent son identité qu'à sa mort : il a écrit son histoire sur un morceau de parchemin qu'il lâche en expirant... Il était invoqué par ceux et celles qui voulaient échapper au mariage.

Autre saint Alexis, un marchand de Florence qui vendit ses biens pour se mettre au service des pauvres et fonder l'ordre des Servites de Marie. Il mourut centenaire en 1310.

ALPHONSE (SAINT)

Alphonse vient du germanique *adal,* « noble », et funs, « rapide ». Saint Alphonse-Marie de Liguori (fête : le 1er août) naquit à Naples en 1696, dans une famille noble. À 17 ans, il était déjà docteur en droit canon ! Les plus riches familles lui présentaient leurs filles à marier, mais il avait choisi le célibat, et prit l'habit monastique en 1722. Il prêcha autour de Naples, et fonda la Congrégation du Très-Saint-Rédempteur pour assister les malheureux. Lors d'une famine, il vendit ses biens pour aider les pauvres de son diocèse (il avait été nommé évêque). Il mourut à 91 ans et fut proclamé Docteur de l'Église en 1839. Saint Alphonse était invoqué par ceux qui se sentaient devenir malhonnêtes, mais avaient encore assez de lucidité, ou de prudence, pour tenter de revenir dans le droit chemin...

AMBROISE (SAINT)

Ambroise vient du grec ambroisios, l'ambroisie, nourriture des dieux. Fils d'un préfet des Gaules, saint Ambroise (fête : le 7 décembre) naquit à Trêves, vers 340, dans une famille romaine, mais chrétienne. Avocat réputé, il fut choisi comme évêque par la foule, sans l'avoir demandé. Il accepta la charge et mit son érudition au service de l'Église, déjà agitée de mouvements hérétique, et sa fortune au service des pauvres. Il introduisit le chant religieux dans les cérémonies religieuses. Mort le 14 avril 394, il fut déclaré Docteur de l'Église. Il fut l'un des artisans de la conversion de saint Augustin. Saint Ambroise, qui avait tout donné aux pauvres, était invoqué par les avares... Mais il était aussi invoqué par ceux qui avaient des ruches : le saint était le protecteur des abeilles car, lorsqu'il prêchait, sa parole était si suave que les abeilles se posaient sur lui, croyant y butiner du nectar... Autre saint Ambroise (fête : le 16 août), un légionnaire romain martyrisé en 303 ; on le fit périr d'étouffement dans un réduit surchauffé. Il était invoqué par ceux qui avaient du mal à supporter les canicules...

AMÉDÉE (SAINT)

Amédée vient du bas latin *Amadeus,* « aimé de Dieu ». Saint Amédée (1435-1472, fête : le 30 mars) était duc de Savoie. Marié à Yolande de France, il fut obligé, à cause de ses crises d'épilepsie, de lui abandonner le pouvoir, ce qui provoqua la jalousie de ses frères, qui firent appel au duc de Bourgogne, Charles le Téméraire. Détaché des affaires politico-guerrières, Amédée IX nourrissait les pauvres, faisait bâtir des hôpitaux et des couvents. Il mourut le 30 mars, veille de Pâques et ses sujets en firent un saint. Saint Amédée était invoqué pour lutter contre l'épilepsie (dit aussi mal caduc) dont il avait, lui aussi, souffert...
Autre saint Amédée, lui aussi savoyard, un moine du XIIe siècle qui dirigea l'abbaye de Hautecombe (Savoie) et fut évêque de Genève.

ANASTASE (SAINT)

Anastase vient du grec *anastasis,* « après avoir disparu ». Saint Anastase était soldat du roi de Perse, au VIIe siècle ; il participa à un pillage de Jérusalem. Ayant été en contact avec un morceau de la vraie Croix, il se convertit au christianisme et reçut « Anastase » comme nom de baptême (fête : le 22 janvier). Après avoir vécu dans un monastère, il fut fouetté puis torturé à mort pour avoir refusé de revenir vers ses anciens dieux, le 22 janvier 628. Il était l'un des patrons des orfèvres.
Un autre saint Anastase fut pape de 398 à 402 (fête : le 27 avril). Il lutta contre les hérésies, et exhorta les évêques à répandre l'Évangile. Saint Jérôme, qui parlait d'or, disait de lui qu'il était d'une riche pauvreté !
Saint Anastase (fête : le 7 septembre), martyrisé au IVe siècle, à Venise, pour avoir manifesté son soutien aux chrétiens

en peignant une croix sur sa porte, était invoqué pour les blessures aux mains...
Saint Anastase (fête : le 21 avril), abbé d'un monastère sur le mont Sinaï, au VIIIe siècle, auteur d'ouvrages de piété à l'usage des jeunes gens, était invoqué par ceux qui étaient importunés par des homosexuels.
Saint Anastase (fête : le 11 janvier) abbé d'un monastère italien au VIe siècle, était invoqué en cas d'orage...

ANAËL (ANGE)

Ange de Vénus. Ange des amours. Voir *Apocalypse (Anges dans l')*.

ANASTASIA (SAINTE)

Anastasia est une forme féminine d'*Anastase,* dérivée d'*Anastasie*. Deux saintes Anastasie ont connu des destins identiques. Issues de riches familles romaines, elles furent suppliciées parce que chrétiennes, au IIIe siècle. La première (fête : le 28 octobre) eut les flans brûlés avec des torches, les ongles et la langue arrachés, les dents cassées ; comme elle implorait Dieu en levant les mains, on les lui coupa aussi, avant de la décapiter. Elle était invoquée pour le traitement des tumeurs du sein, et les maladies de la langue.
L'autre Anastasia (fête : le 25 décembre) fut brûlée vive. Elle est la patronne des femmes brutalisées par leurs époux.

ANAUËL (ANGE)

Si vous êtes né du 31 janvier au 4 février, votre ange gardien est Anauël, archange, dont le nom signifie : « *Dieu infiniment bon* ». Anauël permet d'associer méthode et lucidité, ce qui donne un grand discernement et beaucoup de logique. Il accorde aussi l'amour de la précision, qu'il associe à beaucoup de pragmatisme. Selon la tradition, Anauël permet de lutter contre ce qui fausse le jugement, les mauvaises interprétations et les influences négatives de l'entourage. Au quotidien, l'ange Anauël apporte un soutien sans faille à la

lutte menée contre la tromperie et l'abus de confiance. Anauël permet, par son énergie, de s'opposer efficacement à tous ceux qui utilisent la sensibilité et la compassion pour tricher. Il aide à s'opposer à toute manipulation, que ce soit dans le domaine social, sentimental ou spirituel. Par ailleurs, cet ange apporte à ceux qu'ils protègent le sens inné du commerce, de la communication et un bel enthousiasme.
Cet ange, associé à la planète Mercure, a la maîtrise sur la faculté de réaction du corps face aux agressions extérieures, sur sa capacité de cicatriser rapidement en cas de blessures et d'accidents. Lorsque l'on invoque l'ange Anauël, on lui demande son soutien pour éviter les problèmes de susceptibilité qui rendent la vie difficile et aggravent les épreuves au lieu de les simplifier.

ANDRÉ (SAINT)

André vient du grec *anthropos,* et du latin *andreas,* « homme ». André (fête : le 30 novembre) est l'un des douze apôtres de Jésus-Christ, pêcheur sur le lac de Tibériade, comme son frère Simon, qui devint saint Pierre. Après avoir évangélisé la Grèce, il fut crucifié à Patras, sur une croix en forme de X, dite depuis « croix de saint André » (celle que l'on retrouve sur le drapeau du Royaume-Uni).
Saint André a sous son patronage la Grèce, l'Écosse, la Russie mais aussi les bouchers, les cordiers et tous les métiers relatifs au poisson, référence à son premier métier. Il était invoqué pour soigner les maux de gorge, mais aussi par les filles en mal de mari. Elles devaient, avant de se coucher, croquer la moitié d'une pomme, placer l'autre moitié sous leur oreiller, et faire une prière à saint André (*voir* invocation ci-après). Le saint, pendant leur sommeil, leur indiquait le moyen de séduire leur futur mari.
Un autre saint André, né à Naples au XVIe siècle (fête : le 10 novembre), réforma les ordres monastiques en Italie. Il refusa par humilité un siège d'évêque, combattit avec dureté l'hérésie protestante, et fut l'un des auxiliaires les plus zélés de l'Inquisition. Il mourut d'une crise d'apoplexie alors qu'il

disait la messe, le 10 novembre 1608. Il était invoqué par ceux qui redoutaient une crise d'apoplexie, et par ceux qui voulaient perdre l'habitude de mentir (car avant d'être moine, il avait été avocat, métier avec lequel il avait rompu après avoir constaté le pouvoir ambigu de la parole).
Saint André Corsini (fête : le 4 février), d'une famille de Florence au XIVe siècle, de joueur et noceur, se fit carme et devint un modèle de compassion pour les pauvres. Il était invoqué par ceux qui voulaient se délivrer du démon du jeu.

ANDRÉ (MÉDAILLE DE SAINT)

Invocation pour trouver un mari :

Bon saint André, fais, je t'en supplie, que je me marie; Bon saint André, fais qu'il soit à mon gré; Beau, fidèle et gentil, ô bon saint André, fais qu'il en soit ainsi, et parmi les garçons que nous aurons, l'un portera ton nom; Amen.

Invocation pour lutter contre les maladies :

Saint André, que rien n'arrêta dans les prédications de la vraie foi, donne-moi de ta force pour jeter hors de mon corps ce mal qui me fait souffrir. Saint André, qui te dépouillas de tout pour suivre Notre Seigneur
jusqu'au pied de la Croix, dépouille-moi de mon mal, afin que je puisse, à ton exemple, donner l'exemple du bien; tu peux tout sur moi, et avec toi, je pourrais tout. Saint André, commande au mal de disparaître, et répands ta grâce sur mon corps, au nom du Père, et du Fils, et du Saint-Esprit. Amen.

ANGE

Du latin *angelus*, lui-même venu du grec *angelos*, signifie « messager ». Intermédiaires entre Dieu et les hommes, êtres spirituels souvent guides et gardes attentionnés des humains, mais quelquefois chargés d'accomplir la Justice divine, tel l'Ange exterminateur, parfois munis d'une épée (*Apocalypse*), parfois musiciens et hérauts; il existe différentes sortes d'anges. Il y a des séraphins, des chérubins et des archanges, dont les plus connus sont saint Michel, saint Gabriel et saint Raphaël.

C'est un archange, Gabriel, qui annonce à la Vierge Marie la naissance de Jésus. Les chérubins étaient pour les Hébreux les gardiens de l'Arche d'Alliance placée dans le saint des saints, au cœur du Temple de Jérusalem.
Les anges incarnent la pureté, la beauté, la sérénité. Ils sont représentés, dans les arts, avec des ailes, parfois revêtus d'une armure, parfois d'une longue robe blanche, tandis que d'autres, les *angelots*, sont potelés et enfantins. Les anges peuvent être *crucifères* (porteurs de croix) ou *thuriféraires* (porteurs d'encensoir).
Pour les musulmans, qui ne les représentent pas mais admettent leur existence, il s'agit d'êtres mi-spirituels et à mi-humains, figurés sous l'aspect de génies volants.
Voir *Hiérarchie des anges gardiens.*

ANGE GARDIEN

Selon l'ancienne religion des Chaldéens, sept dieux conçurent les jours de la semaine et chacun d'eux fut mis sous leur maîtrise. Les Égyptiens organisèrent leur calendrier suivant un principe identique, et les dieux de leur panthéon patronnèrent les jours, les semaines et les mois de leur année, année elle-même placée sous l'autorité céleste, créatrice de tous les êtres vivants. Ce principe, associant les entités du ciel et le fonctionnement terrestre se retrouve aussi dans la Bible où les différentes énergies (ou aspects) du Dieu Seigneur , l'Éternel, portent les noms d'anges, d'archanges, de séraphins, de chérubins et président aux mêmes moments de la journée, aux mêmes jours de la semaine et aux mêmes périodes de l'année.
Pour parler aux grands dieux ou à l'Éternel, les hommes se sentirent souvent malhabiles ou trop timorés, c'est pourquoi ils eurent besoin d'intermédiaires de confiance. Depuis l'aube de l'humanité, les fées, les petits dieux, les nymphes ou les génies, puis les anges, jouèrent ce rôle indispensable. Ces entités trop souvent associées au paganisme, représentèrent une partie, ou plus exactement un aspect, une fonction, céleste et spirituelle, pratique et humaine, de Dieu, unique et insurpassable. Ainsi, les anges furent à l'image de

Dieu qui, Lui-même, créa l'homme à son image. C'est la raison pour laquelle les théologiens chrétiens affirment que les anges sont *l'aspect intelligible de Dieu.* Considérés sous cet angle, on peut ajouter que nous ressemblons aux anges et que, peut-être, nous le sommes parfois, ce qui ne pourra que nous réjouir. Mais, attention... Un vieil adage nous prévient : *qui veut faire l'ange fait la bête !*

Dans la tradition biblique, les anges portent tous un nom rappelant leur fonction et qualité, mais aussi leur nature divine puisque le suffixe « *El* » est, en hébreu et dans les langues sémitiques, le nom de Dieu. C'est ainsi que, lorsque l'on invoque l'ange Rapha*ël*, dont le nom signifie « guérisseur de Dieu », ou Micha*ël* dont le nom signifie « qui est comme Dieu » on prononce également le nom sacré de Dieu, c'est-à-dire « *El* ». De même, lorsque l'on invoque les anges nommés Damab*iah*, Elem*iah* ou Lehah*iah*, ou tout autre ange dont le nom se termine par le suffixe « *Iah* » on prononce également le nom sacré de Dieu sous sa forme féminine, c'est-à-dire « *Iah* », évoquant par « *El* » ou « *Iah* » la dualité universelle Lune-Soleil, masculin-féminin. Ainsi, que l'on invoque Reha*ël*, Dani*el*, Damab*iah* ou n'importe quel autre ange, c'est toujours à Dieu que s'adresse en fin de compte la prière.

Le rôle des anges n'est pas de transformer le monde mais de donner un sursaut de courage dans les moments difficiles, de guider et de prévenir des épreuves à venir, par intuition ou par des rêves. Les anges gardiens, appelés aussi entités tutélaires, doubles éthérés ou conscience, sont chargés de veiller sur les mortels. Cette conception du rôle des anges est proche de celle de l'astrologie qui considère que les astres, énergies ou dieux planètes, qu'elle utilise, ne déterminent jamais le destin mais aident à l'accomplir.

ANGE GARDIEN (MÉDAILLE DE L')

Il n'y a pas de jour particulier pour fêter son ange gardien (tous les jours sont bons), surtout le jour de votre anniversaire (obligatoire). Ne pas confondre avec la fête de saint Ange, le 14 février. Saint Ange était un ermite italien du

XIIIe siècle qui fit pieds nus le pèlerinage à Saint-Jacques-de-Compostelle. Son extrême gentillesse l'a rendu célèbre. On invoque son ange gardien pour se sentir en sécurité et pour ne pas se sentir seul face aux difficultés de la vie :

Ange gardien, esprit sage et bienveillant, messager de Dieu dont la mission est d'assister les hommes et de les conduire dans la bonne voie, soutiens-moi dans les épreuves de la vie ; et donne-moi la force de les subir sans murmure ; Mon Ange gardien, détourne de moi les mauvaises pensées et éloigne de moi le mal, éclaire ma conscience sur mes défauts, lève de dessus mes yeux le voile de l'orgueil qui m'empêche de les voir ; Mon Ange gardien, fais que je me rende digne de ta bienveillance ; tu connais mes besoins, et mes doutes, et mes prières ; qu'il en soit fait, par ton intermédiaire, de la volonté de Dieu ; Mon Ange gardien, éclaire-moi aujourd'hui, garde-moi, guide-moi, et gouverne-moi demain ; Amen.

ANGÈLE (SAINTE)

Angèle est un dérivé féminin d'Ange. Sainte Angèle (fête : le 27 janvier), née en Italie du Nord en 1474, orpheline à 16 ans, utilise sa fortune pour créer un ordre religieux, les Ursulines, consacré à l'éducation des jeunes filles. Lors d'un pèlerinage à Jérusalem, elle est frappée de cécité, parcourt la ville sainte sans la voir, mais retrouve la vue en repassant par l'endroit où elle l'a perdue. Elle meurt en 1540. Sainte Angèle, grande éducatrice, était invoquée par les parents pour aider les jeunes filles à conserver leur virginité.

ANGÉOLOGIE

L'angéologie est la science des anges comme la démonologie est celle des démons (*voir* ce mot). Anges et démons procèdent du même substrat spirituel qui se divise en Bien pour les anges et en Mal pour les démons. Les armées angéliques ne sont pas moins nombreuses que les légions diaboliques. La Bible personnalise trois archanges :

— Michaël (ou Michel), prince des armées du Ciel ; l'Église en fait son défenseur et le patron de la chevalerie ; en

revanche, la chevalerie templière se réclamera de Notre Dame et de Saint André. Le culte de Michaël combattant le Dragon s'est développé en Occident aux ve et vie siècles.
— Gabriel, héraut de Dieu.
— Raphaël, archange des guérisons.
Selon la tradition hébraïque de l'Ancien Testament, les anges forment des armées innombrables à partir desquelles on a établi une hiérarchie angélique en trois ordres et neuf chœurs (le premier de ces commentateurs est Denys, premier évêque de Paris au iiie siècle). Mais en Égypte, les anciens gnostiques invoquaient déjà, par des magies de protection, les sept archanges. Dans l'église Saint-Ange de Palerme, une fresque du xvie siècle reproduisait les sept archanges avec leurs noms et attributs : — Michaël *Victorius.* — Gabriel *Nuncius.* — Raphaël *Medicus.* — Uriel *Fortis Socius.* — Jehudiel *Remunerator.* — Barachiel *Adjutor.* — Seatiel *Orator.* À la même époque, un retable de l'église Sainte-Marie-des-Anges présentait une iconographie identique.
Selon la tradition hébraïque, l'angéologie est commandée par l'Éternel des Armées, en l'occurrence Jéhovah, ou Yahvé, qui apparaît comme un démiurge despotique. Tradition qui opère un net distinguo entre les démons (esprits mauvais) et Satan, ange certes déchu mais toujours soumis à l'autorité de Dieu pour imposer aux hommes les épreuves terrestres.
Les anges ont-ils une *corporalité* ? La querelle sur le sexe des anges, qui déchira l'Église byzantine, est toujours d'actualité. La Bible elle-même offre une contradiction entre Ancien et Nouveau Testament. D'une part, la Genèse formule clairement que *les fils de Dieu* sont sexués (« *Lorsque les hommes eurent commencé à se multiplier sur la terre, et que des filles leur furent nées, les fils de Dieu virent que les filles des hommes étaient belles, et ils en prirent pour femmes parmi toutes celles qu'ils choisirent.* » — Genèse VI, 1-2). Plusieurs auteurs ont évoqué à ce sujet l'hypothèse d'extraterrestres). D'autre part, Jésus formule non moins

clairement que les anges sont asexués (« *Car à la résurrection, les hommes ne prendront point de femmes ni les femmes de maris, mais ils seront comme les anges de Dieu dans le ciel.* » — Mathieu XVIII, 30 — Marc XII, 25 — Luc XX, 35-36). Cette sexualité, qu'elle soit angélique (ou démoniaque) s'affiche dans toute tradition ésotérique ; mais ce n'est point tant la réalité du sexe qui s'avère importante que sa signification profonde, le plus souvent incomprise, et qui affecte alors l'imagination. L'acte sexuel, que cette union soit diabolique ou divine, symbolise la recherche de l'unité androgynale.
L'Androgyne primordial est-il le résultat d'une intuition métaphysique ou d'une réalité ? L'Androgyne est le symbole le plus ancien selon lequel l'homme primitif possédait les deux sexes, ou les recelait virtuellement. Symbole qui fourmille dans les religions nordiques, grecque, égyptienne, chinoise, hindoue, pour ne citer que celles-ci.
Le clitoris étant chez la femme une survivance du pénis, et le prépuce étant chez l'homme une survivance féminine, les rites d'excision et de circoncision sont liés au mythe de l'Androgyne pour effacer la bisexualité. La Bible ne dément pas la Tradition et laisse entendre que le premier couple est contenu de façon hermaphrodite dans le premier Adam : mâle à droite, femelle à gauche (considérée comme diabolique). L'Androgyne deviendra Janus sous l'Empire romain en confirmant sa tradition solaire sous son augure solsticial. Il conservera son double pouvoir, royal et sacerdotal. La séparation des sexes aurait abouti au « péché originel ».

ANIEL (ANGE)

Si vous êtes né entre le 24 et le 28 septembre, votre ange gardien est Aniel, *Vertu*, dont le nom signifie : « *Dieu des vertus* ». Aniel encourage la détermination et la volonté, donne la force et l'autorité à ceux qui veulent agir pour le bien. Selon la tradition, l'ange Aniel est responsable de l'éveil spirituel des êtres et de leur équilibre psychique. Au quotidien, l'ange Aniel encourage l'altruisme. Ses protégés

possèdent une énergie morale à toute épreuve pour réagir positivement aux épreuves de la vie. De plus, Aniel donne la persévérance, et la foi qui renverse les montagnes.
Cet ange, associé à la planète Mars et au Soleil, procure au corps la résistance à la fatigue et lui permet de maîtriser ses besoins élémentaires (faim, soif). Lorsque l'on invoque l'ange Aniel, il aide à agir sans orgueil ni vanité, et à gérer sans excès les ressources que l'on possède en soi.

ANNE (SAINTE)

Anne vient de l'hébreu *Hannah*, « grâce ». Anne (fête : le 26 juillet), de la tribu de Juda, épouse de Joachim, un riche propriétaire de troupeaux, supplie Dieu, après de longues années de stérilité, de lui donner un enfant. Dieu lui envoie un ange pour la rassurer sur sa maternité future : ce sera Marie, la mère de Jésus-Christ, qu'elle aura à l'âge de 67 ans... Sainte Anne, mère à l'âge d'être grand-mère, était invoquée par les femmes contre la stérilité. Elle était patronne des métiers de couture, des marins, des meuniers et des ébénistes.

ANNE (MÉDAILLES DE SAINTE)

Invocation contre la stérilité :

Sainte Anne, que le Seigneur choisit, malgré ton grand âge, pour mettre au monde Celle dont naquit notre Seigneur Jésus, aide-moi, du lever du soleil jusqu'à son coucher, à chanter ses louanges. Que notre Seigneur Dieu, qui voit les petits et les humbles, entende ma prière et me juge digne de porter l'enfant que je lui consacrerai. Sainte Anne, Il t'a donné, à toi aussi, qui étais stérile, la joie de vivre au milieu d'une famille.
Sainte Anne, aide-moi à devenir la joyeuse mère de nombreux enfants. Amen.

ANSELME (SAINT)

Anselme, « *protégé de Dieu* », vient du germanique *ans*, « divinité », et *helm*, « protection ». Né en 1030 en Italie, saint Anselme (fête : le 21 avril) s'enfuit de chez lui, et erre jusqu'en Normandie, où il prend l'habit monastique. Il est nommé archevêque de Cantorbéry en 1093, où il subit les exactions des rois d'Angleterre. À plusieurs reprises, il doit se réfugier à Rome. Il meurt le 21 avril 1109. Saint Anselme aidait à trouver les sources...

ANTOINE (SAINT)

Antoine vient du latin *Antonius*, « celui qui affronte l'adversité ». Saint Antoine (fête : le 17 janvier), naît en Égypte vers 250 dans une famille de riches chrétiens. À 20 ans, il vend ses terres pour aider les pauvres, et se retire en plein désert, en Thébaïde. Il sera le fondateur de la vie monacale et sera appelé « saint Antoine le Grand ». Pendant trente ans, il va lutter contre les démons de la chair (le diable lui envoyant des visions érotiques), priant victorieusement à longueur de nuit. Des disciples le rejoignent. Dès qu'ils sont trop nombreux, saint Antoine s'enfonce davantage dans le désert. Par deux fois, il sort de sa retraite pour combattre les hérétiques, prêchant sur les places publiques. Il serait mort plus que centenaire, en 356. Il était invoqué pour soigner les maladies de peau, dont une sorte de gale dite *feu de Saint-Antoine*. Il était, à cause de son cochon que la tradition représente à ses pieds, patron des bouchers, mais aussi celui des moissonneurs.

Saint Antoine de Padoue, né dans la noblesse portugaise, entre chez les augustins, puis rejoint les franciscains, qu'il va réformer. Il s'installe dans la région de Padoue, où il meurt de maladie, à 36 ans, en 1231 (fête : le 13 juin). Il était invoqué lors des accouchements, mais aussi pour retrouver les objets perdus, à condition de lui faire une offrande.

Un autre saint Antoine (fête : le 13 décembre), prêtre en Italie au XVIIe siècle, était invoqué contre l'orage, car lui-même avait été foudroyé, ce qui lui avait donné le don de lire dans les pensées et de déceler les menteurs, lors des confessions.

ANTOINE (MÉDAILLE DE SAINT)

Saint Antoine le Grand, dont le renom fut immense au Moyen Âge, était le protecteur de nombreuses corporations, dont celles des bouchers et charcutiers (et des porchers), des fossoyeurs, des moissonneurs, des tisseurs et des notaires. Il était invoqué contre les affections de la peau, dont l'érysipèle, appelée *feu de Saint-Antoine*. Invocation contre le *mal de Saint-Antoine* :

> *Saint Antoine, toi qui chassais le Diable en chantant des psaumes, aide-moi à chasser le feu malin qui brûle mon corps ; Saint Antoine, efface de ma peau ce mal qui le ronge, comme le péché ronge l'âme ; toi qui ne cessas de purifier ton corps, je t'en supplie, aide-moi à purifier le mien ; Rends au Démon ses démangeaisons, et transforme ma souffrance en espérance ; Amen.*

ANTOINE DE PADOUE (MÉDAILLE DE SAINT)

Invocation à prononcer dès que l'on constate la perte d'un objet précieux (attention : il faut toujours, si l'on fait appel à saint Antoine de Padoue pour retrouver un objet égaré, lui verser une offrande, de préférence avant même d'avoir retrouvé l'objet ; on trouve d'ailleurs un tronc à cette intention dans les églises) :

> *Saint Antoine de Padoue, toi qui as arraché au Malin des milliers d'âmes perdues, aide-moi à retrouver ce que j'ai égaré. Toi qui pouvais être en plusieurs endroits à la fois, montre-moi celui où se tient caché mon objet perdu ; Inspire-moi sa découverte et je te promets, Saint Antoine de Padoue, de te faire une offrande si je le retrouve. Béni sois-tu pour tes bienfaits ; Amen.*

APOCALYPSE (ANGES DANS L')

L'abbé Tritheim (ou Trithème), un bénédictin allemand du XIIIe siècle, composa une étude prophétique de l'histoire du monde à partir des sept anges de l'*Apocalypse* de saint Jean. Le règne de chacun de ces anges est de 354 ans et 4 mois. Le premier, qui commença son règne un 13 mars, est *Orifiel* (ange de Saturne), règne de la sauvagerie et de la nuit primitive. Puis vint le règne d'*Anaël* (esprit de Vénus) qui commença le 24 juin, en l'an du monde 354. L'amour commença à inspirer les hommes. Cela dura jusqu'au 25 octobre de l'an du monde 708 : le règne de *Zachachariel* (ange de Jupiter) commença ; les hommes s'y disputèrent les champs, les maisons, les villes qu'ils fondèrent. Le 24 février de l'an du monde 1063 fut l'avènement de *Raphaël* (ange de Mercure), qui protégea la Science et le Verbe, et les arts magiques. Le 26 juin de l'an du monde 1417 arriva le règne de *Samaël* (ange de Mars), période de corruption universelle qui s'acheva par le Déluge. Le 28 mars de l'an du monde 1771, le règne de *Gabriel* (ange de la Lune) redonna l'espoir à l'humanité : la famille de Noé se multiplia. Cela jusqu'au 24 février de l'an du monde 2126, règne de *Michaël* (ange du Soleil), qui vit la naissance des religions et des sciences, les conflits du despotisme et de la liberté. Notre ère actuelle. Jusqu'à un prochain 13 mars, qui ramènera Orifiel sur le trône, afin que le cycle se renouvelle...

Ci-après, sont exposées toutes les phrases de l'*Apocalypse* comportant le mot ange (traductions de la *Bible* de Louis Ségond et de celle d'Isaac Le Maître de Sacy) ; pour mieux en apprécier le contexte, consulter la Bible.

— *Révélation de Jésus Christ, que Dieu lui a donnée pour montrer à ses serviteurs les choses qui doivent arriver bientôt, et qu'il a fait connaître, par l'envoi de son Ange, à son serviteur Jean... (Apocalypse, 1.1)*

— *Écris donc les choses que tu as vues, et celles qui sont, et celles qui doivent arriver après elles, le mystère des sept Étoiles que tu as vues dans ma main droite, et des sept Chandeliers d'or. Les sept Étoiles sont les Anges des sept Églises, et les sept Chandeliers sont les sept Églises. (Apocalypse, 1. 19, 20)*

— *Écris à l'Ange de l'Église de Sardes : Voici ce que dit Celui qui a les sept esprits de Dieu et les sept Étoiles : Je connais tes œuvres. Je sais que tu passes pour être vivant, et tu es mort. (Apocalypse, 3.1)*

— *Celui qui vaincra sera revêtu ainsi de vêtements blancs ; je n'effacerai point son nom du Livre de Vie, et je confesserai son nom devant mon Père et devant ses anges. (Apocalypse, 3. 5)*

— *Écris à l'Ange de l'Église de Philadelphie : Voici ce que dit*

le Saint, le Véritable, Celui qui a la clef de David, Celui qui ouvre, et personne ne fermera, Celui qui ferme, et personne n'ouvrira... (Apocalypse, 3.7)
— Écris à l'Ange de l'Église de Laodicée : Voici ce que dit l'Amen, le Témoin fidèle et véritable, le Commencement de la création de Dieu... (Apocalypse, 3.14)
— Et je vis un ange puissant, qui criait d'une voix forte : « Qui est digne d'ouvrir le Livre, et d'en rompre les sceaux ? » (Apocalypse, 5.2)
— Je regardai, et j'entendis la voix de beaucoup d'anges autour du Trône et des êtres vivants et des vieillards, et leur nombre était des myriades de myriades et des milliers de milliers. (Apocalypse, 5. 11)
— Après cela, je vis quatre anges debout aux quatre coins de la terre ; ils retenaient les quatre vents de la Terre, afin qu'il ne soufflât point de vent sur la terre, ni sur la mer, ni sur aucun arbre. Et je vis un autre ange, qui montait du côté du soleil levant, et qui tenait le sceau du Dieu vivant ; il cria d'une voix forte aux quatre anges à qui il avait été donné de faire du mal à la terre et à la mer... (Apocalypse, 7. 1, 2)
— Et tous les anges se tenaient autour du Trône et des vieillards et des quatre êtres vivants ; et ils se prosternèrent sur leur face devant le Trône, et ils adorèrent Dieu... (Apocalypse, 7. 11)
— Et je vis les sept Anges qui se tiennent devant Dieu, et sept trompettes leur furent données. Et un autre ange vint, et il se tint sur l'autel, ayant un encensoir d'or ; on lui donna beaucoup de parfums, afin qu'il les offrît, avec les prières de tous les saints, sur l'autel d'or qui est devant le Trône. La fumée des parfums monta, avec les prières des saints, de la main de l'ange devant Dieu. Et l'ange prit l'encensoir, le remplit du feu de l'autel, et le jeta sur la Terre. Et il y eut des voix, des tonnerres, des éclairs, et un tremblement de terre. Et les sept Anges qui avaient les sept trompettes se préparèrent à en sonner. Le premier sonna de la trompette. Et il y eut de la grêle et du feu mêlés de sang, qui furent jetés sur la Terre ; et le tiers de la Terre fut brûlé, et le tiers des arbres fut brûlé, et toute herbe verte fut brûlée. Le second Ange sonna de la trompette. Et quelque chose comme une grande montagne embrasée par le feu fut jeté dans la mer ; et le tiers de la mer devint du sang, et le tiers des créatures qui étaient dans la mer et qui avaient vie mourut, et le tiers des navires périt. Le troisième Ange sonna de la trompette. Et il

tomba du ciel une grande Étoile ardente comme un flambeau ; et elle tomba sur le tiers des fleuves et sur les sources des eaux. Le nom de cette Étoile est Absinthe ; et le tiers des eaux fut changé en absinthe, et beaucoup d'hommes moururent par les eaux, parce qu'elles étaient devenues amères. Le quiatrième Ange sonna de la trompette. Et le tiers du soleil fut frappé, et le tiers de la lune, et le tiers des étoiles, afin que le tiers en fût obscurci, et que le jour perdît un tiers de sa clarté, et la nuit de même. Je regardai, et j'entendis un Aigle qui volait au milieu du ciel, disant d'une voix forte : « Malheur, malheur, malheur aux habitants de la Terre, à cause des autres sons de la trompette des trois Anges qui vont sonner ! » (Apocalypse, 8.2 à 13)

— Le cinquième Ange sonna de la trompette. Et je vis une étoile qui était tombée du ciel sur la Terre. La clef du Puits de l'abîme lui fut donnée... (Apocalypse, 9.1)

— Elles avaient sur elles comme roi l'Ange de l'abîme, nommé en hébreu Abaddon, et en grec Apollyon. (Apocalypse, 9.11)

— Le sixième Ange sonna de la trompette. Et j'entendis une voix venant des quatre cornes de l'autel d'or qui est devant Dieu, et disant au sixième Ange qui avait la trompette : « Délie les quatre anges qui sont liés sur le grand fleuve d'Euphrate. » Et les quatre anges qui étaient prêts pour l'heure, le jour, le mois et l'année, furent déliés afin qu'ils tuassent le tiers des hommes. (Apocalypse, 9.13 à 15)

— Je vis un autre Ange puissant, qui descendait du ciel, enveloppé d'une nuée ; au-dessus de sa tête était l'arc-en-ciel, et son visage était comme le soleil, et ses pieds comme des colonnes de feu. (Apocalypse, 10.1)

— Et l'Ange, que je voyais debout sur la mer et sur la terre, leva sa main droite vers le ciel, et jura par Celui qui vit aux siècles des siècles, qui a créé le ciel et les choses qui y sont, la terre et les choses qui y sont, et la mer et les choses qui y sont, qu'il n'y aurait plus de temps, mais qu'aux jours de la voix du septième Ange, quand il sonnerait de la trompette, le mystère de Dieu s'accomplirait, comme il l'a annoncé à ses serviteurs, les prophètes. Et la voix, que j'avais entendue du ciel, me parla de nouveau, et dit : « Va, prends le petit livre ouvert dans la main de l'Ange qui se tient debout sur la mer et sur la terre. » Et j'allai vers l'Ange, en lui disant de me donner le petit livre. Et il me dit : « Prends-le, et avale-le ; il sera amer à tes entrailles, mais dans ta bouche il sera doux comme du miel. » Je pris le

petit livre de la main de l'Ange, et je l'avalai; il fut dans ma bouche doux comme du miel, mais quand je l'eus avalé, mes entrailles furent remplies d'amertume. (Apocalypse, 10.5 à 10)
— Le septième Ange sonna de la trompette. Et il y eut dans le ciel de fortes voix qui disaient : « Le royaume du monde est remis à notre Seigneur et à son Christ; et il régnera aux siècles des siècles. » (Apocalypse, 11.15)
— Et il y eut guerre dans le ciel. Michel et ses anges combattirent contre le Dragon. Et le Dragon et ses anges combattirent, mais ils ne furent pas les plus forts, et leur place ne fut plus trouvée dans le ciel. Et il fut précipité, le grand Dragon, le Serpent antique, appelé le Diable et Satan, celui qui séduit toute la Terre, il fut précipité sur la Terre, et ses anges furent précipités avec lui. (Apocalypse, 12.7 à 9)
— Je vis un autre Ange qui volait par le milieu du ciel, ayant un Évangile éternel, pour l'annoncer aux habitants de la Terre, à toute nation, à toute tribu, à toute langue, et à tout peuple. Il disait d'une voix forte : « Craignez Dieu, et donnez-lui gloire, car l'heure de son Jugement est venue; et adorez Celui qui a fait le ciel, et la terre, et la mer, et les sources d'eaux. » Et un autre, un second Ange suivit, en disant : « Elle est tombée, elle est tombée, Babylone la grande, qui a abreuvé toutes les nations du vin de la fureur de son impudicité! » Et un autre, un troisième Ange les suivit, en disant d'une voix forte : « Si quelqu'un adore la Bête et son image, et reçoit une marque sur son front ou sur sa main, il boira, lui aussi, du vin de la fureur de Dieu, versé sans mélange dans la coupe de Sa colère, et il sera tourmenté dans le feu et le soufre, devant les saints anges et devant l'Agneau. » (Apocalypse, 14.6 à 10)
— Et un autre Ange sortit du Temple, criant d'une voix forte à Celui qui était assis sur la nuée : « Lance ta faucille, et moissonne; car l'heure de moissonner est venue, car la moisson de la Terre est mûre. » Et Celui qui était assis sur la nuée jeta sa faucille sur la Terre. Et la Terre fut moissonnée. Et un autre Ange sortit du Temple qui est dans le ciel, ayant, lui aussi, une faucille tranchante. Et un autre Ange, qui avait autorité sur le feu, sortit de l'autel, et s'adressa d'une voix forte à Celui qui avait la faucille tranchante, disant : « Lance ta faucille tran chante, et vendange les grappes de la vigne de la Terre; car les raisins de la Terre sont mûrs. » Et l'Ange jeta sa faucille sur la Terre. Et il vendangea la vigne de la Terre, et jeta la vendange

dans la grande cuve de la colère de Dieu. (Apocalypse, 14.15 à 19)

— Puis je vis dans le ciel un autre signe, grand et admirable : sept Anges, qui tenaient sept fléaux, les derniers, car par eux s'accomplit la colère de Dieu. Et je vis comme une mer de verre, mêlée de feu, et ceux qui avaient vaincu la Bête, et son image, et le nombre de son nom, debout sur la mer de verre, ayant des harpes de Dieu. Et ils chantent le cantique de Moïse, le serviteur de Dieu, et le cantique de l'Agneau, en disant : « Tes œuvres sont grandes et admirables, Seigneur Dieu Tout-Puissant ! Tes voies sont justes et véritables, Roi des nations ! Qui ne craindrait, Seigneur, et ne glorifierait ton Nom ? Car seul Tu es Saint. Et toutes les nations viendront, et se prosterneront devant toi, parce que tes jugements ont été manifestés. » Après cela, je regardai, et le Temple du tabernacle du Témoignage fut ouvert dans le Ciel. Et les sept Anges qui tenaient les sept fléaux sortirent du Temple, revêtus d'un lin pur, éclatant, et ayant des ceintures d'or autour de la poitrine. Et l'un des quatre êtres vivants donna aux sept Anges sept coupes d'or, pleines de la colère du Dieu qui vit aux siècles des siècles. Et le Temple fut rempli de fumée, à cause de la gloire de Dieu et de sa puissance ; et personne ne pouvait entrer dans le Temple, jusqu'à ce que les sept fléaux des sept Anges fussent accomplis. (Apocalypse, 15.1 à 8)

— Et j'entendis une voix forte qui venait du Temple, et qui disait aux sept Anges : « Allez, et versez sur la Terre les sept coupes de la colère de Dieu. » Le premier alla, et il versa sa coupe sur la Terre. Et un ulcère malin et douloureux frappa les hommes qui avaient la marque de la Bête et qui adoraient son image. Le second versa sa coupe dans la mer. Et elle devint du sang, comme celui d'un mort ; et tout être vivant mourut, tout ce qui était dans la mer. Le troisième versa sa coupe dans les fleuves et dans les sources d'eaux. Et ils devinrent du sang. Et j'entendis l'Ange des eaux qui disait : « Tu es juste, toi qui es, et qui étais ; Tu es saint, parce que Tu as exercé ce jugement. Car ils ont versé le sang des saints et des prophètes, et Tu leur as donné du sang à boire : ils en sont dignes. » Et j'entendis l'autel qui disait : « Oui, Seigneur Dieu Tout-Puissant, tes jugements sont véritables et justes. » Le quatrième versa sa coupe sur le soleil. Et il lui fut donné de brûler les hommes par le feu ; et les hommes furent brûlés par une grande chaleur, et ils blasphé-

mèrent le Nom du Dieu qui a l'autorité sur ces fléaux, et ils ne se repentirent pas pour lui donner gloire. Le cinquième versa sa coupe sur le trône de la Bête. Et son royaume fut couvert de ténèbres; et les hommes se mordaient la langue de douleur, et ils blasphémèrent le Dieu du Ciel, à cause de leurs douleurs et de leurs ulcères, et ils ne se repentirent pas de leurs œuvres. Le sixième versa sa coupe sur le grand fleuve Euphrate. Et son eau tarit, afin que le chemin des rois venant de l'Orient fût préparé. Et je vis sortir de la bouche du Dragon, et de la bouche de la Bête, et de la bouche du faux prophète, trois esprits impurs, semblables à des grenouilles. Car ce sont des esprits de démons, qui font des prodiges, et qui vont vers les rois de toute la Terre, afin de les rassembler pour le combat du grand Jour du Dieu Tout-Puissant. « Voici, je viens comme un voleur. Heureux celui qui veille, et qui garde ses vêtements, afin qu'il ne marche pas nu et qu'on ne voie pas sa honte! » Ils les rassemblèrent dans le lieu appelé en hébreu Harmagueddon. Le septième versa sa coupe dans l'air. Et il sortit du Temple, du Trône, une voix forte qui disait : « C'en est fait! » (Apocalypse, 16.1 à 17)

— Puis un des sept Anges qui tenaient les sept coupes vint, et il m'adressa la parole, en disant : « Viens, je te montrerai le jugement de la grande Prostituée qui est assise sur les grandes eaux. » (Apocalypse, 17.1)

— Et l'Ange me dit : « Pourquoi t'étonnes-tu? Je te dirai le mystère de la Femme et de la Bête qui la porte, qui a les sept têtes et les dix cornes. » (Apocalypse, 17.7)

— Après cela, je vis descendre du Ciel un autre Ange, qui avait une grande autorité; et la Terre fut éclairée de sa gloire. (Apocalypse, 18.1)

— Alors un Ange puissant prit une pierre semblable à une grande meule, et il la jeta dans la mer, en disant : « Ainsi sera précipitée avec violence Babylone, la grande ville, et elle ne sera plus trouvée. » (Apocalypse, 18.21)

— Et l'Ange me dit : Écris : « Heureux ceux qui sont appelés au festin des noces de l'Agneau! » Et il me dit : « Ces paroles sont les véritables paroles de Dieu. » (Apocalypse, 19.9)

— Et je vis un Ange qui se tenait dans le soleil. Et il cria d'une voix forte, disant à tous les oiseaux qui volaient par le milieu du ciel : « Venez, rassemblez-vous pour le grand festin de Dieu, afin de manger la chair des rois, la chair des chefs militaires, la chair des puissants, la chair des chevaux et de ceux qui les

montent, la chair de tous, libres et esclaves, petits et grands. » (Apocalypse, 19.17, 18)

— Puis je vis descendre du Ciel un Ange, qui avait la clef de l'abîme et une grande chaîne dans sa main. (Apocalypse, 20.1)

— Puis un des sept Anges qui tenaient les sept coupes remplies des sept derniers fléaux vint, et il m'adressa la parole, en disant : « Viens, je te montrerai l'Épouse, la femme de l'Agneau. » (Apocalypse, 21.9)

— Elle avait une grande et haute muraille. Elle avait douze portes, et sur les portes douze anges, et des noms écrits, ceux des douze tribus des fils d'Israël... (Apocalypse, 21.12)

— Il mesura la muraille, et trouva cent quarante-quatre coudées, mesure d'homme, qui était celle de l'Ange. (Apocalypse, 21.17)

— Et il me dit : « Ces paroles sont certaines et véritables ; et le Seigneur, le Dieu des esprits des prophètes, a envoyé son Ange pour montrer à ses serviteurs les choses qui doivent arriver bientôt. » (Apocalypse, 22.6)

— C'est moi, Jean, qui ai entendu et vu ces choses. Et quand j'eus entendu et vu, je tombai aux pieds de l'Ange qui me les montrait, pour l'adorer. (Apocalypse, 22.8)

— Moi, Jésus, j'ai envoyé mon Ange pour vous attester ces choses dans les Églises. Je suis le Rejeton et la Postérité de David, l'Étoile brillante du Matin. (Apocalypse, 22.16)

APOLLINE (SAINTE)

Apolline est un dérivé féminin d'Apollinaire. Sainte Apolline (fête : le 9 février), gardienne d'une église d'Alexandrie, au IIIe siècle, lors des persécutions, eut les dents brisées parce qu'elle refusait de rendre hommage aux dieux romains. Puis on menaça de la brûler vive si elle s'obstinait. Profitant de l'inattention de ses bourreaux, elle courut au bûcher et se jeta d'elle-même dans le brasier. Sainte Apolline était invoquée contre les caries, et contre les tentations de gourmandise, qui donne des caries... Toujours à cause de ses dents brisées, elle était la patronne des dentistes et des arracheurs de dents.

APOLLINE (MÉDAILLE DE SAINTE)

Invocation contre le mal de dents :

Sainte Apolline, vous dont on brisa cruellement les dents, et dont la souffrance fut telle que vous avez préféré la morsure des flammes, je viens vous supplier de me délivrer de mon mal de dent. Si c'est une dent gâtée, faites-la tomber ; si c'est une dent cariée, faites-la fermer ; si c'est une dent cassée, faites-la se ressouder ; si c'est une rage de dents, qu'elle parte dans l'instant ; Et si, malgré votre intervention, ô douce Sainte Apolline, le mal devait durer, aidez-moi à le supporter ; je sais qu'émue par ma prière, vous agirez, pour me soulager, auprès du Seigneur qui, dans sa colère, brisa les dents des païens ennemis des Hébreux ; Et qu'avec votre assistance, jamais, de ma bouche guérie, je ne profère jurons, blasphèmes et autres vilenies. Amen.

APÔTRES

Appelés individuellement par le Christ au commencement de sa mission terrestre, les douze disciples ne devinrent apôtres, c'est-à-dire *envoyés, messagers*, qu'après avoir reçu le Saint Esprit sous la forme de langues de feu, le jour de la Pentecôte. Les noms des douze apôtres nous sont connus par les Évangiles de saint Matthieu (10, 2-4), saint Marc (3, 16-19), saint Luc (6, 14-16) et par les Actes des Apôtres (1,13). D'origine modeste, artisans ou pêcheurs, les apôtres furent enseignés par le Maître avant d'aller annoncer au monde *Bonne Nouvelle l'Évangile*, ou, et guérir ceux qu'ils rencontraient tout au long de leur route. Le Christ prévint ses apôtres qu'ils seront persécutés, mais sauvés pourvu qu'ils conservent la fidélité : « *Voici que je vous envoie comme des brebis au milieu des loups ; soyez donc rusés comme les serpents et candides comme les colombes (...) celui qui tiendra jusqu'à la fin, celui-là sera sauvé* » (Matthieu 10, 16-23). En effet, à l'exception de Jean, disparu dans la Lumière, selon la légende, tous les apôtres furent martyrisés. Les Actes des Apôtres, qui font suite aux quatre Évangiles, livrent quelques détails de leur ministère.

Pierre. Le premier des Douze, le Prince des Apôtres, le premier pape, est toujours représenté portant les clefs du Ciel car Jésus lui affirma, à Césarée de Philippe : « *Je te donnerai les clés du Royaume des cieux* » (Matthieu 16,13). Il symbolise Rome, la tête de l'Église, depuis sa fondation. De son vivant, Pierre exerça son pontificat à Rome où il mourut martyr, crucifié la tête en bas (parce qu'il ne voulait pas qu'on puisse le confondre avec le Seigneur).

André. Le frère de Pierre, identifiable par la croix en forme de X (instrument de son martyre). Il exerça son ministère en Scythie et en Grèce.

Jacques le Majeur (*Jacobus Major*). Le fils de Zébédée, apôtre de l'Ouest, est traditionnellement représenté tenant un long bâton de pèlerin (bourdon) et arborant une coquille. Les églises espagnoles le surnomment *matamore* (guerrier vainqueur des Maures) et ajoutent une grande épée à sa panoplie. Saint Jacques le Majeur mourut décapité (par le sabre) sur l'ordre d'Hérode Agrippa. Ses restes reposent à Compostelle, lieu de son pèlerinage.

Jean l'Évangéliste, fils de Zébédée, frère cadet de Jacques le Majeur, est représenté avec une coupe dans sa main, sur laquelle veille un dragon (vouivre ou salamandre), afin d'illustrer la légende du poison mortel qu'on y avait versé et qu'il but sans dommage. Jean l'Évangéliste était le disciple préféré de Jésus, et l'auteur assuré du quatrième Évangile, d'épîtres, et de l'Apocalypse. C'est Jean qui reçut Marie chez lui lorsque le Seigneur disparut. D'après la légende, l'apôtre quitta la Terre dans un nuage de lumière, enlevé dans son église d'Éphèse.

Philippe. Il fut apôtre en Scythie, en Phrygie ; il a été crucifié à Hiérapolis. Il est représenté tenant une croix.

Barthélemy. Fils de Tholmai, seulement cité dans les trois premiers Évangiles et appelé Nathanaël dans l'évangile de Saint Jean. Il a généralement un couteau à la main car la tradition assure qu'il fut écorché vif, en Arménie, après avoir prêché en Phrygie et au Pont. Il était le patron des tanneurs.

Matthieu, le publicain, fut percepteur avant d'être disciple du Seigneur (certaines sculptures font allusion à cet ancien état). Il est l'auteur du premier Évangile. En mission en

Éthiopie, il y mourut tué d'un coup de hache, arme avec laquelle il est souvent représenté.
Thomas, l'incrédule qui voulut toucher les plaies du Christ pour croire à sa résurrection, évangélisa l'Inde et, architecte d'un grand roi, selon la légende, il fut pour cela statufié avec une équerre, ou une règle, à la main. Il mourut par le glaive.
Jacques le Mineur (*Jacobus Minor*). Confondu avec Jacques le Juste, dit *Frère du Seigneur*, il mourut lapidé et à coups de foulon (bâton de teinturier), à Jérusalem, dont il a été le premier évêque. On le représente avec un gros et court bâton.
Thadée (Jude) prêcha au Pont, en Mésopotamie, et en Perse, avec l'apôtre Simon, où ils luttèrent contre les magiciens. Ils furent tous deux égorgés.
Simon est un apôtre dont on ne sait rien, sinon qu'il accompagna Thadée en Mésopotamie et en Perse.
Judas, comptable et responsable de la bourse des apôtres, est représenté soit pendu, soit comptant ses trente deniers, prix de sa trahison du Seigneur.
Les douze apôtres choisis par Jésus furent rejoints par de nouveaux apôttes tels Matthias, Paul et Barnabé (Actes des Apôtres 14, 14).
Matthias est le treizième apôtre, celui qui remplace Judas, après son suicide par pendaison. Il est un moment charnière entre ceux qui ont connu le Christ et ceux qui n'en ont qu'une vision spirituelle. Il fut appelé parmi les Douze après avoir été choisi au sort. On le représente tenant une croix et/ou un livre.
Paul est fréquemment représenté avec l'apôtre Pierre, tenant un glaive, symbole de son zèle apostolique. De nombreuses églises leur sont consacrées. Saint Paul est l'*Apôtre des Nations* (païennes). Il fut décapité, à Rome.

ARCHANGE

Au faîte de la hiérarchie angélique, car placés à proximité de Dieu, les sept archanges ont pour noms : Michel, Gabriel, Anaël, Raphaël, Samaël, Cassiel et Sachiel. La tradition populaire leur accorde des pouvoirs et leur donne des rôles que les Écritures mentionnent rarement. Gabriel, Michel, Azraël et Israfil sont les archanges reconnus par l'islam. Voir *Hiérarchie des anges gardiens.*

ARIEL (ANGE)

Si vous êtes né entre le 8 et le 12 novembre, votre ange gardien est Ariel, *Puissance*, dont le nom signifie : « *Dieu révélateur* ». Ariel permet, par son énergie, de répandre avec tact et générosité ses connaissances. Ariel aide aussi à interpréter les rêves prémonitoires. Avec sa compréhension, on acquiert une grande confiance en soi-même, ce qui protège des influences extérieures. Au quotidien, l'ange met en garde contre les séductions faciles et le mauvais orgueil qui entraîne l'hypocrisie et des rapports sociaux superficiels. Par ailleurs, il encourage les dons pour la radiesthésie et le magnétisme.

Cet ange, associé au soleil, rend très robustes les corps, malgré parfois une frêle apparence. Lorsque l'on invoque l'ange Ariel, il aide à lutter contre l'apathie et la paresse.

ARMEL (SAINT)

Armel vient du celtique *arz*, l'ours, et *moel*, le « prince ». Saint Armel (fête : le 16 août), moine gallois, prêcha en Bretagne, où il fonda la ville de Plou-Armel (Ploërmel). Il mourut vers 550. Saint Armel était invoqué lors des épidémies, pour se protéger de la contagion.

ARNOLD (SAINT)

Arnold est un dérivé d'Arnaud. Saint Arnold (fête : le 14 août), de la famille des comtes de Flandre, fut d'abord le chevalier Arnold le Fort : lors des tournois, il se servait d'un mât de navire comme lance, et pouvait soulever un chariot de foin ! Las de guerroyer, il entra au monastère, à Soissons, où il vécut en reclus pendant trois ans, jusqu'à ce que les moines en fassent leur abbé. Nommé évêque de Soissons, il

servit de médiateur entre l'Église et les barons de Flandre. Il fonda une abbaye bénédictine, où il mourut le 15 août 1087. Saint Arnold, patron des brasseurs de bière, était invoqué contre les piqûres de ronces.
Un autre Arnold (fête : le 19 septembre), évêque de Gap, était invoqué contre le torticolis.

ASALIAH (ANGE)

Si vous êtes né entre le 13 et le 17 novembre, votre ange gardien est Asaliah, *Puissance*, dont le nom signifie : « *Dieu juste, qui indique la vérité* ». Asaliah favorise discernement et réflexion. Asaliah accorde aussi une grande importance au verbe, et ses protégés ont souvent de grandes capacités de communication. Selon la tradition, Asaliah à la faculté d'inspirer l'âme et de l'élever vers des vérités que bien peu de gens atteignent. Au quotidien, l'ange Asaliah lutte contre le masochisme morose et l'autocritique négative. Il soutient les efforts amenant à un meilleur discernement. Il combat l'incrédulité sous ses différents aspects, l'hésitation et l'ignorance, sources d'injustice et d'intolérance. Au contraire, à ceux qui le lui demandent, il donne un tempérament enjoué et enthousiaste.
Cet ange, associé à la planète Vénus, a la maîtrise sur la beauté, la gentillesse et le charme. Lorsque l'on invoque l'ange Asaliah, il aide à bien contrôler ses capacités de séduction, lesquelles peuvent parfois aller jusqu'à berner les autres mais aussi se tromper soi-même.

ATHANASE (SAINT)

Athanase vient du grec *athanatos*, « immortel ». Né à Alexandrie à la fin du IIIe siècle, saint Athanase (fête : le 2 mai) fut évêque de cette ville et lutta contre les ariens. Pour leur échapper, il dut se réfugier dans le désert, vivant cinq ans caché dans une grotte, puis dans un caveau. Il mourut le 2 mai 373. Saint Athanase était invoqué contre les hémorroïdes.

AUDREY (SAINT)

Audrey vient du celtique *alt*, « puissant » et *roen*, « royal ». Sainte Audrey (fête : le 23 juin), fille d'un roi d'un État d'Angleterre, au VIIe siècle, voulait être religieuse. Son père, lui, voulait la marier. Après un premier mari qui accepta un mariage blanc, elle dut en épouser un autre qui voulut consommer leur union. Audrey, pour préserver sa vertu, préféra s'enfuir et fonder un monastère dans l'Est de l'Angleterre, où elle s'éteignit. Elle était invoquée contre les maux de gorge.

AUGUSTIN (SAINT)

Augustin est un dérivé d'*Auguste.* Saint Augustin, né en 354 en Numidie est un riche païen qui, sous l'influence de sa mère sainte Monique, se convertit au christianisme après avoir étudié diverses religions. Il devint évêque d'Hippone (Bône, Algérie), où il mourut le 28 août 430, à 77 ans, alors que la ville était assiégée par les Vandales. Il laissa des ouvrages qui ont XXX influencé la théologie chrétienne. Saint Augustin, quand il était invoqué, faisait fuir les rats, et purifiait la vigne de ses parasites (fête : le 28 août).
Augustin de Cantorbéry, (fête : le 26 mai), d'origine romaine, à la fin du VIe siècle, avec 40 moines convertit les Saxons d'Angleterre au christianisme. Il mourut à Cantorbéry le 26 mai 605.

AUGUSTIN (MÉDAILLE DE SAINT)

Invocation contre les animaux parasites :

> *Grand Saint Augustin, défenseur de notre Mère l'Église, je serai ton fidèle disciple ; Aide-moi, grand Saint Augustin, à graver profondément dans mon cœur la vérité et la charité ; Toi dont les paroles de feu chassaient les hérétiques, chasse la vermine qui souille ma maison et tous les animaux nuisibles aux fruits de la terre, et ne leur permet plus de nuire en aucune manière ; Que ton nom, Grand Saint Augustin, soit sanctifié et que ta bénédiction se répande sur ma maison et sur les miens. Amen.*

AURÉLIEN (SAINT)

Deux traductions pour ce prénom. Une d'origine latine, *aurum*, l'or. Et une autre d'origine grecque *aura*, « souffle léger ». Évêque d'Arles au VIe siècle, saint Aurélien (fête : le 16 juin) créa en Gaule deux monastères, où il imposa l'enseignement de la lecture et de l'écriture, et mourut à Lyon, le 16 : juin 551. Saint Aurélien était invoqué pour éviter l'indigestion.
Un autre saint Aurélien, évêque de Limoges au IIIe siècle (fête : le 10 mais), aidait les sourds à mieux entendre.

AYAËL (ANGE)

Si vous êtes né entre le 20 et le 24 février, votre ange gardien est Ayaël, *Ange*, dont le nom signifie : « *Dieu, délice des enfants et des hommes* ». Ayaël encourage à découvrir ce qu'il y a de beau et de positif en chaque être vivant. Les protégés d'Ayaël ressentent les subtilités du monde avec une grande finesse et ont une imagination puissante qu'ils utilisent pour être heureux autant que pour communiquer aux autres leur joie de vivre. Selon la tradition, Ayaël régit l'imagination et la faculté de se dégager de la matière pour percevoir des plans supérieurs de conscience. Au quotidien, l'ange Ayaël renforce les défenses physiques et psychiques de ceux qu'il protège, leur épargne une trop forte sensibilité qui les déstabiliserait car ils sont d'une nature candide et s'ouvrent très facilement à toutes sortes de sensations. Ayaël les rappelle à la réalité du plan terrestre et de ses nécessités. Ayaël est l'ange qui unit l'imaginaire au réel, le féerique à la sagesse, les anciennes civilisations à notre temps.
Cet ange, associé à la planète Saturne, assure au corps une grande longévité et une bonne santé. Lorsque l'on invoque l'ange Ayaël, on lui demande son soutien pour rester dans la réalité, pour ne pas fuir les responsabilités et les épreuves.

B

BALTHAZAR (SAINT)

Balthazar vient de *Bel Shar Ousour,* nom d'un roi de Babylone. Balthazar (fête : le 6 janvier), représentant la race noire est, avec Gaspard et Melchior, l'un des trois rois mages venus d'Orient, guidés par une étoile jusqu'à la grotte de Bethléem où l'Enfant Jésus venait de naître (il lui offre la myrrhe, résine aromatique du balsamier). Saint Balthazar, patron des joueurs de cartes, était invoqué contre l'épilepsie.

BALTHAZAR (MÉDAILLE DE SAINT)

Invocation lorsqu'on est témoin d'une crise d'épilepsie :

Bon saint Balthazar, toi qui mis aux pieds de Notre Seigneur Jésus les secrets de l'Orient, tu sais combien souffre cette pauvre créature ; Je t'en conjure, bon saint Balthazar, chasse de son corps ce mal si funeste à sa santé et à sa tranquillité ; Je te demande cette grâce, bon saint Balthazar, car tu as prouvé ta force en traversant des déserts, et ta sagesse en contemplant le ciel, pour venir en Judée ; ordonne au mal de quitter ce corps, et de ne jamais y revenir. Amen.

BARBE (SAINTE)

Diminutif de *Barbara.* Sainte Barbe (fête : le 4 décembre), fille d'un notable de Nicomédie (actuelle Turquie), au IIIe siècle, reçoit une éducation raffinée, mais païenne. Secrètement, elle se fait chrétienne. Son père, s'étonnant de la voir repousser plusieurs demandes en mariage découvre les croix qu'elle a peintes sur les murs. Fou de rage, il la dénonce au gouverneur, qui la fait supplicier : on la brûle avec des lames rougies au feu, on lui meurtrit la tête à coups de marteau, on lui arrache les seins avec des griffes de fer. Son père, le 4 décembre 235, finit par lui couper la tête. C'est alors que la foudre du ciel s'abat sur lui et le gouverneur, les carbonisant tous les deux. Sainte Barbe, patronne des artilleurs, des cuisiniers, des fossoyeurs et des pompiers, était invoquée par ceux qui craignaient (ou désiraient) une mort subite, et par ceux qui craignaient la foudre.

BARBE (MÉDAILLE DE SAINTE)

Invocation pour obtenir une mort rapide, notamment lorsqu'on souffre trop sans espoir de guérison :

Sainte Barbe, toi qui as tant souffert, sous les coups du bourreau, tu sais ce que j'endure ; Sainte Barbe, toi qui as tant souffert, soulage-moi de mon mal, envoie-moi, quand je dors, cette foudre qui brûla tes bourreaux ; Sainte Barbe, toi qui as tant souffert sans te plaindre, exauce ma prière, et ma supplication : prête l'oreille à mes larmes ; Sainte Barbe, toi qui as tout supporté, donne-moi le sommeil, pour que je m'en aille, et que je ne sois plus ; illumine mes yeux, avant de les fermer. Amen.

BARNABÉ (SAINT)

Barnabé vient de l'hébreu *bar nabas,* « fils de prophète ». Saint Barnabé (fête : le 11 juin), l'un des 72 disciples de Jésus, originaire de Chypre, aida saint Paul à faire éclore le christianisme à Antioche, et prêcha en Asie mineure, en Italie (il aurait été le premier évêque de Milan) avant de retourner à Chypre où il fut martyrisé en 61. Saint Barnabé, patron des fabricants de baquets, était invoqué pour retrouver des objets perdus. En effet, au XIe siècle, saint Barnabé apparut en rêve à l'archevêque de Belley pour lui annoncer où il était enterré. On ouvrit la tombe : le corps du saint se trouvait bien là...

BASILE (SAINT)

Basile vient du grec *Basileus,* « roi ». Saint Basile, Docteur de l'Église, né en Cappadoce en 329, est avocat, avant de se retirer dans une communauté où le temps est partagé entre l'étude et le travail de la terre. évêque de Césarée en 365, il continue, vêtu d'une grossière tunique, à se nourrir de glands et de légumes, servant les malades et prêchant. Il tient tête à l'empereur, rétablit, en dialoguant avec le Pape, l'unité entre les Églises d'Occident et d'Orient et meurt le 2 janvier 379. Le père de saint Basile, autre saint Basile, dit *l'Ancien,* par opposition à son fils dit *le Grand* (fête : le 30 mai), était invoqué par ceux qui, expulsés, cherchaient un nouveau toit.

Saint Basile (fête : le 22 mars), fut, en Anatolie, au IVe siècle, martyrisé sous Julien l'Apostat ; on lui arracha toutes les dents ; raison pour laquelle on l'invoquait lors des rages de dents. Chaque jour, on lui enlevait sept lanières de peau. Quand il eut toute la chair à vif, on le fit griller.

Saint Basile (fête : le 2 janvier), évêque d'Aix-en-Provence au Ve siècle, était invoqué lors de douleurs hémorroïdales.

BAUDOUIN (SAINT)

Baudouin vient du germanique *bald,* « audacieux », et *win,* « ami ». Saint Baudouin (fête : le 17 octobre) fut un moine flamand disciple de saint Bernard de Clairvaux qui fonda un monastère cistercien en Belgique, où il mourut en 1205. Saint Baudouin était invoqué pour faire face à ses créanciers ; de son vivant, cet abbé prêtait de l'argent aux commerçants, et, médiateur d'avant la lettre, incitait les débiteurs à s'acquitter de leurs dettes, en les renégociant.

BENOÎT (SAINT)

Benoît vient du latin *benedictus,* « béni de Dieu ». Saint Benoît (fête : le 11 juillet) naît dans l'aristocratie à Nursie, en Italie, en 480. Il commence ses études à Rome puis part vivre pendant trois ans dans une grotte. À son retour, on lui propose de diriger un monastère. Mais la règle qu'il impose est si sévère que ses moines tentent de l'empoisonner. Il quitte le monastère et se rend au mont Cassin ou il fonde l'ordre des Bénédictins. Il y meurt le 21 mars 547. Ses restes reposent dans la crypte de Saint-Benoît-sur-Loire. Saint Benoît était invoqué pour faire échec au démon. Il aurait été, une nuit, enfermé par le roi des Goths dans un four à pain, et en serait sorti le lendemain non pas carbonisé, mais frais et dispos. Donc on l'invoquait aussi contre les brûlures ! Il veillait aussi sur les arbres fruitiers lorsqu'au début du printemps, on redoute sur leurs fleurs la « brûlure » du gel.

BENOÎT (MÉDAILLE DE SAINT)

Invocation contre les brûlures :

Saint Benoît, qui résistas à la fournaise, protège-moi du feu ! Saint Benoît, qui plusieurs fois résistas aux forces de l'enfer, protège-moi des flammes ! Saint Benoît, qui toute ta vie respectas les Saintes Écritures, protège-moi des brûlures ! Amen.

BERNADETTE (SAINTE)

Bernadette est un dérivé féminin de *Bernard.* Bernadette Soubirous (Lourdes 1844 — Nevers 1879, fête : le 18 février) est une paysanne qui, à 14 ans, voit la Vierge dans la grotte de Lourdes, devenue, depuis, un haut lieu de pèlerinage. Poursuivie par l'incompréhension générale (y compris par celle du clergé), elle entre dans un couvent où, malade, astreinte à des tâches ingrates, dans une totale austérité, elle meurt à 35 ans. Sainte Bernadette, modèle d'humilité, est invoquée, depuis sa canonisation (1933) contre le péché d'orgueil.

BERNARD (SAINT)

Bernard vient du germanique *ber,* « ours », et *hard,* « fort ». Bernard de Clairvaux (fête : le 20 août) naît près de Dijon en 1090. Moine à Cîteaux, il fonde en 1115 le monastère de Clairvaux. Petit homme maladif, à l'éloquence enflammée, il impose à ses moines comme à lui-même une discipline

ascétique. Conseiller des rois et des papes, il prêche la seconde croisade et rédige la règle des Templiers. Il meurt à Clairvaux en 1153. Saint Bernard (qui était insomniaque) était invoqué... pour faire cesser les ronflements !
Saint Bernard de Menthon (fête : le 12 mars) évêque mort centenaire en 1109, fondateur de l'hospice de Saint-Bernard, dans les Alpes, était invoqué pour ne pas se perdre dans la neige. C'est le saint patron des alpinistes depuis 1932.

BERNARD (MÉDAILLE DE SAINT)

Invocation contre les ronflements :

Bon saint Bernard, dont la parole était d'or et le silence de diamant, dans ta retraite de Clairvaux, fais que s'apaise le ronflement que du Ciel tu entends ; Toi qui appris à tes moines combien il est bon et agréable de vivre ensemble, donne un sommeil serein à mon voisin, afin que, dans le silence et la sérénité retrouvés, tu entendes mieux les prières que j'adresse à Dieu. Amen.

BERTHE (SAINTE)

Berthe vient du germanique *behrt,* « renommé ». Sainte Berthe, au VIIIe siècle, à la cour des rois mérovingiens, était mariée à un seigneur de l'Artois. Elle fonda, à la mort de ce dernier, un couvent où elle se fit recluse ; elle vécut 25 ans dans cette prison (fête : le 4 juillet). Autre sainte Berthe, au viie siècle, une princesse, épouse de saint Gombert, guerrier franc devenu évêque. À sa mort, Berthe utilise son héritage pour bâtir des monastères. Furieux de ne rien toucher, ses neveux l'assassinent. Mais leur crime accompli, ils éprouvent de si violents maux de tête qu'ils se fracassent le crâne contre un mur (fête : le 11 mai). Sainte Berthe était invoquée contre la folie.

BIBLE (ANGES DANS LA)

Ci-après, sont exposées toutes les phrases de la Bible comportant le mot *ange* (traduction de la *Bible* de Louis Ségond et de celle d'Isaac Le Maître de Sacy) ; pour mieux en apprécier le contexte, consulter la Bible. Pour l'Apocalypse, *voir* ce mot.

— Les deux anges arrivèrent à Sodome sur le soir; et Lot était assis à la porte de Sodome. Quand Lot les vit, il se leva pour aller au-devant d'eux, et se prosterna la face contre terre. (Genèse. 19. 1)

— Dès l'aube du jour, les anges insistèrent auprès de Lot, en disant : « Lève-toi, prends ta femme et tes deux filles qui se trouvent ici, de peur que tu ne périsses dans la ruine de la ville. » (Genèse. 19. 15)

— L'Éternel, le Dieu du ciel, qui m'a fait sortir de la maison de mon père et de ma patrie, qui m'a parlé et qui m'a juré, en disant : « Je donnerai ce pays à ta postérité », lui-même enverra son ange devant toi; et c'est de là que tu prendras une femme pour mon fils. (Genèse. 24. 7)

— Et il m'a répondu : « L'Éternel, devant qui j'ai marché, enverra son ange avec toi, et fera réussir ton voyage; et tu prendras pour mon fils une femme de la famille et de la maison de mon père. » (Genèse. 24.40)

— Jacob eut un songe. Et voici, une échelle était appuyée sur la terre, et son sommet touchait au ciel. Et voici, les anges de Dieu montaient et descendaient par cette échelle. (Genèse. 28. 12)

— Jacob poursuivit son chemin; et des anges de Dieu le rencontrèrent. (Genèse. 32. 1)

— Voici, j'envoie un ange devant toi, pour te protéger en chemin, et pour te faire arriver au lieu que j'ai préparé. (Exode. 23. 20)

— Mon ange marchera devant toi, et te conduira chez les Amoréens, les Héthiens, les Phéréziens, les Cananéens, les Héviens et les Jébusiens, et je les exterminerai. (Exode. 23. 23)

— Va donc, conduis le peuple où je t'ai dit. Voici, mon ange marchera devant toi, mais au jour de ma vengeance, je les punirai de leur péché. (Exode. 32. 34)

— Nous avons crié à l'Éternel, et il a entendu notre voix. Il a envoyé un ange, et nous a fait sortir de l'Égypte. Et voici, nous sommes à Kadès, ville à l'extrémité de ton territoire. (Nombre. 20. 16)

— Un ange de l'Éternel apparut à la femme, et lui dit : « Voici, tu es stérile, et tu n'as point d'enfants; tu deviendras enceinte, et tu enfanteras un fils. » (Juges. 13. 3)

— La femme alla dire à son mari : « Un homme de Dieu est venu vers moi, et il avait l'aspect d'un ange de Dieu, un aspect redoutable. Je ne lui ai pas demandé d'où il était, et il ne m'a pas fait connaître son nom. » (Juges. 13. 6)
— Dieu exauça la prière de Manoach, et l'ange de Dieu vint encore vers la femme. Elle était assise dans un champ, et Manoach, son mari, n'était pas avec elle. (Juges. 13. 9)
— L'ange de l'Éternel répondit à Manoach : « La femme s'abstiendra de tout ce que je lui ai dit. » (Juges. 13. 13)
— Manoach dit à l'ange de l'Éternel : « Permets-nous de te retenir, et de t'apprêter un chevreau. » (Juges. 13. 15)
— L'ange de l'Éternel répondit à Manoach : « Quand tu me retiendrais, je ne mangerais pas de ton mets ; mais si tu veux faire un holocauste, tu l'offriras à l'Éternel. » Manoach ne savait point que ce fût un ange de l'Éternel. (Juges. 13. 16)
— Et Manoach dit à l'ange de l'Éternel : « Quel est ton nom, afin que nous te rendions gloire, quand ta parole s'accomplira ? » (Juges. 13. 17)
— L'ange de l'Éternel lui répondit : « Pourquoi demandes-tu mon nom ? Il est merveilleux. » (Juges. 13. 18)
— Comme la flamme montait de dessus l'autel vers le ciel, l'ange de l'Éternel monta dans la flamme de l'autel. À cette vue, Manoach et sa femme tombèrent la face contre terre. (Juges. 13. 20)
— L'ange de l'Éternel n'apparut plus à Manoach et à sa femme. Alors Manoach comprit que c'était l'ange de l'Éternel, et il dit à sa femme : « Nous allons mourir, car nous avons vu Dieu. » (Juges. 13. 21-22)
— Akisch répondit à David : « Je le sais, car tu es agréable à mes yeux comme un ange de Dieu ; mais les princes des Philistins disent : "Il ne montera point avec nous pour combattre. » (1. Samuel, 29. 9)
— Ta servante a dit : « Que la parole de mon seigneur le roi me donne le repos. » Car mon seigneur le roi est comme un ange de Dieu, prêt à entendre le bien et le mal. Et que l'Éternel, ton Dieu, soit avec toi ! (2. Samuel 14. 17)
— C'est pour donner à la chose une autre tournure que ton serviteur Joab a fait cela. Mais mon seigneur est aussi sage qu'un ange de Dieu, pour connaître tout ce qui se passe sur la terre. (2. Samuel 14. 20)
— Et il lui dit : « Moi aussi, je suis prophète comme toi ; et un ange m'a parlé de la part de l'Éternel, et m'a dit : "Ramène-le

avec toi dans ta maison, et qu'il mange du pain et boive de l'eau. » Il lui mentait. (1. Rois, 13. 18)
— Il se coucha et s'endormit sous un genêt. Et voici, un ange le toucha, et lui dit : « Lève-toi, mange. » (1. Rois, 19. 5)
— L'ange de l'Éternel vint une seconde fois, le toucha, et dit : « Lève-toi, mange, car le chemin est trop long pour toi. » (1. Rois, 19. 7)
— « Accepte, ou trois années de famine, ou trois mois pendant lesquels tu seras détruit par tes adversaires et atteint par l'épée de tes ennemis, ou trois jours pendant lesquels l'épée de l'Éternel et la peste seront dans le pays, et l'ange de l'Éternel portera la destruction dans tout le territoire d'Israël. Vois maintenant ce que je dois répondre à celui qui m'envoie. » (1. Chroniques, 21. 12)
— Dieu envoya un ange à Jérusalem pour la détruire ; et comme il la détruisait, l'Éternel regarda et se repentit de ce mal, et il dit à l'ange qui détruisait : « Assez! Retire maintenant ta main. » L'ange de l'Éternel se tenait près de l'aire d'Ornan, le Jébusien. — David leva les yeux, et vit l'ange de l'Éternel se tenant entre la terre et le ciel et ayant à la main son épée nue tournée contre Jérusalem. Alors David et les anciens, couverts de sacs, tombèrent sur leur visage. (1. Chroniques, 21. 15, 16)
— L'ange de l'Éternel dit à Gad de parler à David, afin qu'il montât pour élever un autel à l'Éternel dans l'aire d'Ornan, le Jébusien. (1. Chroniques, 21. 18)
— Ornan se retourna et vit l'ange, et ses quatre fils se cachèrent avec lui : il foulait alors du froment. (1. Chroniques, 21. 20)
— Alors l'Éternel parla à l'ange, qui remit son épée dans le fourreau. (1. Chroniques, 21. 27)
— David ne pouvait pas aller devant cet autel pour chercher Dieu, parce que l'épée de l'ange de l'Éternel lui avait causé de l'épouvante. (1. Chroniques, 21. 30)
— Alors l'Éternel envoya un ange, qui extermina dans le camp du roi d'Assyrie tous les vaillants hommes, les princes et les chefs. Et le roi confus retourna dans son pays. Il entra dans la maison de son dieu, et là ceux qui étaient sortis de ses entrailles le firent tomber par l'épée. (2. Chroniques, 32. 21)
— Et Raphaël, le saint ange du Seigneur, fut envoyé pour les guérir tous deux, comme leurs prières avaient été représentées au Seigneur en même temps. (Tobie ; 3. 25)

— Et ne sachant pas que ce fût un ange de Dieu, il le salua et lui dit : « D'où venez-vous, mon bon jeune homme ? » (Tobie ; 5. 6)
— L'ange lui répondit : « Je le sais, j'ai fait souvent tous ces chemins, et j'ai demeuré chez Gabélus notre frère, qui demeure en la ville de Ragès au pays des Medès, qui est situé sur la montagne d'Ecbatane. » (Tobie ; 5. 8)
— L'ange lui dit : « Je le mènerai, et vous le ramènerai. » (Tobie ; 5. 15)
— L'ange Raphaël lui répondit : « Est-ce la famille du mercenaire qui doit conduire votre fils, ou le mercenaire lui-même que vous cherchez ? » (Tobie ; 5. 17)
— L'ange lui dit : « Je mènerai votre fils en bonne santé, et je vous le ramènerai de même. » Tobit lui répondit : « Que votre voyage soit heureux, que Dieu soit avec vous dans votre chemin, et que son ange vous accompagne toujours. » (Tobie ; 5. 20, 21)
— Car je crois que le bon ange de Dieu l'accompagne, et qu'il règle tout ce qui le regarde, et qu'ainsi il reviendra vers nous plein de joie. (Tobie ; 5. 27)
— Raguel, ayant fait encore au jeune Tobie de grandes instances pour demeurer, auxquelles il ne voulut jamais se rendre, il lui mit sa fille Sara entre les mains, et la moitié de tout ce qu'il possédait en serviteurs, en servantes, en troupeaux, en chameaux, en vaches, et une grande quantité d'argent, et il le laissa aller plein de santé et de joie, en lui disant : « Que le saint ange du Seigneur soit en votre chemin, qu'il vous conduise jusque chez vous sans aucun péril, et puissiez-vous trouver votre père et votre mère en une parfaite santé ; et que mes yeux puissent voir vos enfants avant que je meure. » (Tobie ; 10. 10, 11)
— Le Dieu vivant m'est témoin que son ange m'a gardée, soit lorsque je suis sortie de cette ville, et tant que je suis demeurée là, soit lorsque je suis revenue ici, et que le Seigneur n'a point permis que sa servante fût souillée ; mais qu'il m'a fait revenir auprès de vous sans aucune tache de péché, comblée de joie de le voir vainqueur, moi sauvée, et vous délivrés. (Judith, 13. 20)
— Esther lui répondit : « Seigneur, vous m'avez paru comme un ange de Dieu, et mon cœur a été troublé par la crainte de votre gloire. » (Esther, 5. 2k)
— « Seigneur, lorsque ceux qui avaient été envoyés par le roi Sennachérib vous blasphémèrent, un ange vint, qui leur tua cent quatre-vingt-cinq mille hommes. » (1. Maccabées, 7. 41)

— *Lorsque Maccabée et ceux qui étaient avec lui eurent su que les ennemis commençaient à attaquer les forteresses, ils conjurèrent le Seigneur avec tout le peuple, par leurs prières et par leurs larmes, d'envoyer un bon ange pour le salut d'Israël. (2. Maccabées, 11. 6)*

— *Il implora donc son secours en lui parlant de cette manière : « C'est vous, Seigneur, qui avez envoyé votre ange sous Ezéchias, roi de Juda, et qui avez tué cent quatre-vingt-cinq mille hommes de l'armée de Sennachérib ; envoyez donc aussi maintenant devant nous, ô Dominateur des cieux, votre bon ange, qui inspire la terreur et l'effroi de la grande puissance de votre bras afin que ceux qui, en blasphémant votre Nom, viennent attaquer votre saint peuple, soient frappés de crainte. » Il finit ainsi sa prière. (2. Maccabées, 15. 22, 23, 24)*

— *Si Dieu n'a pas confiance en ses serviteurs, S'il trouve de la folie chez ses anges, combien plus chez ceux qui habitent des maisons d'argile, Qui tirent leur origine de la poussière, Et qui peuvent être écrasés comme un vermisseau ! (Job, 4. 18, 19)*

— *Mais s'il se trouve pour lui un ange intercesseur, Un d'entre les mille Qui annoncent à l'homme la voie qu'il doit suivre, Dieu a compassion de lui et dit à l'ange : « Délivre-le, afin qu'il ne descende pas dans la fosse ; J'ai trouvé une rançon ! » (Job, 33. 23, 24)*

— *Car il ordonnera à ses anges De te garder dans toutes tes voies... (Psaume 91. 11)*

— *Bénissez l'Éternel, vous ses anges, Qui êtes puissants en force, et qui exécutez ses ordres, En obéissant à la voix de sa parole ! (Psaume 103. 20)*

— *Louez-le, vous tous ses anges ! Louez-le, vous toutes ses armées ! (Psaume 148. 2)*

— *Mais vous avez donné, au contraire, à votre peuple la nourriture des anges ; vous leur avez fait pleuvoir du ciel un pain préparé sans aucun travail, renfermant en soi tout ce qu'il y a de délicieux et tout ce qui peut être agréable au goût. (Sagesse, 16. 20)*

— *Car mon ange est avec vous, et Je serai moi-même le défenseur et le vengeur de votre vie. (Baruch, 6. 6)*

— *Or l'ange du Seigneur était descendu vers Azarias et ses compagnons dans la fournaise ; et écartant les flammes, il avait formé au milieu de la fournaise un vent frais et une douce rosée, et le feu ne les toucha en aucune sorte ; il ne les incommoda point, et il ne leur fit aucune peine. (Daniel, 3. 23z, 23aa)*

— Anges du Seigneur, bénissez le Seigneur; louez-le, et relevez sa souveraine grandeur dans tous les siècles. (Daniel, 3. 23ah)
— Nabuchodonosor prit la parole et dit : « Béni soit le Dieu de Schadrac, de Méschac et d'Abed Nego, lequel a envoyé son ange et délivré ses serviteurs qui ont eu confiance en lui, et qui ont violé l'ordre du roi et livré leur corps plutôt que de servir et d'adorer aucun autre dieu que leur Dieu! » (Daniel, 3. 28)
— Mon Dieu a envoyé son ange et fermé la gueule des lions, qui ne m'ont fait aucun mal, parce que j'ai été trouvé innocent devant lui; et devant toi non plus, ô roi, je n'ai rien fait de mauvais. (Daniel, 6. 22)
— Et voici, l'ange qui parlait avec moi s'avança, et un autre ange vint à sa rencontre. (Zacharie, 2. 3)
— Comme il y pensait, voici, un ange du Seigneur lui apparut en songe, et dit : « Joseph, fils de David, ne crains pas de prendre avec toi Marie, ta femme, car l'enfant qu'elle a conçu vient du Saint Esprit; elle enfantera un fils, et tu lui donneras le nom de Jésus; c'est lui qui sauvera son peuple de ses péchés. » Tout cela arriva afin que s'accomplît ce que le Seigneur avait annoncé par le prophète : « Voici, la vierge sera enceinte, elle enfantera un fils, et on lui donnera le nom d'Emmanuel, ce qui signifie Dieu avec nous. » Joseph s'étant réveillé fit ce que l'ange du Seigneur lui avait ordonné, et il prit sa femme avec lui. (Mathieu, 1. 20, 21, 22, 23, 24)
— Lorsqu'ils furent partis, voici, un ange du Seigneur apparut en songe à Joseph, et dit : « Lève-toi, prends le petit enfant et sa mère, fuis en Égypte, et restes-y jusqu'à ce que je te parle; car Hérode cherchera le petit enfant pour le faire périr. » (Mathieu, 2. 13)
— Quand Hérode fut mort, voici, un ange du Seigneur apparut en songe à Joseph, en Égypte, et dit : « Lève-toi, prends le petit enfant et sa mère, et va dans le pays d'Israël, car ceux qui en voulaient à la vie du petit enfant sont morts. » (Mathieu, 2. 19, 20)
— Le diable le transporta dans la ville sainte, le plaça sur le haut du temple, et lui dit : « Si tu es Fils de Dieu, jette-toi en bas; car il est écrit : "Il donnera des ordres à ses anges à ton sujet; Et ils te porteront sur les mains, De peur que ton pied ne heurte contre une pierre. » (Mathieu, 4. 5, 6)
— Alors le diable le laissa. Et voici, des anges vinrent auprès de Jésus, et le servaient. (Mathieu, 4. 11)

— Il répondit : « Celui qui sème la bonne semence, c'est le Fils de l'homme ; le champ, c'est le monde ; la bonne semence, ce sont les fils du Royaume ; l'ivraie, ce sont les fils du Malin ; l'ennemi qui l'a semée, c'est le diable ; la moisson, c'est la fin du monde ; les moissonneurs, ce sont les anges. » (Mathieu, 13. 37, 38, 39)

— Le Fils de l'homme enverra ses anges, qui arracheront de son Royaume tous les scandales et ceux qui commettent l'iniquité... (Mathieu, 13. 41)

— Il en sera de même à la fin du monde. Les anges viendront séparer les méchants d'avec les justes... (Mathieu, 13. 49)

— Je vous le dis en vérité, quelques-uns de ceux qui sont ici ne mourront point qu'ils n'aient vu le Fils de l'homme venir dans son Règne. (Mathieu, 16. 28)

— Gardez-vous de mépriser un seul de ces petits ; car je vous dis que leurs anges dans les cieux voient continuellement la face de mon Père qui est dans les cieux. (Mathieu, 18. 10)

— Car, à la résurrection, les hommes ne prendront point de femmes, ni les femmes de maris, mais ils seront comme les anges de Dieu dans le ciel. (Mathieu, 22. 30)

— Il enverra ses anges avec la trompette retentissante, et ils rassembleront ses élus des quatre vents, depuis une extrémité des cieux jusqu'à l'autre. (Mathieu, 24. 31)

— Pour ce qui est du jour et de l'heure, personne ne le sait, ni les anges des cieux, ni le Fils, mais le Père seul. (Mathieu, 24. 36)

— Lorsque le Fils de l'homme viendra dans sa gloire, avec tous les anges, il s'assiéra sur le Trône de sa gloire. (Mathieu, 25. 31)

— Ensuite il dira à ceux qui seront à sa gauche : « Retirez-vous de moi, maudits ; allez dans le feu éternel qui a été préparé pour le diable et pour ses anges. » (Mathieu, 25. 41)

— Et voici, il y eut un grand tremblement de terre ; car un ange du Seigneur descendit du ciel, vint rouler la pierre, et s'assit dessus. (Mathieu, 28. 2)

— Mais l'ange prit la parole, et dit aux femmes : « Pour vous, ne craignez pas ; car je sais que vous cherchez Jésus qui a été crucifié. » (Mathieu, 28. 5)

— Aussitôt, l'Esprit poussa Jésus dans le désert, où il passa quarante jours, tenté par Satan. Il était avec les bêtes sauvages, et les anges le servaient. (Marc, 1. 12, 13)

— Car quiconque aura honte de moi et de mes paroles au milieu de cette génération adultère et pécheresse, le Fils de l'homme aura aussi honte de lui, quand il viendra dans la gloire de son Père, avec les saints anges. (Marc, 8. 38)
— Car, à la résurrection des morts, les hommes ne prendront point de femmes, ni les femmes de maris, mais ils seront comme les anges dans les cieux. (Marc, 12. 25)
— Alors il enverra les anges, et il rassemblera les élus des quatre vents, de l'extrémité de la terre jusqu'à l'extrémité du ciel. (Marc, 13. 27)
— Pour ce qui est du jour ou de l'heure, personne ne le sait, ni les anges dans le ciel, ni le Fils, mais le Père seul. (Marc, 13. 32)
— Alors un ange du Seigneur apparut à Zacharie, et se tint debout à droite de l'autel des parfums. (Luc, 1. 11)
— Mais l'ange lui dit : « Ne crains point, Zacharie ; car ta prière a été exaucée. Ta femme Élisabeth t'enfantera un fils, et tu lui donneras le nom de Jean. » (Luc, 1. 13)
— Zacharie dit à l'ange : « À quoi reconnaîtrai-je cela ? Car je suis vieux, et ma femme est avancée en âge. » L'ange lui répondit : « Je suis Gabriel, je me tiens devant Dieu ; j'ai été envoyé pour te parler, et pour t'annoncer cette bonne nouvelle. » (Luc, 1. 18, 19)
— Au sixième mois, l'ange Gabriel fut envoyé par Dieu dans une ville de Galilée, appelée Nazareth, auprès d'une vierge fiancée à un homme de la maison de David, nommé Joseph. Le nom de la vierge était Marie. L'ange entra chez elle, et dit : « Je te salue, toi à qui une grâce a été faite ; le Seigneur est avec toi. » Troublée par cette parole, Marie se demandait ce que pouvait signifier une telle salutation. L'ange lui dit : « Ne crains point, Marie ; car tu as trouvé grâce devant Dieu. Et voici, tu deviendras enceinte, et tu enfanteras un fils, et tu lui donneras le nom de Jésus. Il sera grand et sera appelé Fils du Très Haut, et le Seigneur Dieu lui donnera le trône de David, son père. Il régnera sur la maison de Jacob éternellement, et son règne n'aura point de fin. » Marie dit à l'ange : « Comment cela se fera-t-il, puisque je ne connais point d'homme ? » L'ange lui répondit : « Le Saint Esprit viendra sur toi, et la puissance du Très Haut te couvrira de son ombre. C'est pourquoi le saint enfant qui naîtra de toi sera appelé Fils de Dieu. Voici, Élisabeth, ta parente, a conçu, elle aussi, un fils en sa vieillesse, et

celle qui était appelée stérile est dans son sixième mois. Car rien n'est impossible à Dieu. » Marie dit : « Je suis la servante du Seigneur; qu'il me soit fait selon ta parole! » Et l'ange la quitta. (Luc, 1. 26 à 38)

— Et voici, un ange du Seigneur leur apparut, et la gloire du Seigneur resplendit autour d'eux. Ils furent saisis d'une grande frayeur. Mais l'ange leur dit : « Ne craignez point; car je vous annonce une bonne nouvelle, qui sera pour tout le peuple le sujet d'une grande joie : c'est qu'aujourd'hui, dans la ville de David, il vous est né un Sauveur, qui est le Christ, le Seigneur. Et voici à quel signe vous le reconnaîtrez : vous trouverez un enfant emmailloté et couché dans une crèche. » Et soudain il se joignit à l'ange une multitude de l'armée céleste, louant Dieu et disant : « Gloire à Dieu dans les lieux très hauts, Et paix sur la terre parmi les hommes qu'il agrée! » Lorsque les anges les eurent quittés pour retourner au ciel, les bergers se dirent les uns aux autres : « Allons jusqu'à Bethléhem, et voyons ce qui est arrivé, ce que le Seigneur nous a fait connaître. » (Luc, 2. 9 à 15)

— Le huitième jour, auquel l'enfant devait être circoncis, étant arrivé, on lui donna le nom de Jésus, nom qu'avait indiqué l'ange avant qu'il fût conçu dans le sein de sa mère. (Luc, 2. 21)

— « Il donnera des ordres à ses anges à ton sujet, Afin qu'ils te gardent... » (Luc, 4. 10)

— Car quiconque aura honte de moi et de mes paroles, le Fils de l'homme aura honte de lui, quand il viendra dans sa gloire, et dans celle du Père et des saints anges. (Luc, 9. 26)

— Je vous le dis, quiconque me confessera devant les hommes, le Fils de l'homme le confessera aussi devant les anges de Dieu; mais celui qui me reniera devant les hommes sera renié devant les anges de Dieu. (Luc, 12. 8, 9)

— De même, je vous le dis, il y a de la joie devant les anges de Dieu pour un seul pécheur qui se repent. (Luc, 15. 10)

— Le pauvre mourut, et il fut porté par les anges dans le sein d'Abraham. Le riche mourut aussi, et il fut enseveli. (Luc, 16. 22)

— Car ils ne pourront plus mourir, parce qu'ils seront semblables aux anges, et qu'ils seront fils de Dieu, étant fils de la résurrection. (Luc, 20. 36)

— Alors un ange lui apparut du ciel, pour le fortifier. (Luc, 22. 43)

— Il est vrai que quelques femmes d'entre nous nous ont fort étonnés ; s'étant rendues de grand matin au sépulcre et n'ayant pas trouvé son corps, elles sont venues dire que des anges leur sont apparus et ont annoncé qu'il est vivant. (Luc, 24. 21, 22)
— Et il lui dit : « En vérité, en vérité, vous verrez désormais le ciel ouvert et les anges de Dieu monter et descendre sur le Fils de l'homme. » (Jean, 1. 51)
— Sous ces portiques étaient couchés en grand nombre des malades, des aveugles, des boiteux, des paralytiques, qui attendaient le mouvement de l'eau ; car un ange descendait de temps en temps dans la piscine, et agitait l'eau ; et celui qui y descendait le premier après que l'eau avait été agitée était guéri, quelle que fût sa maladie. (Jean, 5. 3, 4)
— La foule qui était là, et qui avait entendu, disait que c'était un tonnerre. D'autres disaient : « Un ange lui a parlé. » (Jean, 12. 29)
— Cependant Marie se tenait dehors près du sépulcre, et pleurait. Comme elle pleurait, elle se baissa pour regarder dans le sépulcre ; et elle vit deux anges vêtus de blanc, assis à la place où avait été couché le corps de Jésus, l'un à la tête, l'autre aux pieds. (Jean, 20. 11, 12)
— Mais un ange du Seigneur, ayant ouvert pendant la nuit les portes de la prison, les fit sortir... (Actes, 5. 19)
— Tous ceux qui siégeaient au sanhédrin ayant fixé les regards sur Étienne, son visage leur parut comme celui d'un ange. (Actes, 6. 15)
— Quarante ans plus tard, un ange lui apparut, au désert de la montagne de Sinaï, dans la flamme du Buisson en feu. (Actes, 7. 30)
— Ce Moïse, qu'ils avaient renié, en disant : « Qui t'a établi chef et juge ? » C'est lui que Dieu envoya comme chef et comme libérateur avec l'aide de l'ange qui lui était apparu dans le Buisson. (Actes, 7. 35)
— C'est lui qui, lors de l'assemblée au désert, étant avec l'ange qui lui parlait sur la montagne de Sinaï et avec nos pères, reçut des oracles vivants, pour nous les donner. (Actes, 7. 38)
— Lequel des prophètes vos pères n'ont-ils pas persécuté ? Ils ont tué ceux qui annonçaient d'avance la venue du Juste, que vous avez livré maintenant, et dont vous avez été les meurtriers, vous qui avez reçu la Loi d'après des commandements d'anges, et qui ne l'avez point gardée !... (Actes, 7. 52, 53)

— Un ange du Seigneur, s'adressant à Philippe, lui dit : « Lève-toi, et va du côté du midi, sur le chemin qui descend de Jérusalem à Gaza, celui qui est désert. » (Actes, 8. 26)
— Vers la neuvième heure du jour, il vit clairement dans une vision un ange de Dieu qui entra chez lui, et qui lui dit : « Corneille ! » Les regards fixés sur lui, et saisi d'effroi, il répondit : « Qu'est-ce, Seigneur ? » Et l'ange lui dit : « Tes prières et tes aumônes sont montées devant Dieu, et il s'en est souvenu. » (Actes, 10. 3, 4)
— Dès que l'ange qui lui avait parlé fut parti, Corneille appela deux de ses serviteurs, et un soldat pieux d'entre ceux qui étaient attachés à sa personne ; et, après leur avoir tout raconté, il les envoya à Joppé. (Actes, 10. 7, 8)
— Ils répondirent : « Corneille, centenier, homme juste et craignant Dieu, et de qui toute la nation des Juifs rend un bon témoignage, a été divinement averti par un saint ange de te faire venir dans sa maison et d'entendre tes paroles. » (Actes, 10. 22)
— Et voici, un ange du Seigneur survint, et une lumière brilla dans la prison. L'ange réveilla Pierre, en le frappant au côté, et en disant : « Lève-toi promptement ! » Les chaînes tombèrent de ses mains. Et l'ange lui dit : « Mets ta ceinture et tes sandales. » Et il fit ainsi. L'ange lui dit encore : « Enveloppe-toi de ton manteau, et suis-moi. » Pierre sortit, et le suivit, ne sachant pas que ce qui se faisait par l'ange fût réel, et s'imaginant avoir une vision. Lorsqu'ils eurent passé la première garde, puis la seconde, ils arrivèrent à la porte de fer qui mène à la ville, et qui s'ouvrit d'elle-même devant eux; ils sortirent, et s'avancèrent dans une rue. Aussitôt l'ange quitta Pierre. Revenu à lui-même, Pierre dit : « Je vois maintenant d'une manière certaine que le Seigneur a envoyé son ange, et qu'il m'a délivré de la main d'Hérode et de tout ce que le peuple juif attendait. » (Actes, 12. 7 à 11)
— Et ils dirent : « C'est son ange. » Cependant Pierre continuait à frapper. Ils ouvrirent, et furent étonnés de le voir. (Actes, 12. 16)
— Au même instant, un ange du Seigneur le frappa, parce qu'il n'avait pas donné gloire à Dieu. Et il expira, rongé des vers... (Actes, 12. 23)
— Car les sadducéens disent qu'il n'y a point de résurrection, et qu'il n'existe ni ange ni esprit, tandis que les pharisiens affirment les deux choses. Il y eut une grande clameur, et quelques

scribes du parti des pharisiens, s'étant levés, engagèrent un vif débat, et dirent : « Nous ne trouvons aucun mal en cet homme ; peut-être un esprit ou un ange lui a-t-il parlé. » (Actes, 23. 8, 9)

— Un ange du Dieu à qui j'appartiens et que je sers m'est apparu cette nuit, et m'a dit : « Paul, ne crains point ; il faut que tu comparaisses devant César, et voici, Dieu t'a donné tous ceux qui naviguent avec toi. » (Actes, 27. 23, 24)

— Car j'ai l'assurance que ni la mort ni la vie, ni les anges ni les dominations, ni les choses présentes ni les choses à venir, ni les puissances, ni la hauteur, ni la profondeur, ni aucune autre créature ne pourra nous séparer de l'amour de Dieu manifesté en Jésus Christ notre Seigneur. (Romains, 8. 38, 39)

— Car Dieu, ce me semble, a fait de nous, apôtres, les derniers des hommes, des condamnés à mort en quelque sorte, puisque nous avons été en spectacle au monde, aux anges et aux hommes. (1. Corinthiens, 4. 9)

— Ne savez-vous pas que nous jugerons les anges ? Et nous ne jugerions pas, à plus forte raison, les choses de cette vie ? (1. Corinthiens, 6. 3)

— C'est pourquoi la femme, à cause des anges, doit avoir sur la tête une marque de l'autorité dont elle dépend. (1. Corinthiens, 11. 10)

— Quand je parlerais les langues des hommes et des anges, si je n'ai pas la charité, je suis un airain qui résonne, ou une cymbale qui retentit. (1. Corinthiens, 13. 1)

— Et cela n'est pas étonnant, puisque Satan lui-même se déguise en ange de lumière. (2. Corinthiens, 11. 14)

— Et pour que je ne sois pas enflé d'orgueil, à cause de l'excellence de ces révélations, il m'a été mis une écharde dans la chair, un ange de Satan pour me souffleter et m'empêcher de m'enorgueillir. (2. Corinthiens, 12. 7)

— Mais, quand nous-mêmes, quand un ange du ciel annoncerait un autre Évangile que celui que nous vous avons prêché, qu'il soit anathème ! (Galates, 1. 8)

— Pourquoi donc la Loi ? Elle a été donnée ensuite à cause des transgressions, jusqu'à ce que vînt la postérité à qui la promesse avait été faite ; elle a été promulguée par des anges, au moyen d'un médiateur. (Galates, 3. 19)

— Et mis à l'épreuve par ma chair, vous n'avez témoigné ni mépris ni dégoût ; vous m'avez, au contraire, reçu comme un ange de Dieu, comme Jésus Christ. (Galates, 4. 14)

— Qu'aucun homme, sous une apparence d'humilité et par un culte des anges, ne vous ravisse à son gré le prix de la course, tandis qu'il s'abandonne à ses visions et qu'il est enflé d'un vain orgueil par ses pensées charnelles, sans s'attacher au chef, dont tout le corps, assisté et solidement assemblé par des jointures et des liens, tire l'accroissement que Dieu donne. (Colossiens, 2. 18, 19)

— Car il est de la justice de Dieu de rendre l'affliction à ceux qui vous affligent, et de vous donner, à vous qui êtes affligés, du repos avec nous, lorsque le Seigneur Jésus apparaîtra du ciel avec les anges de sa puissance, au milieu d'une flamme de feu, pour punir ceux qui ne connaissent pas Dieu et ceux qui n'obéissent pas à l'Évangile de notre Seigneur Jésus. (2. Thessaloniens, 1. 6, 7, 8)

— Et, sans contredit, le mystère de la piété est grand : celui qui a été manifesté en chair, justifié par l'Esprit, vu des anges, prêché aux Gentils, cru dans le monde, élevé dans la gloire. (1. Thimothée, 3. 16)

— Je te conjure devant Dieu, devant Jésus Christ, et devant les anges élus, d'observer ces choses sans prévention, et de ne rien faire par faveur. (1. Thimothée, 5. 21)

— Après avoir autrefois, à plusieurs reprises et de plusieurs manières, parlé à nos pères par les prophètes, Dieu, dans ces derniers temps, nous a parlé par le Fils, qu'il a établi héritier de toutes choses, par lequel il a aussi créé le monde, et qui, étant le reflet de sa Gloire et l'empreinte de sa Personne, et soutenant toutes choses par sa Parole puissante, a fait la purification des péchés et s'est assis à la droite de la majesté divine dans les lieux très hauts, devenu d'autant supérieur aux anges qu'il a hérité d'un Nom plus excellent que le leur. Car auquel des anges Dieu a-t-il jamais dit : « Tu es mon Fils, Je t'ai engendré aujourd'hui ? » Et encore : « Je serai pour lui un Père, et il sera pour moi un Fils ? » Et lorsqu'il introduit de nouveau dans le monde le premier-né, il dit : « Que tous les anges de Dieu l'adorent ! » De plus, il dit des anges : « Celui qui fait de ses anges des vents, Et de ses serviteurs une flamme de feu. » (Hébreux, 1. 1 à 7)

— Et auquel des anges a-t-il jamais dit : « Assieds-toi à ma droite, jusqu'à ce que je fasse de tes ennemis ton marchepied ? » (Hébreux, 1. 13)

— Car, si la parole annoncée par des anges a eu son effet, et si toute transgression et toute désobéissance a reçu une juste rétribution, comment échapperons-nous en négligeant un si grand salut, qui, annoncé d'abord par le Seigneur, nous a été confirmé par ceux qui l'ont entendu, Dieu appuyant leur témoignage par des signes, des prodiges, et divers miracles, et par les dons du Saint Esprit distribués selon sa volonté. En effet, ce n'est pas à des anges que Dieu a soumis le monde à venir dont nous parlons. (Hébreux, 2. 2 à 5)

— Or quelqu'un a rendu quelque part ce témoignage : « Qu'est-ce que l'homme, pour que tu te souviennes de lui, Ou le fils de l'homme, pour que tu prennes soin de lui ? Tu l'as abaissé pour un peu de temps au-dessous des anges, Tu l'as couronné de gloire et d'honneur, Tu as mis toutes choses sous ses pieds. » En effet, en lui soumettant toutes choses, Dieu n'a rien laissé qui ne lui fût soumis. Cependant, nous ne voyons pas encore maintenant que toutes choses lui soient soumises. Mais celui qui a été abaissé pour un peu de temps au-dessous des anges, Jésus, nous le voyons couronné de gloire et d'honneur à cause de la mort qu'il a soufferte, afin que, par la grâce de Dieu, il souffrît la mort pour tous. (Hébreux 2, 6 à 9)

— Car assurément ce n'est pas à des anges qu'il vient en aide, mais c'est à la postérité d'Abraham. (Hébreux 2, 16)

— Mais vous vous êtes approchés de la montagne de Sion, de la Cité du Dieu vivant, la Jérusalem céleste, des myriades qui forment le chœur des anges... (Hébreux 12. 22)

— N'oubliez pas l'hospitalité ; car, en l'exerçant, quelques-uns ont logé des anges, sans le savoir. (Hébreux 13. 2)

— Il leur fut révélé que ce n'était pas pour eux-mêmes, mais pour vous, qu'ils étaient les dispensateurs de ces choses, que vous ont annoncées maintenant ceux qui vous ont prêché l'Évangile par le Saint Esprit envoyé du Ciel, et dans lesquelles les anges désirent plonger leurs regards. (1. Pierre, 1. 12)

— Cette eau était une figure du baptême, qui n'est pas la purification des souillures du corps, mais l'engagement d'une bonne conscience envers Dieu, et qui maintenant vous sauve, vous aussi, par la résurrection de Jésus Christ, qui est à la droite de Dieu, depuis qu'il est allé au ciel, et que les anges, les Autorités et les Puissances, lui ont été soumis. (1. Pierre, 3. 21, 22)

— Car, si Dieu n'a pas épargné les anges qui ont péché, mais s'il les a précipités dans les abîmes de ténèbres et les réserve pour le jugement... (2. Pierre, 2. 4)

— *Tandis que les anges, supérieurs en force et en puissance, ne portent pas contre elles (les Gloires)* de jugement injurieux devant le Seigneur. (2. Pierre, 2. 11)
— Je veux vous rappeler, à vous qui savez fort bien toutes ces choses, que le Seigneur, après avoir sauvé le peuple et l'avoir tiré du pays d'Égypte, fit ensuite périr les incrédules ; qu'il a réservé pour le Jugement du grand Jour, enchaînés éternellement par les ténèbres, les anges qui n'ont pas gardé leur dignité, mais qui ont abandonné leur propre demeure... (Jude, 1. 5, 6)
— Or, l'archange Michel, lorsqu'il contestait avec le diable et lui disputait le corps de Moïse, n'osa pas porter contre lui un jugement injurieux, mais il dit : « Que le Seigneur te réprime ! » (Jude, 1. 9)

BIENHEUREUX

Celui qui jouit de beaucoup de bonheur. Les religions ajoutent à cette définition la béatitude éternelle, c'est pourquoi on donne ce nom aux défunts en voie d'être canonisés et dont la cause a été introduite devant le Pape, à Rome.

BLAISE (SAINT)

Blaise vient du latin *bloesus*, le « bègue ». Saint Blaise (fête : le 3 février), guérisseur devenu évêque à Sébaste (Asie mineure) fut martyrisé en 316 avec, notamment, des crocs en fer, ce pourquoi il est le patron des cardeurs de laine. Au moment d'être décapité, il demanda à Dieu de guérir tous ceux qui souffraient de la gorge ! Saint Blaise, ayant ramené à la vie un enfant qui avait avalé une arête de poisson, il était invoqué lorsqu'on s'étranglait en mangeant. Il était aussi invoqué lors des maladies infantiles.

BONIFACE (SAINT)

Boniface vient du latin *bonifacius*, beau visage, Saint Boniface (fête : le 19 juin), moine bénédictin né en Saxe, évangélisa l'Ukraine, la Pologne et la Prusse et fut martyrisé par un roi païen en 1009. On l'invoquait contre les incendies.

Un saint Boniface (fête : le 19 février), évêque de Lausanne, mort en 1265 était invoqué contre les rhumatismes. Saint Boniface (fête : le 5 juin) baptisa, au IXe siècle, de nombreux Saxons, devint archevêque de Mayence et sacra roi des Francs Pépin le Bref. Il mourut assassiné par des païens alors qu'il célébrait la messe, en 755.

BRIGITTE (SAINTE)

Brigitte, comme Brice, vient du celtique *bright*, « force ». Sainte Brigitte (fête : le 23 juillet), née en Suède (dont elle la patronne), et reine, se marie à 14 ans et met huit enfants au monde. À la mort de son mari, en 1346, elle fonde l'ordre du Saint-Sauveur. Elle meurt en 1373 à Rome. Sainte Brigitte, qui de son vivant fut visionnaire, était invoquée pour pressentir à l'avance la date de sa mort.
Autre sainte Brigitte (fête : le 1er février), une jeune Irlandaise fondatrice, au VIe siècle, du premier monastère féminin de son île, dont elle est la patronne, ainsi que celle des laitiers. Elle était invoquée pour la protection du bétail.

BRUNO (SAINT)

Bruno, au Moyen Âge, était un surnom pour désigner un homme brun. Né à Cologne, saint Bruno (fête : le 6 octobre) étudie à Reims. Grammairien et théologien, il enseigne pendant une vingtaine d'années. Il quitte Reims après avoir dénoncé la vie dissolue de l'archevêque et devient ermite dans la région de l'Aude. Puis il part pour le Dauphiné où, dans l'austère et impressionnant massif de la Chartreuse, au-dessus de Grenoble, il fonde l'ordre des chartreux. Appelé auprès du pape Urbain II comme conseiller, il crée un couvent en Calabre et il y meurt en 1101. Saint Bruno était invoqué contre la peste.
Cahethel (ange)

C

CAHETHEL (ANGE)

Si vous êtes né entre le 26 et le 30 avril, votre ange gardien est Cahethel, Séraphin, dont le nom signifie « *Dieu adorable* ». Cahethel encourage l'imagination et développe la sensibilité, inspirant les poètes et les médiums. Cahethel intervient plus sur la conscience que dans le domaine matériel ; on lui attribue l'austérité et la pauvreté acceptées, comme celles des moines et des ermites. Au quotidien, l'ange Cahethel soutient l'effort, chasse la paresse et la peur du risque. Les êtres parrainés par Cahethel ont un moral solide et une nette attirance pour ce qui est sain et juste.
Cet ange, associé à la planète Mercure, influence la robustesse des membres supérieurs et donne de la résistance physique pour une vie simple. Cahethel fait aspirer aux plaisirs champêtres parfois un peu surannés. Lorsque l'on invoque l'ange Cahethel, il aide à combattre les chimères et à avoir une action concrète et positive.

CALIEL (ANGE)

Si vous êtes né entre le 16 juin et le 21 juin, votre ange gardien est Caliel, Trône, dont le nom signifie « *Dieu prompt à secourir* ». Caliel encourage ceux qui veulent approfondir les sujets qu'ils ne connaissent pas. Il stimule la persévérance à laquelle il ajoute la rigueur indispensable pour

l'étude et la résolution des épreuves de l'existence. Il est le modèle même de
la prudence et son influence incite à réfléchir. Au quotidien, l'ange Caliel aide « à voir juste » dans les épreuves et évite de se fourvoyer dans le secondaire aux dépens de l'essentiel. Son soutien éloigne la tristesse et la désespérance, la résignation et la dépression. Ange de l'impartialité, Caliel tend à faire aimer la justice et la vérité en dehors de tout dogme. Cet ange, associé au Soleil et à Saturne, apporte une apparence distinguée. Lorsque l'on invoque l'ange Caliel, il aide à mieux surmonter les longues épreuves, et donne la capacité de s'harmoniser avec le monde en dépit de son aspect impitoyable.

CAMILLE (SAINTE)

Camille vient du latin *cum ille*, « celui qui est avec l'Illustre », nom attribué à Rome à l'assistant d'un prêtre païen. Saint Camille de Lellis (1550-1614), né en Italie, est mercenaire pour les Espagnols. Blessé à la jambe en 1575, il est soigné par des capucins. Guéri, il se fait moine et fonde un ordre (en France les Frères du Bien-mourir), avec pour emblème une croix rouge. Selon une autre version, ce soldat est si indiscipliné que les Espagnols le chassent. Il devient ânier chez les capucins, qui le convertissent. Devant l'état d'abandon des malades, il décide en 1582 de fonder son ordre, appelé aussi les Serviteurs des Infirmes. Saint Camille (fête : le 14 juillet) est le patron des hôpitaux et du personnel infirmier. Il était invoqué par les boiteux.

CASIMIR (SAINT)

Casimir vient du slave *kas*, « assemblée », et *mir*, « paix ». Second des treize enfants de Casimir IV, roi de Pologne, et d'Élisabeth d'Autriche, né le 5 octobre 1458, saint Casimir, s'étant voué à la Vierge (à laquelle il voua aussi la Pologne), essaya de concilier ascétisme religieux et métier de prince. Il avait transformé son palais en église, et refusait de prendre les armes contre les ennemis du royaume. Il mourut d'une maladie de poitrine le 4 mars 1483 à Vilna, âgé de 25 ans. Saint Casimir (fête : le 4 mars) était invoqué par les jeunes gens qui voulaient rester purs lorsque des femmes leur faisaient des avances. Mort de tuberculose, il était aussi invoqué par ceux qui souffraient de cette maladie qu'on ne savait pas soigner.

CATHERINE (SAINTE)

Catherine vient du grec *Aïcatharina*, « toujours pure ». Sainte Catherine d'Alexandrie (fête : le 25 novembre), née à la fin du IIie siècle, dans une famille noble, voulut plaider la cause des chrétiens devant l'empereur Maximin. Trouvant la jeune fille à son goût, il lui proposa de répudier l'impératrice et de l'épouser. Furieux de son refus, il la fit flageller avec des lanières plombées, jeter pendant onze jours dans un cachot, avant de la condamner au supplice : deux roues armées de pointes de fer, tournant en sens inverse, la déchiquetèrent...
Sainte Catherine de Sienne (fête : le 29 avril), née en 1347, dans la bourgeoisie toscane, entre dans les ordres à 15 ans. S'interdisant l'usage de la viande et du pain, couvrant ses reins de fer barbelé, ne sortant de l'église que pour faire la charité et guérir les malades, elle travaille à faire revenir le Pape (alors en Avignon) à Rome. Sujette à des extases, pendant lesquelles elle dicte son *Dialogue de la divine Providence,* elle meurt à 33 ans, le 29 avril 1380.
Sainte Catherine d'Alexandrie (fête : le 25 novembre) était la sainte patronne des jeunes filles vierges.
Sainte Catherine de Suède (fête : le 24 mars), princesse, fille de sainte Brigitte, épousa un invalide avec lequel elle vécut chastement. Veuve à 19 ans, elle devint l'abbesse d'un couvent où elle mourut à 50 ans, le 24 mars 1381. Elle était invoquée par les femmes qui craignaient de ne pouvoir mener une grossesse à terme, mais aussi par les jeunes filles chastes auxquelles on tenait des propos impudiques. Encore bébé, elle avait la faculté de deviner si ses nourrices avaient

une vie chaste; dans le cas contraire, elle refusait le sein offert!
Sainte Catherine Labouré, eut, le 25 novembre 1830, jour anniversaire de sainte Catherine d'Alexandrie, une vision au cours de laquelle la Vierge lui apparut à Paris, rue du Bac.

CATHERINE LABOURÉ (MÉDAILLE DE SAINTE)

Invocation pour bénéficier de la protection de la Vierge contre les catastrophes (notamment familiales), les maladies et le mauvais sort :

Sainte Catherine, intercède pour moi auprès de la sainte Vierge Marie, moi qui ne suis pas digne de la contempler comme tu eus le bonheur de le faire; je sais que, grâce à toi, qui protégeas les petits et les humbles, qui soignas les vieux et les malades, ma prière sera exaucée; Comme toi, sainte Catherine, je veux solliciter la foi et l'amour du Cœur Immaculé de Marie, afin que sa Grâce se répande, sur moi et sur les miens, et donne la santé de l'esprit, la guérison du corps, la délivrance de tout péril; Avec toi, sainte Catherine, je chanterai les louanges de Jésus, doux objet des affections de Marie, qui souffrit pour nous, mourut pour nous et ressuscita pour nous. Amen.

CÉCILE (SAINTE)

Cécile vient du latin *ceacus*, « aveugle ». Sainte Cécile, chrétienne dans la Rome du IIe siècle, convertit saint Valérien, son époux, le soir de leurs noces, puis, dénoncée, fut suppliciée après lui. On tenta de l'étouffer dans la salle de bain de son palais, puis on lui trancha la tête. Sainte Cécile (fête : le 22 novembre) est, depuis le XVe siècle, représentée avec un instrument de musique, généralement un orgue; elle personnifie la musique sacrée, raison pour laquelle orchestres, fanfares ou chorales portent son nom.

CÉCILE (MÉDAILLE DE SAINTE)

Invocation pour conserver sa voix :

Sainte Cécile, toi qui louais le Seigneur en chantant sa Gloire, donne-moi la voix pour lui chanter un cantique nouveau; Que la douceur de ton âme soit le miel de mes chants, que la force de tes prières soit la musique de mon âme, et que du lever du soleil jusqu'à son coucher, je chante d'une voix forte et retrouvée les louanges de notre Seigneur Dieu; Avec toi, sainte Cécile, je louerai le nom du Seigneur par un cantique, je le glorifierai par ma louange, et les serviteurs de Dieu habiteront ma maison, comme ils habitèrent ton palais. Amen.

CÉLINE (SAINTE)

Céline vient du grec *séléné*, la « lune ». Selon d'autres sources, ce serait un diminutif de Marceline. Sainte Céline, née à Meaux (dont elle est la patronne) au ve siècle, choisit la vie monastique à Nanterre, après avoir rencontré sainte Geneviève de Paris. Son fiancé étant parti à sa recherche, et étant sur le point de la rattraper, elle trouva refuge dans une église dont les portes se refermèrent miraculeusement sur elle. Sainte Céline (fête : le 21 octobre) était invoquée contre les maladies de poitrine...

CÉSAIRE (SAINT)

Césaire est un dérivé méridional de *César*. Saint Césaire (fête : le 26 août), fils d'un comte bourguignon au ve siècle, fut moine et un influent évêque d'Arles. Il s'opposa, avec succès, aux rois Goths qui dominaient la Provence, et pour racheter des prisonniers gaulois, n'hésita pas à faire fondre des vases sacrés. Représentant du Pape pour la Gaule et l'Espagne, théologien écouté, il mourut à Arles le 26 août 542.

Saint Césaire (fête : le 25 février), médecin de l'empereur Julien l'Apostat, soignait gratuitement les pauvres à Byzance, où il fut martyrisé au ive siècle. Patron des médecins, il était invoqué contre le rhume, mais aussi contre les tremblements de terre : un séisme avait provoqué sa conversion.

Saint Césaire (fête : le 1er novembre), évêque de Clermont-Ferrand, au VIIe siècle, était invoqué contre les éboulements.

CHARLEMAGNE (SAINT)

Charles, né en 742, est proclamé roi d'Occident à la mort de son père Pépin le Bref, usurpe à sa mort les terres de son frère Carloman en 771, bat le roi des Lombards, et fait aux Saxons païens une guerre acharnée. Possesseur de la France, de l'Allemagne, de l'Italie et d'une partie de l'Espagne, Charlemagne est proclamé empereur d'Occident par le pape Léon ILI et couronné dans la basilique Saint-Pierre de Rome, l'an 800, le jour de Noël. Charlemagne consacre les dernières années de sa vie à mettre en ordre les lois dont il a doté l'empire, et meurt à Aix-la-Chapelle, le 30 janvier 814. Le 29 décembre 1165, à la demande de l'empereur d'Allemagne Frédéric Barberousse, le pape Alexandre ILI canonisa Charlemagne. Il devint l'objet d'un culte liturgique en Allemagne, France, Espagne et Italie, là où il avait régné. (fête : le 28 janvier). Puis Rome s'aperçut que ce massacreur de Saxons n'avait pas eu une vie irréprochable, collectionnant les épouses et les concubines (on le soupçonna même d'avoir couché avec ses filles et ses nièces !) et raya Charlemagne de la liste des saints. Il n'en est pas moins resté le patron des écoliers, des étudiants et des enseignants, instituteurs et professeurs ; il était invoqué pour être protégé de la mort, du venin, de la défaite, pour protéger son enfant, dès l'accouchement, contre l'épilepsie, et contre la foudre.

La prière ci-dessous, s'il faut en croire une antique tradition (et l'abbé Julio, qui a rédigé ce texte), a été trouvée dans le sépulcre même de Notre-Seigneur Jésus-Christ et envoyée, en l'an 802, par le pape Léon III à l'empereur Charlemagne, quand il partit avec son armée pour combattre ses ennemis. Elle était écrite sur parchemin en lettres d'or, et longtemps elle fut conservée en l'abbaye de Saint-Michel de France. Quiconque lit cette prière, l'entend lire, ou la porte sur lui, ne mourra pas subitement, ne se noiera, ni se brûlera ; aucun venin ne l'empoisonnera, il ne tombera pas entre les mains de ses ennemis, et il ne sera pas vaincu par eux dans les batailles. Quand une femme se trouve dans les douleurs de l'enfantement, qu'elle lise cette prière ou qu'elle l'entende lire, ou qu'elle la porte sur elle, elle se trouvera promptement délivrée et sera toujours tendre mère.

Dès que l'enfant sera né, posez cette prière sur son côté droit, et il sera préservé de beaucoup de maux. Celui qui porte cette prière sur lui, ne sera pas atteint de l'épilepsie. Quand vous verrez tomber dans la rue une personne attaquée de ce mal, posez cette prière sur son côté droit, et elle se relèvera joyeuse. Cette prière, déposée dans une maison, préserve de la foudre. Celui qui lira cette prière ou se la fera lire tous les jours sera prévenu par un signe trois jours avant sa mort. Celui qui écrit cette prière pour lui ou pour d'autres, « je le bénirai » dit le Seigneur.

Dieu Tout Puissant, qui avez subi la mort sur l'arbre patibulaire de la croix, pour expier tous mes péchés, ayez pitié de moi. Ô Sainte Croix de Jésus Christ, repoussez loin de moi toute arme tranchante. Ô Sainte Croix de Jésus Christ, versez en moi tout bien. Ô Sainte Croix de Jésus Christ, détournez de moi tout mal, faites que je puisse sauver mon âme. Ô Sainte Croix de Jésus Christ, éloignez de moi toute crainte de la mort, et accordez-moi la vie éternelle. Ô Sainte Croix de Jésus Christ, gardez-moi, et faites que les esprits malins, tant visibles qu'invisibles, fuient devant moi, dès aujourd'hui et dans tous les siècles et les siècles. Amen.

Aussi vrai que Jésus est né le jour de Noël, aussi vrai que Jésus a été circoncis, aussi vrai que Jésus a reçu les offrandes des trois Rois Mages, aussi vrai que Jésus a été crucifié le Vendredi saint, aussi vrai que Joseph et Nicomède ont ôté Jésus de la croix et l'ont mis dans le sépulcre, aussi vrai que Jésus est ressuscité et monté au Ciel : de même, qu'il soit aussi vrai que Jésus me préserve et me préservera de tout attentat de mes ennemis, tant visibles qu'invisibles, dès aujourd'hui et dans tous les siècles et les siècles. Amen.

Ô Seigneur, par l'amertume que vous avez soufferte pour moi sur la sainte Croix, principalement lorsque votre âme s'est séparée de son corps, ayez pitié de mon âme quand elle sera séparée de ce monde. Amen.

CHÉRUBIN

Situés entre les Trônes et les Séraphins, les Chérubins sont des entités célestes de second rang dans la hiérarchie angélique. On les représente, dans les arts, comme des lions ailés à tête humaine. Après la chute d'Adam et Ève et le départ du jardin d'Éden, un chérubin armé d'une épée foudroyante fut désigné pour interdire l'accès de ce qu'on appela désormais *le Paradis perdu*. Le chérubin était posté à l'orient du merveilleux Jardin. Voir *Hiérarchie des anges gardiens.*

CHRISTIAN (SAINT)

Christian vient du latin *cristianus*, « chrétien ». Cuisinier dans un monastère en Pologne (d'autres disent abbé...) saint Christian y fut égorgé dans la nuit du 11 novembre 1003 par des pillards qui cherchaient un trésor. Saint Christian (fête : le 12 novembre), patron des cuisiniers, était invoqué contre l'apoplexie.

Saint Christian (fête : le 7 avril), ecclésiastique de Douai, était invoqué par les femmes qui voulaient reprendre une activité après leur accouchement.

CHRISTINE (SAINTE)

Christine vient du latin *cristianus*, « chrétien ». Christine, fille d'un préfet de Toscane au IVe siècle, s'étant, à 10 ans, convertie au christianisme, brisa les idoles et distribua l'argent familial aux pauvres. Son père la livra aux bourreaux avant de se tuer. Le nouveau préfet, son successeur, ayant fait traîner l'enfant devant la statue d'une idole, fut écrasé par cette statue. Le troisième préfet, enfin, fit attacher Christine à un poteau et la fit mettre à mort. Sainte Christine (fête : le 24 juillet) était invoquée pour raffermir les seins !

Sainte Christine, dite l'Admirable, religieuse belge qui, au XIIIe siècle, mourut à 20 ans, ressuscita pendant sa messe de Requiem et lévita, dit-on, sous les voûtes de l'église. Elle raconta qu'elle venait de visiter enfer et purgatoire, et mourut définitivement bien plus tard, après avoir, dans son couvent, accompli des prodiges comme léviter, marcher sur des braises ou rester dans de l'eau glacée.

CHRISTOPHE (SAINT)

Christophe vient du grec *Christos*, et *foros*, « celui qui porte le Christ ». Saint Christophe aurait vécu en Asie au IIie siècle. Garde du corps de l'empereur, il quitte son service pour se mettre à celui du Diable, puisque l'empereur tremble devant le Diable. Mais quand il voit que le Diable tremble devant Dieu, il se convertit. Il s'installe au bord d'un torrent où, grâce à sa stature de géant, il se fait passeur, taxant les riches et exonérant les pauvres. Une nuit, un Enfant lui demande son aide pour traverser. Christophe, au milieu du torrent, sent ses forces l'abandonner. Il réussit toutefois à gagner l'autre rive. Celui qu'il porte sur ses épaules se révèle être le Christ, qui lui annonce qu'il entrera au Royaume des cieux après son martyre... Parti prêcher l'Évangile, Christophe est torturé et décapité... Saint Christophe (fête : le 25 juillet) était invoqué contre les accidents en voyage. Il a été écarté du calendrier en 1970 par le pape Paul VI, car sa légende n'a aucune base réelle. Mais son culte populaire continue chez les automobilistes.

CHRISTOPHE (MÉDAILLE DE SAINT)

Invocation (avant de partir en voyage) :

> *Bon saint Christophe, toi qui fis passer les eaux tumultueuses à Notre-Seigneur Jésus-Christ, je mets en toi ma confiance ; avec toi, je passerai au-delà des monts comme le passereau ; Comme Notre-Seigneur Jésus en sécurité sur tes épaules, ô saint Christophe, je traverserai la nuit à la Lumière de Dieu, et les flèches de mes ennemis passeront au-dessus de moi, et le feu m'épargnera, et aucun mauvais courant ne me détournera ; Bon saint Christophe, guide-moi et protège-moi jusqu'au bout de ma route. Amen.*

CLAIRE (SAINTE)

Claire vient du latin *clara*, « clair ». Née à Assise, en Italie, en 1193, sainte Claire rencontre saint François, s'enfuit du palais paternel et fonde, en 1212, l'ordre des clarisses (dit aussi l'ordre des Pauvres Dames) destiné à aider les pauvres et à prier Dieu dans la plus grande simplicité. Elle meurt au sein de sa communauté le 11 août 1253. Sainte Claire (fête : le 11 août) était invoquée pour avoir une belle chevelure à condition, comme elle, de ne pas manger de viande les lundis, mercredis et vendredis. Elle était aussi invoquée pour avoir l'ouïe fine : elle-même, malade une nuit de Noël, entendit une messe chantée à des kilomètres de son lit. Enfin, elle pouvait améliorer la vue, raison pour laquelle elle est la patronne des brodeuses : elle pleurait souvent, jusqu'à ce qu'elle réalise que c'était un piège du Diable pour lui brouiller la vue !

CLÉMENT (SAINT)

Clément vient du latin *clementis*, « généreux ». Saint Clément, désigné par saint Pierre pour lui succéder à Rome, troisième pape, de 88 à 99, aurait été martyrisé par l'empereur : envoyé aux travaux forcés dans des carrières de pierre, il aurait été, en 101, jeté à la mer, lesté d'une ancre. Saint Clément (fête : le 23 novembre), patron des chapeliers et des bateliers, était invoqué contre les feux de cheminée.

CLOTILDE (SAINTE)

Clotilde vient du germanique *hlod*, « gloire », et *hilde*, « combat ». Épouse de Clovis, fille du roi Chilpéric, sainte Clotilde (474-545) fit baptiser son époux à Reims, par saint Rémi (Clovis avait juré de se convertir s'il remportait la bataille de Tolbiac). On invoquait sainte Clotilde (fête : le 4 juin) pour guérir les enfants malades.

COLOMBE (SAINTE)

Colombe vient du latin *colomba*, « colombe ». Au IIIe siècle, Colombe, une jeune fille venue d'Espagne, se fait baptiser à Vienne et gagne Sens où elle est dénoncée comme chrétienne. Ayant refusé d'abjurer, elle est fouettée, puis déchirée avec des peignes de fer, puis conduite hors de la ville pour avoir la tête tranchée, le 31 décembre 274. Sainte

Colombe, exemplaire lors de son martyre, était invoquée (fête : le 31 décembre) pour donner du courage aux agonisants.

CÔME (SAINT)

Côme vient du grec *cosmos*, « l'univers ». Au IIIe siècle, en Cilicie (Syrie) saint Côme et son frère (ou compagnon) saint Damien, soignaient gratuitement les pauvres, parce que chrétiens. Dénoncés, ils furent martyrisés, et montrèrent une telle sérénité dans la souffrance que le juge les crut magiciens; ils finirent par avoir la tête tranchée. Leur culte se répandit en Orient au ve siècle. Saint Côme (fête : le 26 septembre), patron des médecins, barbiers et brocanteurs, était invoqué contre l'eczéma et les maladies de peau.

CONRAD (SAINT)

Conrad vient du germanique *kon*, « audacieux », et *ragin*, « conseil ». Saint Conrad, au Xe siècle, était un riche propriétaire en Helvétie. Touché par la grâce, il vendit ses biens, les distribua aux pauvres, fit trois fois le pèlerinage en Terre sainte en mendiant, et fut évêque de Constance. Saint Conrad (fête : le 26 novembre) était invoqué, lui l'ancien gestionnaire de biens, pour guérir des... calculs, rénaux !

CORAN (ANGES DANS LE)

Ci-après, sont exposées toutes les phrases du Coran comportant le mot *ange* (traductions de Kasimirski) ; pour mieux en apprécier le contexte, consulter un coran complet.

> — *Lorsque Dieu dit aux anges : Je vais établir un vicaire sur la terre, les anges répondirent : Veux-tu établir un être qui commette des désordres et répande le sang pendant que nous célébrons tes louanges et que nous te sanctifions sans cesse ? — Je sais, répondit le Seigneur, ce que vous ne savez pas. Dieu apprit à Adam les noms de tous les êtres, puis, les amenant devant les anges, il leur dit : Nommez-les-moi, si vous êtes sincères. Loué soit ton nom, répondirent les anges ; nous ne possédons d'autre science que celle que tu nous as enseignée ; tu es le Savant, le Sage. Dieu dit à Adam : Apprends-leur les noms de*

tous les êtres, et lorsqu'il l'eut fait, le Seigneur dit : Ne vous ai-je pas dit que je connais le secret des cieux et de la terre, ce que vous produisez au grand jour et ce que vous cachez ? Lorsque nous ordonnâmes aux anges d'adorer Adam, ils l'adorèrent tous, excepté Eblis ; celui-ci refusa et s'enfla d'orgueil, et il fut du nombre des ingrats. (Sourate IL, 28 à 32)

— Celui qui sera l'ennemi du Seigneur, de ses anges, de ses envoyés, de Gabriel et de Michel, aura Dieu pour ennemi, car Dieu hait les infidèles. (Sourate IL, 92)

— Ils ont suivi ce que les démons avaient imaginé contre le royaume de Salomon ; mais ce n'est pas Salomon qui fut infidèle, ce sont les démons. Ils enseignent aux hommes la magie et la science qui avait été donnée aux deux anges de Babylone, Harout et Marout. Ceux-ci n'instruisaient personne dans leur art sans dire : Nous sommes la tentation, prends garde de devenir infidèle ; les hommes apprenaient d'eux les moyens de semer la désunion entre l'homme et sa femme ; mais les anges n'attaquaient personne sans la permission de Dieu ; cependant les hommes apprenaient ce qui leur était nuisible, et non pas ce qui pouvait leur être avantageux, et ils savaient que celui qui avait acheté cet art était déshérité de toute part dans la vie future. Vil prix que celui pour lequel ils ont livré leur âme, s'ils l'eussent su ! (Sourate IL, 96)

— Ceux qui mourront infidèles seront frappés de la malédiction de Dieu, des anges et de tous les hommes. (Sourate IL, 156)

— La vertu ne consiste point en ce que vous tourniez vos visages du côté du levant ou du couchant : vertueux sont ceux qui croient en Dieu et au jour dernier, aux anges et au livre, et aux prophètes, qui donnent pour l'amour de Dieu des secours à leurs proches et aux orphelins, aux pauvres et aux voyageurs, et à ceux qui demandent, qui rachètent les captifs, qui observent la prière, qui font l'aumône, remplissent les engagements qu'ils contractent, se montrent patients dans l'adversité, dans les temps durs et dans les temps de violences. Ceux-là sont justes et craignent le Seigneur. (Sourate IL, 172)

— Les infidèles attendent-ils que Dieu vienne à eux dans les ténèbres d'épais nuages, accompagné de ses anges. Alors tout sera consommé. Tout retournera à Dieu. (Sourate II, 206)

— Le prophète leur dit : En signe de son pouvoir viendra L'Arche d'Alliance. En elle vous aurez la sécurité de votre Seigneur ; elle renfermera quelques gages de la famille de Moïse et

d'Aaron; les anges la porteront. Cela vous servira de signe céleste si vous êtes croyants. (Sourate II, 249)
— Le prophète croit dans ce que le Seigneur lui a envoyé. Les fidèles croient en Dieu, à ses anges, à ses livres et à ses envoyés. Ils disent : Nous ne mettons point de différence entre les envoyés célestes. Nous avons entendu et nous obéissons. Pardonne-nous nos péchés, ô Seigneur! nous reviendrons tous à toi. (Sourate II, 285)
— Dieu a rendu ce témoignage : il n'y a point d'autre Dieu que lui; les anges et les hommes doués de science et de droiture répètent : Il n'y a point d'autre Dieu que lui, le Puissant, le Sage. (Sourate III, 16)
— Les anges dirent à Marie : Dieu t'a choisie, il t'a rendue exempte de toute souillure, il t'a élue parmi toutes les femmes de l'univers. (Sourate III, 37)
— Les anges dirent à Marie : Dieu t'annonce son Verbe. Il se nommera le Messie, Jésus fils de Marie, honoré dans ce monde et dans l'autre, et un des confidents de Dieu. (Sourate III, 40)
— Dieu ne vous commande pas d'adorer les anges et les prophètes. Vous ordonnerait-il de vous faire incrédules après que vous avez résolu d'être résignés à la volonté de Dieu ? (Sourate III, 74)
— Leur récompense sera la malédiction de Dieu, des anges et de tous les hommes. (Sourate III, 81)
— Tu disais aux fidèles : Ne vous suffit-il pas que Dieu envoie trois mille anges à votre secours ? Ce nombre suffit sans doute ; mais si vous avez la persévérance, si vous craignez Dieu et que les ennemis viennent tout à coup fondre sur vous, il fera voile à votre secours cinq mille anges tout équipés. Sourate III. (Sourate III, 120,121)
— Les anges, en ôtant la vie à ceux qui avaient agi iniquement envers eux-mêmes, leur demandèrent : De quel pays êtes-vous ? Ils répondirent : Nous étions les faibles de la terre. Les anges leur dirent : La terre de Dieu n'est-elle pas assez vaste ? Ne pouviez-vous pas, en abandonnant votre pays, chercher un asile quelque part ? C'est pourquoi l'enfer sera leur demeure. Quelle détestable route que la leur! (Sourate IV, 99)
— Croyants! Croyez en Dieu, en son Apôtre, au livre qu'il lui a envoyé, aux Écritures descendues avant lui. Celui qui ne croit pas en Dieu, en ses anges, en ses livres, en ses apôtres et au jour dernier est dans un égarement lointain. (Sourate IV, 135)

— Dieu lui-même est témoin de ce qu'il t'a envoyé dans sa science ; les anges en sont témoins. Mais Dieu est un témoin suffisant. (Sourate IV, 164)

— Le Messie ne dédaigne pas d'être le serviteur de Dieu, pas plus que les anges qui l'approchent. (Sourate IV, 170)

— Ils disent : À moins qu'un ange ne lui soit envoyé, nous ne croirons point. Si nous avions envoyé un ange, leur affaire aurait été déjà décidée ; ils n'auraient pas eu un instant de répit. Si nous avions envoyé un ange, nous l'aurions envoyé sous la forme humaine et revêtu de vêtements semblables aux leurs. (Sourate VI, 8,9)

— Dis-leur : Je ne vous dis pas que je possède des trésors de Dieu, que je connais les choses cachées ; je ne vous dis pas que je suis un ange, je ne fais que suivre ce qui m'a été révélé. Dis-leur : L'aveugle et le clairvoyant seront-ils l'égal l'un de l'autre ? N'y réfléchirez-vous pas ? (Sourate VI, 50)

— Il est le maître absolu de ses serviteurs ; il envoie des anges qui vous surveillent ; lorsque la mort s'approche de l'un d'entre vous, nos messagers le font mourir ; ils n'y font pas défaut. (Sourate VI, 91)

— Quand même nous eussions fait descendre les anges, quand même les morts leur auraient parlé, quand même nous eussions rassemblé devant eux tout ce qui existe, ils n'auraient pas cru sans la volonté de Dieu ; mais la plupart d'entre eux ignorent cette vérité. (Sourate VI, 111)

— Attendent-ils que les anges viennent, ou que Dieu vienne lui-même, ou qu'un signe d'entre les signes de ton Seigneur vienne vers eux ? Le jour où un signe d'entre les signes de ton Seigneur viendra vers eux, la foi ne profitera plus à l'âme qui n'aura pas cru auparavant, ou qui, dans sa foi, n'aura fait aucune bonne œuvre. Dis-leur : Si vous attendez, nous attendrons aussi. (Sourate VI, 159)

— Nous vous créâmes et nous vous donnâmes la forme, puis nous dîmes aux anges : Inclinez-vous devant Adam ; et ils s'inclinèrent, excepté Eblis qui n'était point de ceux qui s'inclinèrent. (Sourate VII, 10)

— Satan mit en œuvre ses suggestions pour leur montrer leur nudité qui leur était cachée. Il leur dit : Dieu ne vous interdit cet arbre qu'afin que vous ne deveniez pas deux anges, et que vous ne soyez immortels. (Sourate VII, 19)

— Lorsque vous implorâtes l'assistance du Très-Haut, il vous exauça. Je vous appuierai, dit-il, de dix mille anges se succédant sans intervalle. (Sourate VIII, 9)
— Il dit alors aux anges : Je serai avec vous. Allez affermir les croyants. Moi, je jetterai la terreur dans le cœur des infidèles. Abattez leurs têtes et frappez les extrémités de leurs doigts. (Sourate VIII, 12)
— Quel spectacle, lorsque les anges ôtent la vie aux infidèles! ils frappent leurs visages et leurs reins, et leur crient : Allez goûter la peine du feu. (Sourate VIII, 52)
— Il se peut que tu oublies de faire connaître une partie de ce qui t'a été révélé, et que ton cœur soit dans l'angoisse quand ils te diront : À moins qu'un trésor ne lui soit envoyé d'en haut, ou qu'un ange ne l'accompagne, nous ne croirons pas. Toi Muhammad, tu n'es qu'un apôtre chargé de prêcher. Dieu seul gouverne tout. (Sourate IX, 15)
— Je ne vous dis pas : Les trésors de Dieu sont à ma disposition. Je ne connais pas les choses cachées, je ne vous dis pas : Je suis un ange; je ne dis pas à ceux que vos yeux regardent avec mépris : Dieu ne leur accordera aucun bienfait, Dieu sait le mieux ce qui est au fond de leurs âmes, si je disais cela, je serais du nombre des méchants. (Sourate IX, 33)
— Lorsque la femme du seigneur eut entendu ces propos, elle envoya des invitations à ces femmes, prépara un banquet, et donna à chacune d'elles un couteau : puis elle ordonna à Joseph de paraître devant ces femmes; et quand elles l'eurent vu, elles le comblaient de louanges et se coupaient les doigts par distraction en s'écriant : O Dieu! ce n'est pas un homme, c'est un ange adorable. (Sourate XII, 31)
— Tout homme a des anges qui se succèdent sans cesse, placés devant lui, derrière lui; ils veillent sur lui par ordre du Seigneur. Dieu ne changera point ce qu'il a accordé aux hommes, tant qu'ils ne le changeront pas les premiers. Quand il veut les punir, rien ne peut lui mettre obstacle; les hommes n'ont aucun autre protecteur que lui. (Sourate XIII, 12)
— Le tonnerre célèbre ses louanges, les anges le glorifient pénétrés de frayeur. Il lance la foudre, et atteint ceux qu'il veut pendant qu'ils se disputent au sujet de Dieu, car il est immense dans son pouvoir. (Sourate XIII, 14)
— Ils seront introduits dans les jardins d'Éden, ainsi que leurs pères, leurs épouses et leurs enfants qui auront été justes, là ils

recevront la visite des anges qui y entreront par toutes les portes. (Sourate XIII, 23)
— Ces anges ne viendront que pour la vérité ; alors les infidèles ne seront plus attendus. (Sourate XV, 8)
— Souviens-toi que Dieu dit aux anges : Je crée l'homme de limon, d'argile moulée en formes. (Sourate XV, 28)
— Et les anges se prosternèrent tous. (Sourate XV, 30)
— Par sa volonté il fait descendre les anges avec l'esprit de Dieu sur celui qu'il veut d'entre ses serviteurs. Il leur dit : Avertissez les hommes qu'il n'y a point d'autre Dieu que moi. Craignez-moi. (Sourate XVI, 2)
— Ceux à qui les anges ôteront la vie comme à des impies offriront leur soumission. Ils diront alors : Nous n'avons fait aucun mal. Vous avez fait du mal, répondront les anges, et Dieu sait bien ce que vous avez fait. (Sourate XVI, 30)
— Ceux-ci seront bien à leur aise au moment où les anges, leur ôtant la vie, leur diront : Que la paix soit sur vous ! Entrez dans le paradis pour prix de vos œuvres. (Sourate XVI, 34)
— Les infidèles attendent-ils que les anges les surprennent, ou que les arrêts de Dieu s'accomplissent ? Ainsi ont agi leurs devanciers : ils n'ont point nui à Dieu, mais à eux-mêmes. (Sourate XVI, 35)
— Toute créature dans les cieux et sur la terre, les anges même, se prosterne devant Dieu et dépouille tout orgueil. (Sourate XVI, 51)
— Dieu vous a-t-il choisis pour ses fils, et les anges sont-ils ses filles ? Vous proférez là une parole atroce. (Sourate XVII, 42)
— Nous dîmes aux anges : Prosternez-vous devant Adam, et ils se prosternèrent, Eblis seul excepté. Me prosternerai-je, dit-il, devant celui que tu crées de limon ? (Sourate XVII, 63)
— Fais ta prière au déclin du soleil et au moment de l'arrivée des ténèbres de la nuit ; récite la lecture de l'aube du jour ; les anges assistent à la lecture de l'aube du jour. (Sourate XVII, 80)
— Ou à moins qu'une partie du ciel ne tombe sur nous, ou à moins que tu n'amènes Dieu et les anges comme garants de tes paroles. (Sourate XVII, 94)
— Dis-leur : Si les anges marchaient sur la terre et y vivaient tranquillement, nous leur aurions envoyé un ange pour apôtre. (Sourate XVII, 97)
— Quand nous dîmes aux anges : Prosternez-vous devant Adam, ils se prosternèrent tous, à l'exception d'Eblis, qui était

un des démons; il se révolta contre les ordres de Dieu; prendrez-vous donc plutôt Eblis et sa race pour patrons que moi? Ils sont vos ennemis. Quel détestable échange que celui des méchants! (Sourate XVIII, 48)

— Et lorsque nous dîmes aux anges : Prosternez-vous devant Adam, ils le firent, excepté Eblis; il s'y refusa. Nous dîmes à Adam : Celui-ci est ton ennemi et l'ennemi de ton épouse. Prenez garde qu'il ne vous chasse du paradis et que vous ne soyez malheureux. (Sourate XX, 115)

— Les anges adorent-ils d'autres divinités que Dieu? Dis-leur : Apportez vos preuves. C'est l'avertissement adressé à ceux qui sont avec moi, et tel qu'il a été fait à ceux qui ont vécu avant moi; mais la plupart d'entre eux ne connaissent point la vérité et se détournent des avis qu'on leur donne. (Sourate XXI, 24)

— Ils disent : le Miséricordieux a eu des enfants; les anges sont ses enfants. A Dieu ne plaise! ils ne sont que ses serviteurs honorés. (Sourate XXI, 26)

— La grande terreur ne les préoccupera pas; les anges leur adresseront ces paroles : Voici votre séjour, celui qui vous a été promis. (Sourate XXI, 103)

— Il choisit ses messagers parmi les hommes et parmi les anges; il entend et voit tout. (Sourate XXII, 74)

— Mais les chefs de ceux qui ne croyaient point dirent : Il n'est qu'un homme comme nous; mais il veut se distinguer de nous; si Dieu avait voulu envoyer quelqu'un, il aurait envoyé des anges. Nous n'avons rien entendu de pareil de nos pères les anciens. (Sourate XXIII, 24)

— Ils disent : Quel est donc cet apôtre? Il fait ses repas, il se promène dans les marchés. À moins qu'un ange ne descende et ne prêche avec lui. (Sourate XXV, 8)

— Ceux qui n'espèrent point nous revoir dans l'autre monde disent : Nous ne croirons point, à moins que les anges ne descendent du ciel ou que nous ne voyions Dieu de nos yeux. Ils sont enflés d'orgueil, et commettent un crime énorme. Il n'y aura point d'heureuses nouvelles pour les coupables, le jour où ils verront venir les anges. Ils crieront : Loin, loin avec eux! (Sourate XXV, 23,24)

— Le jour où le ciel se fendra par nuages, et où les anges descendront par troupes. (Sourate XXV, 27)

— Il a de la bienveillance pour vous; ses anges intercèdent pour vous, afin que vous passiez des ténèbres à la lumière ; il est miséricordieux envers les vrais croyants. (Sourate XXVIII, 40)
— Dieu et les anges sont propices au Prophète. Croyants! adressez pour lui vos prières au Seigneur, et prononcez son nom avec salutation. (Sourate XXVIII, 54)
— Un jour il vous rassemblera tous, puis il demandera aux anges : Est-ce vous qu'ils adoraient ? Et les anges répondront : Gloire à toi, tu es notre patron et non point eux. Ils adoraient plutôt les génies, le plus grand nombre croit en eux. (Sourate XXXIV, 39,40)
— Gloire à Dieu, créateur des cieux et de la terre! celui qui emploie pour messagers les anges à deux, trois et quatre ailes. Il ajoute à la création autant qu'il veut; il est tout-puissant. (Sourate XXXV, 1)
— Demande aux infidèles qui est d'une création plus forte, d'eux ou des anges ? Or nous avons créé les hommes de boue dure. (Sourate XXXVII, 11)
— Aurions-nous par hasard créé les anges femelles ? En ont-ils été témoins ? (Sourate XXXVII, 144)
— Dieu dit un jour aux anges : J'ai formé l'homme de boue. (Sourate XXXVIII, 71)
— Les anges, tous tant qu'ils étaient, se prosternèrent devant lui. (Sourate XXXVIII, 73)
— Tu verras les anges marchant en procession autour du trône, ils célébreront les louanges du Seigneur. Un arrêt sera prononcé avec équité, et ils s'écrieront : Louange à Dieu, souverain de l'univers! (Sourate XXXIX, 75)
— Lorsque des apôtres s'élevaient de tous côtés au milieu d'eux et leur criaient : N'adorez que Dieu, ils répondaient : Si Dieu avait voulu nous convertir, il nous aurait envoyé des anges. Nous ne croyons pas à votre mission. (Sourate XLI, 13)
— Mais ceux qui s'écrient : Notre Seigneur est Dieu, et qui s'acheminent vers lui, reçoivent les visites des anges qui leur disent : Ne craignez rien et ne vous affligez pas ; réjouissez-vous du paradis qui vous a été promis. (Sourate XLI, 30)
— Peu s'en faut que les cieux ne se fendent à leur voûte, de respect devant lui ; les anges célèbrent ses louanges ; tous les êtres de la terre le louent. Dieu n'est-il pas indulgent et miséricordieux ? (Sourate XLII, 3)

— Ils regardent les anges qui sont serviteurs de Dieu comme des femmes. Ont-ils été témoins de leur création ? Leur témoignage sera consigné, et on les interrogera un jour là-dessus. (Sourate XLIII, 18)

— Si au moins on lui voyait des bracelets d'or, s'il était lié avec des anges. (Sourate XLIII, 53)

— (Si nous voulions, nous aurions produit de vous-mêmes des anges pour vous succéder sur la terre). (Sourate XLIII, 60)

— Quelle sera leur condition, lorsque les anges, leur ôtant la vie, frapperont leur figure et leur dos. (Sourate XLVII, 60)

— Lorsque les deux anges chargés de recueillir les paroles de l'homme se mettent à les recueillir, l'un s'assied à sa droite, et l'autre à sa gauche. (Sourate L, 16)

— L'autre ange dira : Seigneur, ce n'est pas moi qui l'ai séduit mais il était dans l'égarement lointain. (Sourate L, 26)

— Par les anges qui distribuent toutes choses. (Sourate LI, 4)

— Quelque nombreux que soient les anges dans les cieux, leur intercession ne servira à rien. (Sourate LIII, 26)

— Ceux qui ne croient pas à la vie future appellent les anges des femmes. (Sourate LIII, 28)

— Revenez à Dieu, si vos cœurs sont coupables, il vous pardonnera. Si vous êtes rebelles au Prophète, le Seigneur est son protecteur. Gabriel, tout homme juste parmi les croyants et les anges, lui prêteront assistance. (Sourate LXVI, 4)

— O croyants ! sauvez vous-mêmes et vos familles du feu qui aura pour aliment les hommes et les pierres. Au-dessus d'elles paraîtront des anges menaçants et terribles, obéissants aux ordres du Seigneur ; ils exécutent tout ce qu'il leur commande. (Sourate LXVI, 6)

— Les anges se placeront de chaque côté, et huit d'entre eux porteront dans ce jour le trône de ton Seigneur. (Sourate LXIX, 17)

— Par eux les anges et l'esprit monteront au jour du jugement, dont la durée sera de cinquante mille ans. (Sourate LXX, 4)

— Dix-neuf anges sont chargés d'y veiller. (Sourate LXXIV, 30)

— Nous n'avons établi pour gardiens du feu que les anges ; leur nombre a été déterminé ainsi pour tenter les incrédules, pour que les hommes des Écritures croient à la vérité du Coran, et que la foi des croyants en soit accrue. (Sourate LXXIV, 31)

— Par les anges envoyés l'un après l'autre. (Sourate LXXVII, 1)

— Au jour où l'esprit et les anges seront rangés en ordre ; personne ne parlera, si ce n'est celui à qui le Miséricordieux le permettra, et qui ne dira que ce qui est juste. (Sourate LXXVIII, 38)
— Par les anges qui arrachent les âmes des uns avec violence, par les anges qui les emportent doucement du sein des autres. (Sourate LXXIX, 1,2)
— Quand ton Seigneur viendra, et que les anges formeront les rangs. (Sourate LXXXIX, 23)
— Dans cette nuit, les anges et l'esprit descendent avec la permission de Dieu, portant ses ordres sur toutes choses. (Sourate XCVI, 4)

CORNEILLE (SAINT)

Corneille vient de *cornix,* « corneille » en latin, et nom d'une famille de Rome. Saint Corneille, Romain, fut pape de 251 à 253. Il fut exilé par l'empereur Gallus, qui, pour apaiser ses dieux à la suite d'une épidémie de peste, s'en était pris aux chrétiens. Saint Corneille (fête : le 16 septembre) était réputé pour protéger le bétail de la maladie, et pour aider les paralytiques à retrouver leurs jambes.
Autre saint Corneille (fête : 2 février), un centurion de l'armée romaine, à Jérusalem, qui fut le premier païen converti par saint Pierre.

CYPRIEN (SAINT)

Cyprien vient du latin *cyprius,* « celui qui vient de Chypre ». Saint Cyprien (fête : le 16 septembre) évêque de Carthage au IIIe siècle, Père de l'Église, fut décapité en 258 parce que chrétien, malgré les protestations des Carthaginois, reconnaissants de son dévouement pendant une épidémie de peste.
Saint Cyprien (fête : le 7 octobre) était un magicien de Damas qui, au IVe siècle, jeta un sort à sainte Justine pour qu'elle accepte l'amour d'un jeune homme. Mais ce fut cette dernière qui convertit le magicien. Ils furent décapités ensemble.

Saint Cyprien (fête : le 11 juillet), natif de la Bresse, à la fin du Ve siècle, eut la tête tranchée par les Wisigoths du Poitou qu'il voulait évangéliser.
Tous les saints Cyprien cités moururent décapités ; seul saint Cyprien (fête : le 3 octobre) à ne pas l'avoir été, un évêque de Toulon, au VIe siècle, qui était invoqué pour guérir les panaris.

CYRILLE (SAINT)

Cyrille vient du grec *kurios,* « celui qui est consacré à Dieu ». Saint Cyrille (fête : le 14 février) était moine en Grèce au IXe siècle. Il fut envoyé évangéliser la Hongrie, avec son frère saint Méthode. Comme il connaissait le slave, il traduisit les Évangiles en inventant l'alphabet *cyrillique,* toujours en usage en Russie. Il mourut à Rome, le 14 février 869. Il était invoqué pour lutter contre les tempêtes.
Saint Cyrille (fête : le 18 mars) fut évêque de Jérusalem de 349 à 386. Il réforma le sacrement du baptême.
Saint Cyrille d'Alexandrie (fête : le 28 juin) fut le patriarche de sa ville au IVe siècle, et lutta contre l'hérésie de Nestorius.
Saint Cyrille (fête : le 29 mars), prêtre en Égypte, eut en 362 le ventre ouvert par des païens qui lui arrachèrent le foie pour le manger ! Il était invoqué contre les maladies de foie.
Un saint Cyrille (fête : le 28 octobre) fut en 256 mis à mort pour avoir donné de l'eau à sainte Anastasie pendant son agonie. Il était invoqué par ceux qui avaient soif.

D

DAMABIAH (ANGE)

Si vous êtes né entre le 10 et le 14 février, votre ange gardien est Damabiah, Ange, dont le nom signifie « *Dieu, source de sagesse.* » Damabiah encourage ceux qui ont des dispositions pour ressentir les énergies diffusées par leur entourage et leur environnement. Damabiah accorde à ceux qui le prient une sensibilité et des dons psychiques capables d'entendre des entités spirituelles séjournant dans les mondes invisibles. Selon la tradition, Damabiah soutient la médiumnité, qu'il aide à affiner et à développer afin qu'elle soit mise au service des autres. Au quotidien, l'ange Damabiah permet de se tenir à l'écart des énergies basses qui risquent de perturber ceux qui ont reçu le don de médiumnité. Il les préserve des communications intempestives et des possessions qui nécessitaient jadis l'intervention des exorcistes. Par l'amour divin, Damabiah renforce la volonté et la stabilité psychique de ses protégés et leur donne un optimisme qui leur permet d'échapper à la désespérance.

Cet ange, associé à la Lune et Neptune, maîtrise dans le corps les énergies invisibles manifestées par les méridiens et les chakras, et lui donne ainsi une grande sensibilité. Lorsque l'on invoque l'ange Damabiah, on lui demande son soutien pour guérir de troubles psychiques ou plus simplement de nervosité, de stress ou d'hypersensibilité. On l'invoque aussi avec profit pour affiner le développement de l'intuition ou de l'inspiration si l'on a des dons artistiques.

DANIEL (SAINT)

Daniel vient d'un mot hébreu signifiant « *juste comme l'est Dieu* ». Saint Daniel le Stylite, ermite en Asie mineure au ve siècle, passa trente-trois ans juché sur une colonne. Ses disciples, et jusqu'aux empereurs, venaient l'écouter au pied de cette colonne sur laquelle il mourut à un âge avancé. À noter que le Daniel le plus célèbre, le prophète de l'Ancien Testament, qui fut jeté par le roi de Babylone dans la fosse aux lions mais, protégé de Dieu, en sortit indemne, n'est pas reconnu comme saint. Saint Daniel le Stylite (fête : le 11 décembre) était invoqué par les femmes qui craignaient de succomber à l'adultère.

DANIEL (ANGE)

Si vous êtes né entre le 28 novembre et le 2 décembre, votre ange gardien est Daniel, Principauté, dont le nom signifie « *Le signe des miséricordes.* » Daniel encourage les tempéraments intègres et soutient les individus ayant le sens des responsabilités, sociales et affectives. Il protège les couples de l'instabilité émotionnelle. Selon la tradition, Daniel éveille les valeurs de l'esprit, élève la conscience morale qu'il rend plus active. Au quotidien, l'ange Daniel contribue à ouvrir l'esprit et à combattre la crainte face à la sentimentalité et à la sensualité.

Cet ange, associé à la planète Mercure, a dans le corps, la maîtrise de la voix qu'il rend grave et posée, et de la parole qu'il rend chaleureuse et agréable. Lorsque l'on invoque Daniel, on lui demande son soutien pour lutter contre la méfiance et le soupçon que l'on éprouve avant d'entamer de nouvelles relations.

DELPHINE (SAINTE)

Delphine vient du latin *delphinus,* « dauphin ». Sainte Delphine, née en 1283 dans une famille noble de Provence, épousa, à 15 ans, Élzéar de Sabran, qui en avait 13. Ils se firent la promesse de se consacrer à Dieu. Veuve à 40 ans de saint Élzéar, Delphine donna ses biens aux pauvres et passa à Apt les dernières années de sa vie couchant sur la paille et mendiant son pain, en silence. Elle mourut le 26 novembre 1360. Sainte Delphine (fête : le 26 novembre) était invoquée par les pauvres pour qu'elle soulage leur misère.

DÉMONS

Les démons, comme le Diable, sont des anges maudits qui, s'étant révoltés contre Dieu, furent chassés du Paradis céleste et précipités en enfer. La démonologie est une science qui prétend traiter de la nature et de l'influence diabolique ; elle se rapporte à tout ce qui concerne le *monde des ténèbres.* Il y a dans tout ce noir beaucoup de monde : Archidémons, Archontes, succubes et incubes qui s'unissent charnellement aux humains. Tout ce qui concerne le Mal est assimilé à une très longue liste dont voici le début : Lucifer, empereur. Belzébuth, prince. Astarot, grand-duc. Lucifugé, premier ministre. Satanachia, grand général. Agaliarept, grand général adjoint. Fleurety, lieutenant général. Sargatanas, brigadier. Nebiros, maréchal de camp...
La démonologie s'inspire d'une tradition que l'on retrouve notamment dans la Bible, qui parle d'esprits impurs, malfaisants, tentateurs, souvent assimilés à des divinités païennes. (Divinités païennes qui sont, dans la tradition chrétienne, celtiques.)

DENIS (SAINT)

Denis vient du grec *Dionysos,* le dieu de la vigne. Saint Denis l'Aréopagite, juge suprême d'Athènes, fut converti par saint Paul et devint le premier évêque d'Athènes. Il était invoqué contre la rage.

Saint Denis, missionnaire envoyé au IIIe siècle pour évangéliser la Gaule, fut le premier évêque de Paris. Il fut martyrisé à Montmartre. Ayant été décapité, il prit sa tête entre ses mains et se mit à marcher. À l'endroit où il tomba a été bâtie la basilique qui porte son nom, tombeau des rois de France. Il était invoqué (fête : le 9 octobre) contre les migraines.

DENIS (MÉDAILLE DE SAINT)

Invocation contre les maux de tête et la migraine :

Saint Denis, toi qui perdis la tête mais ne perdis jamais la foi, prends pitié de moi, et chasse de mon crâne ces démons qui me font souffrir; Sauve-moi du mal qui me persécute et délivre-m'en, comme tu délivras la Gaule des païens. Que ma tête devienne une claire cathédrale pour chanter les louanges du Seigneur. Le juste secours qui me viendra de toi, je le rendrai aux autres, et la méchanceté des pécheurs sera anéantie, et la douleur tombera dans un gouffre sans fin. Saint Denis, les douleurs que j'endure ne sont rien à côté de celle que tu enduras sans te plaindre, mais je n'ai pas ta force, c'est pourquoi j'ai besoin de ta protection, et du pardon de Dieu. Amen.

DENISE (SAINTE)

Denise est le féminin de Denis. Sainte Denise, une veuve chrétienne, pour avoir refusé de se convertir à la religion du roi des Vandales fut décapitée au Ve siècle, en Tunisie, avec son fils et 5 000 autres chrétiens.

Sainte Denise (fête : le 15 mai) était invoquée en cas de règles douloureuses. Cette jeune vierge des Dardanelles, au IIIe siècle, assistant au supplice de chrétiens, les encouragea à ne pas renier leur foi. Arrêtée sur-le-champ, elle fut conduite dans une maison de passe où miraculeusement pas un homme n'osa la toucher. Elle s'en échappa pour rejoindre des chrétiens et pour avoir la tête tranchée comme eux.

DÉSIRÉ (SAINT)

Désiré vient du latin *desiteratus,* « désiré », ou *désiderius,* « désir ». Saint Désiré fut désigné évêque de Besançon au Ve siècle, après que son prédécesseur, saint Antide, eut été massacré. Saint Désiré (fête : le 23 mai) était invoqué pour lutter contre l'insomnie : ses prêches étaient si longs que ses fidèles s'endormaient...

DIEGO (SAINT)

Saint Diego (1400-1463), d'abord moine à Séville, fut envoyé comme prêcheur aux îles Canaries, où il prit la défense des indigènes. Saint Diego (fête : le 12 novembre) était invoqué contre les ulcères à l'estomac.

DOMINATION

Voir *Hiérarchie des anges gardiens.*

DONALD (SAINT)

Donald vient d'un mot celte signifiant « roi ». Saint Donald, au VIIe siècle, seigneur écossais, eut neuf filles, qui refusèrent de se marier pour se consacrer à Dieu. Donald transforma son château en couvent, et en devint l'abbé. On l'invoquait (fête : le 15 juillet) lors des crises de nerfs.

E

EAU D'ANGE

Selon les *Secrets du Petit Albert*, l'eau d'ange était une panacée qui guérissaient beaucoup de maladies :

> *Pour faire une bonne eau d'ange, ayez un grand alambic dans lequel vous mettez les drogues suivantes : benjoin, 4 onces ; styrax, 2 onces ; sandal citrin, 1 once ; clous de girofle, 2 drachmes ; 2 ou 3 morceaux d'iris de Florence ; la moitié d'une écorce de citron ; 2 noix muscades ; cannelle, 1/2 once ; 2 pintes de bonne eau de roche ; chopine d'eau de fleurs d'oranger ; chopine d'eau de mélitot ; vous mettez le tout dans un alambic bien scellé et vous distillez au bain-marie. Cette distillation sera une eau d'ange exquise.*

EDMOND (SAINT)

Edmond vient du saxon *ed*, « richesse », et *mund*, « protection ». Saint Edmond (fête : 20 novembre) roi à 6 ans de l'Est de l'Angleterre, au IXe siècle, décapité à 21 ans par les Danois. Sa tête, jetée aux loups, fut retrouvée intacte dans une tanière.

Saint Edmond (fête : 28 août), prêtre de Douai envoyé en 1628 en Angleterre anglicane comme missionnaire catholique y fut écartelé. Le premier saint Edmond passait pour préserver des loups, le second pour protéger des blessures aux mains.

ÉDOUARD (SAINT)

Édouard vient du saxon *ed*, « richesse », et *warden*, « gardien ». Saint Édouard (fête : 18 mars) fils de saint Edgar le Pacifiste, et frère de sainte Édith, fut assassiné par sa belle-mère.

Saint Édouard le Confesseur (fête : le 5 janvier), aimé de ses sujets pour sa piété et sa bonté, fut le dernier roi d'Angleterre avant sa conquête par Guillaume le Conquérant en 1066. Le premier saint Édouard était invoqué pour venir en aide aux enfants martyrs, le second pour aider les jeunes gens à rester chastes. Il guérissait aussi des écrouelles.

ELEMIAH (ANGE)

Si vous êtes né entre le 5 et le 9 avril, votre ange gardien est Elemiah, Séraphin, dont le nom signifie « *Dieu caché* ». Elemiah encourage et soutient les individus dynamiques et courageux, ceux qui résistent à l'adversité et montrent de l'enthousiasme malgré les vicissitudes de l'existence. Ceux qui ont Elemiah pour ange gardien, comme ceux qui le prient, s'harmonisent plus aisément avec les autres et avec le monde qui les environne.

Cet ange, associé au Soleil, influence le système nerveux et intervient sur la bonne humeur et le moral, sur l'esprit de découverte et la curiosité. Les protégés de l'ange Elemiah sont souvent des voyageurs ou des chercheurs, spirituels ou scientifiques. L'ange Elemiah apporte son soutien aux actions entreprises dans un but d'harmonisation physique, psychique ou sociale.

ÉLOI (SAINT)

Éloi vient du latin eligus, « élu ». Éloi, né à Limoges, orfèvre à Paris, devient le confident et le trésorier du roi Dagobert. Ordonné prêtre, il est élu évêque de Noyon, et évangélise la Flandre. Il meurt le 1er décembre 660. Saint Éloi (fête : le 1er décembre), patron des orfèvres, mais aussi des charretiers et des muletiers, était invoqué pour guérir les fractures dues à un coup de pied de cheval. Le jour de la Saint-Éloi, on faisait bénir du pain que l'on donnait ensuite à son cheval ou à sa mule, s'ils étaient malades.

ÉLOI (MÉDAILLE DE SAINT)

Invocation pour guérir des fractures :

Bienheureux saint Éloi, toi que tes vertus ont placé à la droite de Dieu, toi qui éclairas les rois de tes conseils avisés, toi qui savais, sur les bijoux, souder les métaux, use de ton pouvoir pour ressouder mes os, et que par la grâce de Dieu, je puisse, guéris de mon infirmité, aller comme avant, et prier mieux. Amen.

ÉRIC (SAINT)

Éric vient du germanique *rick,* « puissant ». Saint Éric IX est roi de Suède en 1156. Il permet à l'église de s'implanter. Il veut convertir les Finlandais, mais est assassiné en 1161 par un Danois usurpateur, dans l'église d'Upsala. Saint Éric (fête : le 18 mai) était invoqué par les moribonds voulant se repentir.

ESTELLE (SAINTE)

Estelle vient du latin *stella,* « étoile ». Sainte Estelle, de Saintes, fille d'un fonctionnaire romain, se fit chrétienne. Son père, de colère, l'abandonna aux bourreaux qui la martyrisèrent en 122 en même temps que saint Eutrope, premier évêque de la ville, qui l'avait convertie. Sainte Estelle (fête : le 11 mai) était invoquée par les filles à marier.

ÉTIENNE (SAINT)

Étienne, contraction de Stéphane, vient d'un mot grec signifiant « *celui qui est couronné* ». Saint Étienne, Liacre, (fête : le 26 décembre), disciple de Jésus fut, à Jérusalem, le premier martyr chrétien. Il fut lapidé par la foule en 35, après un débat théologique. Parmi ceux qui lui jetaient des pierres, il y avait Saül, qui deviendra saint Paul. Saint Étienne,

patron des fondeurs et des tailleurs de pierre, était invoqué contre les pertes de mémoire.
Saint Étienne 1er, pape (fête : le 2 août), mort en 257 était invoqué par ceux qui avaient des problèmes avec leurs supérieurs hiérarchiques.
Saint Étienne, ermite italien du XIIe siècle (fête : le 19 juillet), était invoqué pour se protéger des loups, car il avait su leur parler et vivre parmi eux.

EUGÉNIE (SAINTE)

Eugénie vient du grec *eugenios,* « bien né ». Sainte Eugénie, fille du gouverneur d'Alexandrie, au IIIe siècle, sous le prénom d'Eugène, entra dans un monastère dont elle devint « l'abbé ». Une femme, qui en était amoureuse, dépitée de se voir repoussée, l'accusa de viol. Eugénie n'eut aucun mal à démontrer sa bonne foi. Son père, la croyant morte, en conclut au miracle, et se convertit. Mais père et fille n'eurent pas le temps de fêter leurs retrouvailles : le couvent fut envahi par la foule qui les massacra tous. Sainte Eugénie (fête : le 7 février) était invoquée contre les perversions sexuelles, et... le hoquet !

EULALIE (SAINTE)

Eulalie vient du grec *eulalia,* « chant ». Sainte Eulalie, née à Barcelone au IVe siècle, se rendit, à l'insu de ses parents, au tribunal où l'on condamnait des chrétiens et cria son indignation. Elle fut aussitôt condamnée au bûcher, après avoir été fouettée, plongée dans un bain de chaux vive, et ébouillantée à l'huile bouillante. Elle n'avait pas 12 ans ! Sainte Eulalie (fête : le 10 décembre), patronne des marins, était invoquée contre la dysenterie.

EUSÈBE (SAINT)

Saint Eusèbe de Verceil, né en Sardaigne au IVe siècle, évêque dans le Piémont, fut exilé par l'empereur à la suite d'une querelle religieuse. Il parcourut la Cappadoce en prê-

chant contre les hérésies. Revenu en Italie, il y mourut en 371. Saint Eusèbe (fête : le 15 décembre) était invoqué contre les démons.
Saint Eusèbe de Samosate, en Syrie (fête : le 21 juin), évêque au IVe siècle, tué par un hérétique à coups de tuile sur la tête était invoqué contre les chocs.
Saint Eusèbe, moine irlandais du IXe siècle (fête : 31 janvier), abbé en Suisse, tué par un usurier, était invoqué par ceux qui ne pouvaient pas payer leurs impôts.

EUSTACHE (SAINT)

Eustache vient d'un mot grec signifiant « bel épi ». Saint Eustache, officier romain, fut martyrisé au IIe siècle parce que chrétien. Après avoir été livré aux lions, qui ne voulurent pas de lui, il fut, avec sa famille, enfermé dans un taureau d'airain sous lequel on alluma un feu... Il se serait converti après avoir vu apparaître une croix de lumière entre les bois d'un cerf qu'il allait abattre. Saint Eustache (fête : le 20 septembre), patron des chasseurs et des... marchands de chaussettes était invoqué contre les accidents de chasse (un eustache servait à désigner un couteau de chasse).
Saint Eustache (fête : le 29 mars), au VIIe siècle, était abbé à Luxeuil, où il guérit deux saintes de leur cécité. Il était invoqué contre la myopie.
Saint Eustache (fête : le 7 septembre), abbé en Picardie au XIIIe siècle, était invoqué par les employés que leurs patrons faisaient travailler le dimanche.

EXPÉDIT (SAINT)

On a peu d'éléments sur la vie de saint Expédit. De son vrai nom Elpidius, il aurait subi le martyre à Mélitène, en Asie mineure, au IVe siècle, avec d'autres chrétiens. C'est l'erreur d'un copiste médiéval qui transforma son nom d'Elpidius en Expeditus, qui a donné Expédit. Ce sont les chrétiens allemands, au XVIIe siècle, qui lui rendirent un culte et en firent le patron des causes urgentes et désespérées. Ils le représentèrent écrasant, de son talon, un corbeau, symbole de la durée et du deuil (fête : le 19 avril). On l'invoquait lorsqu'il y avait urgence, quelles que soient les circonstances : procès, maladie soudaine, défaillance de mémoire lors d'un examen... Invocation :

Que la paix de Notre-Seigneur Jésus Christ soit toujours avec toi, saint Expédit, qui protège et aide ; Toi qui as toujours soutenu ceux qui croient en toi, et en Lui, viens à mon secours, ne me laisse pas seul face à l'adversité et aux malheurs de la vie. Saint Expédit, je t'en supplie, inspire-moi et sauve-moi promptement. Que ta sainteté m'inspire, et que ta célérité me délivre. Amen.

F

FABIENNE / FABIOLA (SAINTE)

Fabienne et Fabiola sont des dérivés féminins de *Fabien.* Sainte Fabiola (morte en 399), épouse d'un Romain débauché, en divorça puis, veuve, transforma son palais en lieu d'accueil pour les prostituées repenties. Sainte Fabiola (fête : le 27 décembre) était invoquée afin que les fêtes ne dégénèrent pas en orgies.

FÉLIX (SAINT)

Félix vient du latin *félix,* « félicité ». Les saints Félix, parmi lesquels trois papes, sont nombreux.

Le saint Félix fêté le 12 février est Félix d'Abitène, en Tunisie, supplicié au IIIe siècle pour avoir assisté à une messe.

Saint Félix (fête : le 18 mai), moine capucin italien au XVIe siècle, était le protecteur des chiens et des chats. Il était invoqué pour avoir une voix forte. Car, lorsqu'il quêtait, il remerciait si fort les gens qui ne donnaient rien que ceux-ci devenaient, à leur grande honte, la cible des regards.

Saint Félix (fête : le 23 mars), moine bénédictin mort en l'an 1 000 était invoqué par ceux qui voulaient être couchés sur le testament d'un mourant sans héritier. Mais il fallait promettre de donner la majeure partie du legs aux œuvres charitables !

Saint Félix (fête : 23 avril), évangélisateur du Poitou au IIe siècle, fut suspendu, après avoir eux les membres brisés, dans une cheminée où il périt étouffé. Il était invoqué contre l'asphyxie.
Saint Félix (fête : le 7 juillet), évêque de Nantes, au IXe siècle, réduisait les fractures par imposition des mains ; on l'invoquait en cas de bras ou de jambe cassés.
Saint Félix (fête : 12 octobre), évêque en Afrique, au Ve siècle, dut, avec 5 000 chrétiens, marcher jusqu'à la mort dans le désert. Pour les faire avancer, les soldats les fouettaient avec des ronces. On l'invoquait contre les piqûres d'épines.
Saint Félix (fête : 23 février), évêque de Brescia, au VIIe siècle, était invoqué en cas de règles tardives.
Saint Félix (fête : le 30 mai), pape de 269 à 273, confirma l'usage des messes dans les catacombes (qui servaient aussi de cimetière) et fut martyrisé pour avoir baptisé des catéchumènes et opéré des conversions malgré les interdits officiels.
Saint Félix de Valois (fête : le 20 novembre), cousin du roi Louis VII au XIIe siècle, ermite dans les forêts de l'Aisne, et fondateur d'un ordre religieux... n'a jamais existé ! Ce sont des moines mathurins qui, au XVIIe siècle, voulant donner à leur ordre un fondateur de sang royal, inventèrent la légende. Ce qui n'a pas empêché ce saint imaginaire (mais il n'est pas le seul à l'être) d'être fêté jusqu'à ce que le pape Paul VI le retire du calendrier en 1970. On l'invoquait pour mieux faire passer une potion amère.

FÊTES DES SAINTS

En France, sous l'Ancien Régime, l'année civile était ponctuée de fêtes liturgiques placées sous la protection des personnages de la Sainte Famille, de la Trinité, des archanges, anges, saints et martyrs ainsi que des événements jalonnant la vie du Christ, de la Nativité (*Noël*) à la Résurrection (*Pâques*), jusqu'à la mission donnée aux apôtres (*Pentecôte*).
Dans ce calendrier se trouvaient aussi les autres fêtes commémorant les anniversaires de la dynastie royale, la célébration des victoires ou des jours de deuils. Parmi les

centaines de fêtes religieuses, quelques-unes avaient leur date fixée définitivement (Toussaint et fêtes de la Saint-Jean et de Noël), tandis que d'autres étaient appelées *mobiles* car disposées dans l'année suivant des critères naturels, comme les lunaisons pour la fête de Pâques. De toutes ces célébrations, seules quatre sont restées des fêtes obligées (fériées pour tous). Il s'agit de Noël, de l'Ascension, de l'Assomption et de la Toussaint tandis que Pâques et Pentecôte sont toujours fêtées un dimanche. L'Église orthodoxe respecte cet ordre avec cependant quelques jours de décalage en raison du calendrier julien qu'elle utilise encore.
Le judaïsme, quant à lui, conserve trois grandes fêtes hébraïques, ainsi que le repos et la fête hebdomadaire du sabbat (le samedi) : la principale célébration est la Pâque (*Pessah*) qui commémore la sortie d'Égypte des Hébreux ; la fête des moissons et des révélations du mont Sinaï (*Shabuoth*) ; la fête des Tabernacles (*Sukkoth,* dite des cabanes). Le *Rosh hashanah* (nouvel an) et le jour de l'Expiation (*Yom Kippour*) sont situés au début de l'année religieuse. À ces fêtes s'ajoutent d'autres fêtes rappelant des événements historiques : la fête d'Esther (*Purim*), la fête de Hanoukah, ou fête des Lumières, célébrant la dédicace de la restauration du Temple de Jérusalem, après le succès de Judas Maccabée sur les guerriers syriens.
Pour l'islam, la plus grande fête est l'*aïd el-Kebir,* qui commémore le sacrifice d'Abraham. La deuxième est l'*aïd el-Seghir*, qui termine le ramadan, tandis que le *Mouloud* rappelle la naissance du prophète Mahomet.

FIACRE (SAINT)

Dans les premiers siècles, les ermites solitaires et les moines s'implantaient au fond des forêts de Gaule, défrichant et cultivant des lieux qui, ensuite, devenaient villages. Saint Fiacre, que les jardiniers honorent comme leur patron, fut l'un d'eux. Bien que certains historiens fassent de lui le fils du roi d'Écosse, il est plus probable qu'il était Irlandais d'origine, et qu'il passa en Gaule à la suite du grand mouvement religieux qui, à la fin du VIe siècle, entraîna beaucoup de ses compatriotes vers le continent. Il vint dans la région de Meaux, où il cultivait les légumes pour les pèlerins indigents. Selon la légende, l'évêque lui octroya l'espace de terre qu'il pourrait entourer d'un fossé en une journée de travail : après avoir fait sa prière, l'ermite laissa traîner sur le sol le bâton qu'il tenait à la main, et, derrière lui, le sol se creusa de lui-même, et les arbres déracinés tombèrent. Fiacre bâtit un oratoire en l'honneur de Marie et un hospice destiné aux étrangers et aux malades. Il mourut vers 670. Parmi les plantes qu'il faisait pousser dans son verger, il y en avait qui avaient la propriété de calmer les hémorroïdes, et ceux qui en souffraient venaient passer deux jours dans son hospice pendant lesquels il leur servait des décoctions pour les en guérir (fête : le 30 août).

Patron des bonnetiers, emballeurs, fleuristes et jardiniers, il devint plus tard le patron des cochers et des chauffeurs de taxi parce les voitures de louage, auxquelles on donna le nom de « fiacre », étaient stationnées dans une maison ornée d'une enseigne à son nom.

Invocation contre les hémorroïdes :

Bon saint Fiacre, toi qui savais le secret des plantes, chasse mon mal comme Jésus chassa le démon du désert ; Bon saint Fiacre, toi qui savais guérir les flux sanguins, commande à mon sang de se fluidifier comme le Tout-Puissant commanda aux eaux de s'ouvrir pour laisser aller son peuple vers la Terre promise ; Bon saint Fiacre, soulage-moi de mes douleurs comme tu soulageais celles des pieux pèlerins venus te voir, et redonne-moi de ta joie de vivre. Amen.

FLORA (SAINTE)

Flora vient du latin *flor,* « fleur ». Sainte Flora, chrétienne de Courdoue, fut décapitée en 856 par les Arabes qui occupaient la ville car, pour porter secours à quelqu'un, elle était sortie dans la rue tête nue. Sainte Flora (fête : le 24 novembre) était invoquée contre la chute des cheveux.

FLORENT (SAINT)

Florent vient du latin *florens,* « florissant ». Saint Florent (fête : le 4 juillet) aurait été, au Ve siècle, le premier évêque de Cahors.

Saint Florent (fête : le 22 septembre) tribun dans la légion, en Bavière, avec son frère Florian, aurait été, au Ve siècle, après avoir fui les persécutions et s'être réfugié en Gaule, l'évangélisateur du Poitou. Il était invoqué pour protéger les arbres fruitiers des insectes.

Saint Florent (fête : 7 novembre), moine irlandais au VIIe siècle, et évêque de Strasbourg, était invoqué contre les crises de coliques néphrétiques.

FRANÇOIS (SAINT)

François signifie « *de France* » ; au Moyen Âge, les gens du Sud désignaient ainsi ceux du Nord. France venant de Franc, homme libre en germanique. Saint François d'Assise (fête : le 4 octobre) fils d'un riche drapier, fut soldat avant de vivre à la grâce de Dieu, parmi les animaux qu'il appelait ses frères. Il fonda l'ordre des franciscains, à l'idéal de pauvreté et de simplicité, et mourut le 3 octobre 1226, nu sur le sol, chantant en attendant la mort. Il donna, en toutes choses, l'exemple de la plus extraordinaire charité.

Saint François de Sales (fête : le 24 janvier), fils d'un marquis savoyard, se fit prêtre pour convertir, à force de douce persuasion, les calvinistes des Alpes, avant de fonder l'ordre des visitandines. Il mourut à Lyon en 1622.

Saint François d'Assise protégeait les oiseaux, devant lesquels il répétait ses sermons. Il était aussi invoqué (comme saint François de Paule, fondateur de l'ordre des minimes au XVIe siècle) par les femmes stériles.

FRANÇOIS D'ASSISE (MÉDAILLE DE SAINT)

Invocation contre la stérilité et pour que l'accouchement se passe bien :

Bon saint François d'Assise, toi qui disais que la pauvreté et l'humilité sont les gardiennes des autres vertus, je suis ton humble et pauvre servante (serviteur) ; aide-moi, toi qui aimais les enfants, à enfin en avoir un ; Toi qui aimais les oiseaux, fais que mon nid ne reste pas vide, et que des rires d'enfants l'illuminent. Bon saint François d'Assise, aide-moi comme tu aidais le plus misérable des mendiants, et je bénirais mille fois ton nom. Merci, saint François, pour tout ce que tu fais pour moi. Amen.

FRANÇOISE (SAINTE)

Françoise est un dérivé de *François.* Sainte Françoise, riche Romaine, est mariée à 12 ans, malgré son désir de devenir religieuse. Elle a deux enfants qui meurent en bas âge. Son mari ayant été exilé, elle reste seule, et s'adonne à la charité, notamment pendant une épidémie de peste. Veuve en 1436, elle se retire chez les oblates de saint Benoît, congrégation de laïques qu'elle a fondée en 1425, et en devient l'abbesse. Elle meurt à Rome, le 9 mars 1440. Sainte Françoise la Romaine (fête : le 9 mars), qui jamais ne se disputa avec son époux, était invoquée pour échapper à la tentation de l'adultère et contre les belles-mères trop encombrantes...

FRÉDÉRIC (SAINT)

Frédéric vient du germanique *frid,* « paix », et *rick,* « puissant ». Saint Frédéric, évêque d'Utrecht au IXe siècle, fut assassiné en sa cathédrale sur l'ordre de l'impératrice Judith, à laquelle il reprochait ses débauches. Avant de périr sous les coups de seigneurs dont il avait dénoncé les pratiques incestueuses, il leur pardonna et leur précisa même comment s'enfuir. Saint Frédéric (fête : le 18 juillet) était invoqué par les enfants victimes d'inceste.

G

GABRIEL (SAINT)

Gabriel vient du mot hébreu *gabar* signifiant « force de Dieu ». L'archange Gabriel, messager de Dieu, annonce à Marie la naissance de Jésus, et à Élisabeth celle de Jean-Baptiste. Gardien des églises, il est honoré depuis le xᵉ siècle. Gabriel, intercesseur auprès du Seigneur, était invoqué par les femmes qui voulaient un enfant. Depuis le pape Pie XII, il est le protecteur des professionnels de la communication, et des employés des postes.

Dans le Coran, l'ange Gabriel (*Djabra'il* ou *Djibril*) est mentionné plusieurs fois car il est l'ange de la révélation coranique dévoilée au prophète Mahomet. Surnommé également Notre Esprit (rouhana) et Esprit fidèle (al-rouh alamin), l'ange Gabriel est aussi considéré comme Esprit de sainteté, toujours dans le même rôle de messager divin.

GABRIEL (MÉDAILLE DE SAINT)

Invocation lorsqu'on cherche un intercesseur pour une démarche que l'on n'ose effectuer soi-même :

> *Saint Gabriel, archange qui porte la bonne parole de Dieu, assiste-moi ; Fais-moi, saint Gabriel, trouver les mots pour défendre ma cause, que tu sais juste, ou désigne-moi celui ou celle qui pourra la plaider en mon nom ; Je me repens humblement de mes fautes, et dans la crainte d'en commettre d'autres je te demande, saint Gabriel, toi qui montras au prophète*

Daniel le sens de la parole de Dieu, ton aide et ton conseil, et ta force aussi. Veille sur moi, inspire-moi, et protège-moi. Amen.

GABRIEL (ANGE)

Ange de la Lune. Ange des aspirations et des rêves. Voir *Anges dans l'Apocalypse.*

GASPARD (SAINT)

Gaspard vient d'un mot sanscrit qui signifie « voyant ». Saint Gaspard fut, au XVIe siècle, un moine à Valence (Espagne). Un autre saint Gaspard, d'origine italienne, fut missionnaire au XIXe siècle, et mourut lors d'une évangélisation. Saint Gaspard (fête : le 14 juillet) était invoqué lorsqu'on était tombé dans un précipice, pour qu'il envoie des secours. Gaspard est l'un des trois Rois Mages (celui qui apporte l'encens) venu saluer la naissance du Christ à Bethléem.

GASTON (SAINT)

Gaston vient du germanique *vast,* « hôte ». Saint Gaston (dit aussi saint Vaast) fut évêque d'Arras sous Clovis, qu'il conseilla et évangélisa. Saint Gaston (fête : le 6 février), patron des marchands de chapeaux, était invoqué contre les aphtes et les migraines.

GAUTIER (SAINT)

Saint Gautier fut abbé de Saint-Martin de Pontoise. Las de sa fonction, il s'enfuit de son abbaye et se réfugia à Cluny sous un faux nom. Mais il fut reconnu et dut revenir. Il s'enfuit une seconde fois pour vivre en ermite sur une île de la Loire. Mais ses moines, une fois encore, le récupérèrent. Il demanda au Pape de le décharger de sa fonction, mais le Pape refusa, et saint Gautier mourut dans son monastère le 9 avril 1099. Saint Gautier (fête : le 9 avril) était invoqué contre les psychoses maniaques.

GENEVIÈVE (SAINTE)

Geneviève vient du latin *géna,* « race », et du germanique *wefo*, « femme ». Sainte Geneviève, née à Nanterre en 422, religieuse à 15 ans, organisa la défense de Paris contre les hordes d'Attila, auquel elle fit rebrousser chemin. Elle mourut en 500. Sainte Geneviève (fête : le 3 janvier), patronne des bergères, de la police et de la ville de Paris, était invoquée pour améliorer la vue, expulser les démons du corps des femmes impudiques et pour trouver de quoi manger.

GEORGES (SAINT)

Georges vient de deux mots grecs, *gé*, « terre », et *ergon,* « travailler ». Georges, étymologiquement, est un laboureur grec. Saint Georges aurait été, au IVe siècle, victime de persécutions en Palestine. C'est lors des croisades que l'on en fit une légende : prince de Cappadoce, il aurait anéanti un dragon qui dévorait brebis et jeunes filles. Arrêté par les Romains, il aurait subi 7 ans de martyre... Saint Georges (fête : le 23 avril) est le patron de l'Angleterre, du Portugal, de l'Irlande, et le protecteur des chevaliers et des scouts. Il était invoqué contre les maladies de peau.

GEORGES (MÉDAILLE DE SAINT)

Invocation contre les ennemis de toutes sortes :

Vaillant saint Georges, toi qui n'avais ni peur des dragons, ni peur des bourreaux, donne-moi la force d'affronter et de vaincre ceux qui me veulent du mal ; ma cause est juste, et sincère ma prière ; Qu'avec ton aide je sois préservé(e), vaillant saint Georges, de toute chute grave pour mon corps et pour mon âme, et que ton édifiant exemple me montre comment vaincre mes démons ; Toi qui veillais sur la veuve et l'orphelin, veille aussi sur moi, jusqu'au triomphe, sur les forces du mal, des armées de Dieu dont tu es le plus valeureux soldat ; Amen.

GÉRALD (SAINT)

Gérald vient du germanique *gari,* « lance », et *waldo*, « gouverner ». Saint Gérald (fête : le 5 décembre), originaire du Quercy, est moine à Moissac quand l'archevêque de Tolède le remarque et lui demande de le suivre en Espagne, où il devient évêque et participe à la christianisation du sud de la péninsule. Il meurt le 5 décembre 1109 à Bornos, au Portugal, dans l'église qu'il avait fait construire, alors qu'il était en train de la consacrer.

Saint Gérald (fête : le 5 avril) né dans la Somme en 1025, moine à l'abbaye de Corbie et souffrant de perpétuelles migraines, fonda, à la fin de sa vie, le monastère de la Grande Sauve, entre Dordogne et Garonne, où il mourut, le 5 avril 1095. Saint Gérald de Corbie était invoqué contre les migraines.

GÉRARD (SAINT)

Gérard vient du germanique *gari,* « lance », et *hard,* « dur ». Saint Gérard de Brogne, fils d'un seigneur de Namur, est soldat dans les armées de Charles le Simple avant de se faire bénédictin. Il dirige l'abbaye de Saint-Denis puis fonde une abbaye sur le domaine familial, où il meurt le 3 octobre 959. Saint Gérard de Brogne (fête : le 3 octobre) était invoqué pour faire baisser la fièvre.

Saint Gérard de Lunel (fête : le 24 mai), né en 1275 part en Palestine comme pèlerin, où il meurt en 1298, s'étant piqué avec une plante vénéneuse. Il était invoqué contre les piqûres.

GERMAIN (SAINT)

Germain vient du germanique *gari,* « lance », et *man,* « homme ». Ainsi les Gallo-romains désignaient-ils les barbares d'outre-Rhin. Germain vient aussi du latin *unus*, « unique », et *germa,* « sang », d'où l'expression « cousin germain ». Saint Germain, abbé à Autun (fête : le 28 mai), fut déposé par ses moines à cause de son intransigeance.

évêque de Paris, il guérit miraculeusement le roi Childebert à la condition que ce dernier renonce à sa vie licencieuse. Le roi, pour le remercier, lui fit bâtir l'abbaye de Saint-Germain-des-Prés. Il y mourut le 28 mai 576. Il était invoqué par les prisonniers qui aspiraient à une libération anticipée. Saint Germain l'Auxerrois, né vers 380, fut gouverneur de province (et marié) avant de devenir évêque d'Auxerre. Il mourut à Ravenne, le 31 juillet 446, où il s'était rendu comme diplomate pour plaider la cause des Bretons révoltés. Il était invoqué pour guérir des diarrhées, et pour se réveiller de bonne heure. Il avait guéri des coqs devenus aphones à la suite d'un maléfice en leur faisant avaler du grain imbibé d'eau bénite.

GERTRUDE (SAINTE)

Gertrude vient du germanique *gari,* « lance », et *trude,* « fidélité ». Sainte Gertrude, surnommée la Grande (fête : le 16 novembre), fut recueillie à l'âge de 5 ans dans un monastère de Saxe dont elle devint l'abbesse et où elle resta jusqu'à sa mort en 1302, après avoir eu de nombreuses visions mystiques au cours desquelles elle communiquait avec le Christ. Sainte Gertrude la Grande était invoquée pour chasser rats et souris, mais aussi pour que les piqûres ne s'infectent pas.
Sainte Gertrude (fête : le 6 janvier), morte en 1358 était servante dans une auberge de Delft, où elle se livrait à la débauche avec les clients. Touchée par la grâce, elle opta ensuite pour la vie monastique où elle se fit remarquer par son ascétisme. Elle était invoquée contre le coma diabétique, dont elle-même était atteinte.

GERVAIS (SAINT)

Fils de saint Vital et de sainte Valérie, des patriciens romains, Saint Gervais fut martyrisé à Milan, au IIe siècle, avec saint Protais. Il fut condamné à périr sous les coups de fouet (Protais eut la tête tranchée). Deux siècles plus tard, saint Ambroise de Milan eut la révélation, au cours d'un songe, de l'endroit où leurs corps avaient été enterrés. Il instaura leur culte, très populaire au Moyen Âge. Saint Gervais (fête : le 19 juin) était invoqué pour soigner l'incontinence d'urine car, lorsque son corps fut déterré par saint Ambroise, un ouvrier, qui souffrait de ce mal, en fut guéri après avoir touché le cadavre, intact malgré un séjour de deux siècles dans une fosse...

GHISLAIN (SAINT)

Ghislain vient du germanique *gisl,* « otage », et *hard*, « brillant ». Saint Ghislain fonda un monastère dans le Hainaut, au VIe siècle. Saint Ghislain (fête : le 10 octobre) était invoqué pour soigner les enfants pris de convulsions.

GILBERT (SAINT)

Gilbert vient du germanique *gisl*, « otage », et *behrt,* « brillant ». Saint Gilbert, seigneur natif d'Auvergne, participa à la seconde croisade et, à son retour, fit bâtir deux monastères, l'un à Aubepierre pour son épouse, sainte Péronnelle, et sa fille, sainte Poncie, l'autre pour lui, à Neuffonds, où il mourut en 1152 (fête : le 7 juin).
Autre saint Gilbert, dit de Sempringham (fête : le 4 février), fils d'un compagnon de Guillaume le Conquérant, né en Angleterre en 1087. Fondateur d'un ordre qui admettait les hommes et les femmes dans des monastères séparés, soucieux de l'indépendance de l'Église, il s'opposa au roi. À 80 ans, il fut fouetté par ses moines qui lui reprochaient sa sévérité. Il mourut à 103 ans, le 4 février 1190. Saint Gilbert de Sempringham était invoqué pour soigner les hémorroïdes, et les oedèmes, dont il était couvert, après la révolte et la correction infligée par ses moines.

GILDAS (SAINT)

Gildas vient du latin *ægidius*, « protecteur ». Saint Gildas, au VIe siècle, partit d'Irlande pour évangéliser la Bretagne. Il fonda le monastère de Saint-Gildas-de-Rhuys, et s'installa, après une vision, dans l'île de Houat, et y mourut. Saint Gildas (fête : le 29 janvier) était invoqué contre la folie : de son vivant, un seul geste de sa main calmait les fous. Il était aussi invoqué lorsqu'il fallait faire face à un chien furieux.

GILLES (SAINT)

Gilles vient du latin *ægidius*, « protecteur ». Saint Gilles, au VIIIe siècle, était ermite dans une caverne sur les bords du Rhône, où il se nourrissait du lait d'une biche qui chaque jour venait à sa rencontre. On fonda, sur son ermitage, lieu de miracles, le monastère de Saint-Gilles-du-Gard, qui devint une étape sur la route de Compostelle. Saint Gilles du Gard (fête : le 1er septembre) était le patron des bergers, des forgerons des mendiants et des marchands de chevaux; il était invoqué contre le boitement. Les cancéreux se rendaient en pèlerinage à l'église de Saint-Gilles.

Saint Gilles de Portugal (fête : le 14 mai), d'abord étudiant en médecine, devint le supérieur des dominicains en Espagne, où il mourut en 1265. Il était invoqué par les obsédés nécrophiles. Il était aussi réputé pour chasser le démon.

GONTRAN (SAINT)

Gontran vient du germanique *gund*, « guerre », et *harlan*, « corbeau » (oiseau sacré). Saint Gontran, roi de Bourgogne, tenta de réconcilier ses frères et ses neveux, qui se livraient à des guerres incessantes. Il abdiqua pour se faire moine à la fin du VIe siècle. Saint Gontran (fête : le 28 mai) était invoqué pour apaiser les querelles familiales.

GRÉGOIRE (SAINT)

Grégoire vient du grec *egregorein*, « veiller ». Saint Grégoire le Grand (fête : le 3 septembre), pape et Docteur de l'Église, né et mort à Rome (540-604) fixa la liturgie (le chant grégorien), et convertit l'Angleterre et le nord de l'Italie. Saint Grégoire le Grand, patron des écoliers, était invoqué pour lutter contre les brûlures d'estomac, dont lui-même, d'un tempérament anxieux, souffrait.
Saint Grégoire de Tours, évêque de cette ville en 573, mort en 594, écrivit une histoire des Francs, précieux témoignage sur les temps mérovingiens (fête : le 17 novembre).
Saint Grégoire de Naziance, au IVe siècle, fut patriarche de Constantinople et Docteur de l'Église (fête : le 2 janvier). Il était invoqué pour rendre les enfants obéissants.
Saint Grégoire de Narek, moine arménien mort en 1010, composa un *Livre de prières* en vers ; accusé d'hérésie, il fit des miracles pour confondre ses détracteurs (fête : 29 février). Il était le patron des poètes.

GRÉGOIRE LE GRAND (MÉDAILLE DE SAINT)

Invocation contre les maux d'estomac, auxquels il était sujet, contre la mélancolie, à laquelle il lui arrivait de succomber, et pour garder l'esprit clair et lucide :

Très savant et très saint Grégoire, tu répétais souvent le psaume XXII de David, et je le répète avec toi : Mon Dieu ! Mon Dieu, pourquoi m'as-tu abandonné, Et t'éloignes-tu sans me secourir, sans écouter mes plaintes ? Mon Dieu, je crie le jour, et tu ne réponds pas ;
Mon Dieu, je crie la nuit, et n'ai point de repos ; Pourtant Tu es le Saint, Tu sièges au milieu des louanges d'Israël. En toi se confiaient nos pères ; Ils se confiaient et Tu les délivrais. Ils criaient à toi, et ils étaient sauvés... Très savant et très saint Grégoire, moi aussi je veux être sauvé, moi aussi je ne veux pas être abandonné ; je mets en toi mon espérance, et crois en ta sagesse, comme en ton intercession, afin que je sois délivré, grâce à toi, des maux qui m'affligent. Amen.

GUILLAUME (SAINT)

Guillaume vient du germanique *wil*, « volonté », et *helm*, « casque ». Saint Guillaume (fête : le 10 janvier) archevêque de Bourges, à la fin du XIIe siècle, fils d'un seigneur du Nivernais, choisit les rigueurs de la vie monastique, malgré une santé délicate. Il portait robe de bure et cilice, ne mangeait pas de viande et gardait sa maison ouverte aux pauvres. Abbé du monastère de Châlis, il fut nommé évêque de Bourges, dignité qu'il refusa par humilité jusqu'à ce que le légat du Pape lui ordonne d'assumer son épiscopat. Il condamna avec la même vigueur la cupidité de ses chanoines et le divorce du roi Philippe-Auguste. Il mourut le 10 janvier 1209, après s'être fait hisser en chaire pour dire adieu à ses fidèles. Il était invoqué pour aider les enfants à marcher.

Saint Guillaume d'Orange, dit le Grand, comte de Toulouse et duc d'Aquitaine sous Charlemagne, lutta contre les Sarrasins et s'empara de Barcelone. Il fonda l'abbaye de Saint-Guilhem du Désert et devint un personnage de la *Chanson de Roland*.

Saint Guillaume (fête : 1er janvier) moine, fils d'un duc italien, fut supérieur de Saint-Bégnine à Dijon. Il était réputé rendre la vue aux aveugles, tout comme un autre saint Guillaume (fête : 23 mai) pèlerin écossais assassiné à Rochester en 1201.

Saint Guillaume, de Tours, où il était médecin, et où il mourut en 1103 (fête : le 24 avril) était invoqué contre l'avarice. Homme très riche, il avait surpris le Diable endormi sur son coffre ; le lendemain, il distribua tous ses biens à l'abbaye voisine !

Enfin saint Guillaume mort en 1202 (fête : le 6 avril) était invoqué contre les perversions sexuelles. Envoyé au Danemark pour remettre de l'ordre dans un monastère de moines libertins, il convertit une prostituée qui cherchait à le tenter ; les moines, impressionnés, renoncèrent aux plaisirs de la chair.

GUY (SAINT)

Guy vient du germanique *wid*, « forêt ». Saint Guy (fête : le 12 juin), noble italien du XIIIe siècle, fut converti à la pauvreté par saint François d'Assise. Devenu franciscain, il vécut trente ans dans une grotte en Toscane. Il mourut en 1245.

Saint Guy l'Auxiliaire (fête : le 15 juin), dit aussi saint Vit, fut tué en 303. Encore bébé, conduit au tribunal avec sa nourrice, poursuivie parce que chrétienne, il ne sut répondre que Jésus aux questions du juge ; celui-ci, furieux, lui brisa les dents d'un coup de poing et le fit décapiter ! Il était invoqué pour guérir des abcès dentaires. Un sanctuaire lui fut élevé près d'Ulm au Xe siècle, sanctuaire que fréquentaient ceux qui étaient atteints de chorée (danse de Saint-Guy) qui se manifeste par des tremblements et gesticulations incoercibles. On l'invoquait aussi pour résister au sommeil.

GUY (MÉDAILLE DE SAINT)

Invocation contre la chorée, danse de Saint-Guy, parfois assimilée à l'épilepsie, contre les maux de dents et les abcès dentaires, contre la somnolence :

> *Petit saint Guy, juste d'entre les justes, donne-moi de ton innocence, pour apaiser mes souffrances, guéris-moi du mal qui m'afflige et me tourmente, au Nom de l'Enfant-Jésus, dont tu avais les vertus et au Nom duquel tu mourus. Que le mal quitte mon corps, et n'y entre plus jamais ; Amen.*

Un saint Guy (fête : 12 septembre), dit saint Guy le Pauvre, fit un pèlerinage en Terre sainte durant sept ans. À son retour en Allemagne, il mourut de dysenterie ; c'est pourquoi on l'invoquait contre les coliques (patron des laboureurs, parce que son père l'était, et des sacristains).

GUY LE PAUVRE (MÉDAILLE DE SAINT)

Invocation contre les maux de ventre et la colique :

> *Saint Guy, toi qui fis tiennes ces paroles du prophète Tobie : « Nous sommes assez riches si nous craignons le Seigneur » qui par ta pauvreté gagnas ton salut, et qui savais que la santé n'a pas de prix, guéris-moi, je t'en prie De mon mal de ventre, Tu sais ce que j'endure, Puisque tu en mourus ; Amen.*

H

HAAIAH (ANGE)

Si vous êtes né entre le 29 juillet et le 2 août, votre ange gardien est Haaiah, Domination, dont le nom signifie « *Dieu caché.* » Haaiah soutient les tempéraments sincères et intègres auxquels il apporte sagacité et perspicacité. Il exhorte à observer la prudence, peser le pour le contre avant de s'engager dans une activité humaine, tant matérielle que philosophique ou religieuse. Haaiah est l'ange gardien que la tradition nomme aussi « le conseiller » car il éclaire celui qui l'invoque. Au quotidien, l'ange Haaiah permet de combattre la trop grande méfiance qui interdit toute action et aboutit à l'inertie totale ou au fatalisme. À l'inverse, il redonne confiance en soi dans les moments de dépression en révélant les énergies que l'on possède en soi.

Cet ange, associé à la planète Saturne, maîtrise dans le corps les muscles des jambes. Lorsque l'on invoque l'ange Haaiah, on peut lui demander son soutien pour retrouver calme et sérénité, et apaiser ses angoisses. On le prie également pour recevoir l'inspiration dans les affaires commerciales ou les alliances politiques car cet ange a le pouvoir de faire disparaître les ambiguïtés.

HAAMIAH (ANGE)

Si vous êtes né entre le 29 septembre et le 3 octobre, votre ange gardien est Haamiah, Vertu, dont le nom signifie « *Dieu, l'espérance de toutes les créatures de la Terre* ». Haamiah encourage la générosité et les mouvements qui viennent du cœur. Il apporte à ses protégés la séduction et la grâce et, dans le domaine social, le sens diplomatique et la politesse. Selon la tradition, Haamiah insuffle le sens spirituel des rites de purification, donne le besoin de sublimer ses élans et passions. Au quotidien, l'ange Haamiah permet de lutter contre la nonchalance et la légèreté, aide aussi à repousser la sensiblerie qui tend à anéantir les actions que l'on mène.

Cet ange, associé à la planète Mars, a la maîtrise sur la circulation des énergies dans le corps. Lorsque l'on invoque Haamiah, il aide à se raffermir dans son travail ou dans sa mission, il aide à se prémunir contre le découragement.

HABUHIAH (ANGE)

Si vous êtes né entre le 25 et le 29 février, votre ange gardien est Habuhiah, Ange, dont le nom signifie « *Dieu qui donne avec libéralité* ». Habuhiah encourage la capacité de percevoir les sentiments qu'éprouvent les autres, avec rapidité et justesse. Habuhiah assiste de son énergie les esprits ouverts et curieux qui veulent découvrir d'autres modes de vie. Selon la tradition, Habuhiah affine les dispositions que certains possèdent pour les intuitions et les prémonitions. Cependant, au quotidien, cet ange ramène vers le réalisme, et aide à lutter contre l'instabilité psychique. Habuhiah encourage ses protégés à harmoniser leur comportement, notamment par un contact permanent avec la nature et un retour à la vie simple.

Cet ange, associé à la planète Saturne, a la maîtrise sur l'odorat et sur les reins, sur les jambes et le squelette qu'il rend solides et robustes. Lorsque l'on invoque l'ange Habuiah, il aide à lutter contre une trop forte émotivité.

HAHAHEL (ANGE)

Si vous êtes né entre le 14 et le 18 octobre, votre ange gardien est Hahahel, Puissance, dont le nom signifie « *Dieu en trois Personnes* ». Hahahel encourage ceux qui font rayonner leurs connaissances et leurs richesses intérieures. Il leur donne la force nécessaire pour transmettre cet enseignement ; il en fait des initiateurs. Hahahel est l'une des illustrations du pouvoir spirituel du christianisme. Au quotidien, l'ange Hahahel lutte contre les formes négatives du mysticisme et de la mégalomanie religieuse. Hahahel aide ceux qui veulent maîtriser leurs émotions.

Cet ange, associé à la planète Jupiter, donne à ses protégés la force physique nécessaire pour supporter les souffrances et les privations. Lorsque l'on invoque Hahahel, il aide à lutter contre la méfiance et l'anxiété maladive qui sont une prison pour l'être humain.

HAHAIAH (ANGE)

Si vous êtes né entre le 16 et le 20 mai, votre ange gardien est Hahaiah, Chérubin, dont le nom signifie « *Dieu refuge* ». Hahaiah apporte à l'individu la lumière intérieure qui dynamise et donne le courage nécessaire pour affronter les difficultés de l'existence. Cette dynamique fait que l'on attribue à Hahaiah le don de mener des actions jugées surnaturelles. Au quotidien, l'ange Hahaiah permet de combattre les tendances à la paresse et à l'inaction. Hahaiah soutient aussi lorsqu'on lutte contre la violence et l'anarchie en encourageant l'harmonie et la sérénité.

Cet ange, associé à la planète Saturne, donne une allure aimable à ses protégés et maîtrise le côté gauche du cerveau, c'est-à-dire la pensée spirituelle, poétique et symbolique ainsi que la compréhension des rêves et des intuitions. Lorsque l'on invoque Hahaiah, il aide à acquérir calme pour soi et souplesse dans les rapports avec les autres.

HAHASIAH (ANGE)

Si vous êtes né entre le 3 et le 7 décembre, votre ange gardien est Hahasiah, Principauté, dont le nom signifie « *Dieu caché* ». Hahasiah soutient les tempéraments chaleureux et expansifs, aux sentiments puissants et généreux. Il aide aussi à garder confiance dans son destin et dans la Providence, ainsi que dans la fidélité des relations affectives. Au quotidien, l'ange Hahasiah aide à acquérir un tempérament calme et sage, discipliné et attentif aux autres. Il permet de ne pas succomber à la préciosité et aux sentiments excessifs. Hahasiah influence le besoin de connaissance et octroie la patience pour l'obtenir. Cet ange donne un esprit d'alchimiste et ses protégés consacrent une partie de leur vie à chercher les secrets de la nature tant par l'analyse que par la contemplation du monde.

Cet ange, associé à la Lune, maîtrise la sensibilité et l'émotionnel, influence grandement le mysticisme et favorise l'inspiration poétique et l'imaginaire. Lorsque l'on invoque Hahasiah, on lui demande son soutien pour harmoniser les relations tendues que l'on a avec les autres et effacer ces malentendus qui provoquent les ruptures.

HAIAIËL (ANGE)

Si vous êtes né entre le 11 et le 15 mars, votre ange gardien est HaiaiëI, Ange, dont le nom signifie « *Dieu maître de l'univers* ». L'ange HaiaiëI permet de mieux percevoir les impressions et sensations du monde extérieur. Avec lui, on sait mieux préciser ses sentiments. Grâce à lui, on distingue ce qui est signe et ce qui est sensation, car HaiaiëI donne à l'être intelligence et ouverture d'esprit. Selon la tradition, HaiaiëI accorde le don d'entendre des sons émis par des mondes invisibles. Au quotidien, l'ange Haiaiël permet d'adapter son caractère aux réalités et de surmonter la routine. Il fait lever les barrières mentales et accorde des dons de voyance et rétablit les équilibres menacés par le stress ou la dépression.

Cet ange, associé à la planète Mars, régit l'ouïe et les muscles du corps, apportant de la puissance physique. Lorsque l'on invoque HaiaiëI, il rend positif la critique, et inspire assez de tact pour ne pas blesser ceux qui en sont la cible.

HARAHEL (ANGE)

Si vous êtes né entre le 11 et le 15 janvier, votre ange gardien est Harahel, Archange, dont le nom signifie « *Dieu qui connaît toutes choses* ». Harahel soutient les individus possédant assez de courage pour toujours trouver une raison d'espérer, assez l'ouverture d'esprit pour ne pas céder à l'intolérance. Harahel permet de regarder les événements avec assez d'humour et de recul pour ne pas pleurer ou désespérer. Au quotidien, l'ange Harahel permet de rassembler ses idées et de les diriger vers un but déterminé avec précision. Il combat l'éparpillement et la superficialité. Harahel donne le don de l'arithmétique, le sens des affaires et le goût de la spéculation et du jeu. L'être qu'influence Harahel est généralement passionné par les sciences.
Cet ange, associé au Soleil, a la maîtrise sur le corps féminin et la fécondité ; il protège les femmes enceintes et les parturientes Lorsque l'on invoque l'ange Harahel, on lui demande son soutien pour prendre du recul au moment des épreuves tout en restant très lucide face aux événements. À sa manière, Harahel combat le fatalisme.

HARIEL (ANGE)

Si vous êtes né entre le 1er et le 5 juin, votre ange gardien est Hariel, chérubin, dont le nom signifie « *Dieu créateur* ». Hariel soutient l'individu en lui révélant ses capacités de discernement, en affinant sa lucidité. Hariel facilite la relation entre le cœur et l'esprit, entre les sentiments et la raison. Il apporte la force nécessaire pour combattre l'incompréhension et l'ignorance, source de préjugés et d'intolérance. Hariel permet d'abattre les masques qui trompent l'innocence, tant dans la vie sociale que dans le domaine spirituel.

Au quotidien, l'ange Hariel place chacun devant sa réalité. Il accorde aussi de nombreuses facultés et notamment celles de l'élocution et du don des langues étrangères, le goût des discussions philosophiques. Intransigeants sur le plan de la morale, les protégés de l'ange Hariel ont le sens de la piété, du sacré et du rituel.
Cet ange, associé à la planète Mars, donne une soif de vie et un esprit d'entreprise qui ne s'accommode pas aisément des contraintes et des privations. Lorsque l'on l'invoque, il aide à démasquer le mensonge et à lutter contre les déguisements dont on travestit la vérité.

HAHEUIAH (ANGE)

Si vous êtes né entre le 18 et le 22 juillet, votre ange gardien est Haheuiah, Trône, dont le nom signifie « *Dieu bon par lui-même* ». Haheuiah encourage la discrétion et à la serviabilité. Il donne de l'aptitude à la clémence et à la mansuétude. Selon la tradition, il est le messager de la tempérance. Il apporte aussi à ses protégés un solide bon sens dont ils auront besoin car on les choisit souvent comme médiateurs dans les conflits. Au quotidien, l'ange Haheuiah permet de bien évaluer les efforts et les épreuves que l'on a à surmonter. Il aide à lutter contre trop de nostalgie et de découragement. Cet ange donne encore les calme et sang froid nécessaires aux grandes réalisations. Il apporte en outre le goût des sciences exactes, notamment les mathématiques.
Cet ange, associé à la Lune, maîtrise dans le cerveau la part occulte où l'âme cache ses secrets. Lorsque l'on invoque Haheuiah, il éclaire sur les apparences trompeuses, les illusions et les égarements des sens et de l'imagination.

HAZIEL (ANGE)

Si vous êtes né entre le 1er et le 5 mai : votre ange gardien est Haziel, Chérubin, dont le nom signifie « *Dieu de miséricorde* ». Haziel encourage l'harmonie entre le corps et l'esprit, favorise la paix intérieure. La tradition en fait le

messager de l'indulgence et de la réconciliation ; il suggère des paroles de paix et la capacité de pardonner les offenses. Au quotidien, l'ange Haziel aide à comprendre l'intérêt des lois et à repousser les tendances à l'anarchie et à l'utopie.
Cet ange, associé à la planète Neptune, influence dans le corps la circulation des liquides, humeurs, lymphe et sécrétions glandulaires. Sur le plan spirituel, il encourage l'écoute et le respect des autres. Lorsque l'on invoque l'ange Haziel, il contribue au rapprochement du ciel et de la terre, à l'harmonie avec l'ensemble du monde.

HEKAMIAH (ANGE)

Si vous êtes né entre le 6 et le 10 juin, votre ange gardien est Hekamiah, chérubin, dont le nom signifie « *Dieu qui érige l'univers* ». Hakamiah soutient celui qui cherche l'épanouissement spirituel afin de s'ouvrir à de nouvelles dimensions de conscience. Hakamiah est le révélateur pour se découvrir soi-même. Selon la tradition, on fait de lui l'ange des mystères dévoilés, le messager des prophéties. Au quotidien, l'ange Hakamiah permet de chasser de son esprit les illusions et les fausses prémonitions.
Cet ange, associé à la planète Uranus, régit peu les organes du corps mais participe aux mécanismes du sommeil et des rêves. Il apporte à ses protégés le sens esthétique et l'attirance vers l'harmonie, la littérature et la musique, le don de déchiffrer les rêves et de résoudre les problèmes en dormant. Lorsqu'on l'invoque, il aide à acquérir un comportement social cohérent et à découvrir les véritables significations de ses visions.

HÉLÈNE (SAINTE)

Hélène vient du grec *Helé*, « éclat du soleil ». C'était d'abord le prénom de celle dont l'enlèvement provoqua la guerre de Troie. Hélène, fille d'un garçon d'écurie en Bithynie, au IVe siècle, séduisit l'empereur romain Constance Chlore dont elle eut, à 15 ans, un fils, Constantin, qui allait faire du christianisme la religion de l'Empire. Convertie au christianisme après avoir été répudiée par Constance Chlore à cause de ses origines trop modestes, elle vécut dans l'ombre de son fils ; elle aurait découvert en Palestine, où elle fonda des monastères, la vraie Croix, avant de retourner mourir dans son village natal. Sainte Hélène (fête : le 18 août) était invoquée contre les points de côté. Sainte Hélène de Suède, morte en 1160, donna son immense fortune aux pauvres, à la grande colère de sa famille, qui la tua. On l'invoque en cas de violentes disputes familiales.

HERBERT (SAINT)

Herbert vient du germanique *hari* « armée », et *behrt*, « brillant ». Saint Herbert, mort en 687, était ermite sur une île d'Écosse. Il était invoqué (fête : le 20 mars) pour faire tomber la pluie, car il aurait été capable, afin de prier tranquillement et d'éloigner les curieux de son ermitage, de faire pleuvoir à volonté ; toutefois les incrédules répondront que le vrai miracle aurait été qu'il fasse venir le soleil dans le ciel d'Écosse...

HERVÉ (SAINT)

Hervé, d'origine bretonne, signifie « vaillant combattant ». Saint Hervé, moine breton au VIe siècle, mendiait en traversant les villages en chantant (sa mère, afin qu'il échappe aux tentations du monde, avait demandé à Dieu qu'il naisse aveugle). Il devint abbé du monastère de Plouvien (Finistère). Saint Hervé (fête : le 17 juin) était invoqué contre les loups, dont il avait su se faire des alliés : lorsqu'il traversait des forêts, des loups venaient le guider. Ancien barde breton, il est le patron des artistes de music-hall.

HEUREUX

Terme attribué à celui qui est juste car il vit et agit en accord avec Dieu, ce qui lui procure la paix intérieure. Pour le Nouveau Testament, un être heureux est celui qui reçoit le message du Christ et accomplit ce qui est juste.

HIÉRARCHIE DES ANGES

Les anges se répartissent selon une hiérarchie qui les regroupe en neuf chœurs. Les plus proches de Dieu sont les Séraphins, puis les Chérubins, les Trônes, les Dominations, les Vertus, les Puissances, les Principautés, les Archanges et les Anges.

Les **Séraphins**, sont associés à la couleur Bleu sombre. Ils ont une énergie et une activité proches de la planète Neptune. Ce sont : Vehuiah, Jeliel, Sitaël, Elemiah, Mahasiah, Lelahel, Achaiah et Cahethel.

Les **Chérubins**, sont associés à la couleur Grise. Ils ont une énergie et une activité proches de la planète Uranus. Ce sont : Haziel, Aladiah, Lauviah, Hahaiah, Yezalel, Mebahel, Hariel et Hakamiah.

Les **Trônes**, sont associés à la couleur Indigo. Ils ont une énergie et une activité proches de la planète Saturne. Ce sont : Lauviah, Caliel, Lauviah, Pahaliah, Nelchaël, YeaiëI, Melahel et Hahiuiah.

Les **Dominations**, sont associés à la couleur Bleu. Ils ont une énergie et une activité proches de la planète Jupiter. Ce sont : Nith-Haiah, Haaiah, Yerathel, Séheiah, Reiyel, Omaël, Lecabel et Vasariah.

Les **Vertus**, sont associés à la couleur Rouge. Ils ont une énergie et une activité proches de la planète Mars. Ce sont : Yehuiah, Lehahiah, Chavakiah, Menadel, Aniel, Haamiah, Rehaël et Yeiazel. Leur domination s'étend sur le règne minéral.

Les **Puissances**, sont associés à la couleur Or. Ils ont une énergie et une activité proches du Soleil astrologique. Ce sont : Hahahel, Mikaël, Veuliah, Yelahaiah, Sealiah, Ariel, Asaliah et Mihaël.

Les **Principautés**, sont associés à la couleur Violette. Ils ont une énergie et une activité proches de la planète Vénus : Véhuel, Daniel, Hahasiah, Imamiah, Nanaël, Nithaël, Mebaiah et Poiël. Leur domination s'étend sur le règne végétal.
Les **Archanges**, sont associés à la couleur Verte. Ils ont une énergie et une activité proches de la planète Mercure. Ce sont : Nemamiah, Yeialel, Harahel, Mitzraël, Umabel, Yahhel, Anauël et Mehiel. Leur domination s'étend sur le règne animal.
Les **Anges**, sont associés à la couleur Argent. Ils ont une énergie et une activité proches de la Lune astrologique. Ce sont : Damabiah, Manakel, Ayaël, Habuiah, Rochel, Yabamiah, HaiaiëI et Mumiah. Leur domination s'étend sur les hommes.

HILAIRE (SAINT)

Hilaire vient du latin *hilarius*, (d'où hilare), « celui qui est gai ». Saint Hilaire (fête : le 13 janvier) était un philosophe du IVe siècle qui, s'étant converti, combattit les hérésies et devint évêque de Poitiers. Il était invoqué contre la grippe.
Saint Hilaire (fête : le 5 mai) était un riche homme établi en Lorraine au Ve siècle qui, après sa rencontre avec son cousin saint Honorat (à l'abbaye de Lérins) se fit moine et devint évêque d'Arles. Il était invoqué pour protéger la vigne.

HONORAT (SAINT)

Honorat est un dérivé d'Honoré. Né à Fréjus au Ve siècle, saint Honorat (fête : le 16 janvier) fonda une abbaye, qui devint un haut lieu culturel, dans la petite île de Lérins, au large de Cannes, où il mourut le 16 janvier 429.
Un autre saint Honorat (fête : le 21 décembre) prêtre espagnol devenu évêque de Toulouse au IIIe siècle, était invoqué contre les panaris.

HONORÉ (SAINT)

Honoré vient du latin *honoratus,* « digne d'être honoré ». Saint Honoré (fête : le 9 janvier) au XIIIe siècle, est un riche maquignon de Parthenay ; touché par la grâce, il demande à ses serviteurs de distribuer son argent aux pauvres ; mais les serviteurs gardent pour eux le trésor ; Honoré s'en aperçoit, mais ses serviteurs le poignardent au ventre. Il était invoqué contre les maux de ventre.

Saint Honoré (fête : le 16 mai) né dans l'Ain, au début du VIIe siècle, est alors évêque d'Amiens quand il s'aperçoit qu'il n'a pas de pain pour célébrer la messe ; il prie, et c'est le Christ lui-même qui vient déposer des hosties dans le ciboire ! Il est le patron des boulangers-pâtissiers.

HONORÉ (MÉDAILLE DE SAINT)

Invocation contre la paralysie des jambes :

> *Saint Honoré, toi qui marchais quand Dieu t'a rappelé à lui, redonne vie à mes jambes, redonne vigueur à mes reins, afin que je mette mes pas dans les tiens, sur le chemin du Paradis, et que j'aille à la rencontre de Jésus-Christ, qui marchait sur les eaux ; Mes jambes sont chancelantes mais ferme est ma foi, et entier mon repentir des fautes que j'ai commises, et entière ma détermination à louer Dieu. Amen.*

HONORINE (SAINTE)

Honorine est un dérivé féminin d'Honoré. Sainte Honorine, jeune fille gauloise, aurait été martyrisée... Elle est la patronne des mariniers (fête : le 27 février).

HUBERT (SAINT)

Hubert vient du germanique *hug,* « intelligence », et *behrt,* « brillant ». Saint Hubert était un noble qui devint évêque dans la région de Liège où il fut enterré en 727. Selon sa légende, il chassait dans les Ardennes un Vendredi saint au lieu de faire pénitence, quand un cerf lui apparut avec une croix entre les bois ; honteux, il se consacra désormais à la prière. Saint Hubert (fête : le 3 novembre) est le patron des

chasseurs, des forestiers, de bouchers ; il était invoqué contre la rage, et avant de partir à la chasse, pour se protéger des accidents. Étant mort après avoir supporté plus d'un an une douloureuse blessure à la main qui l'empêchait de dormir, il était aussi invoqué contre l'insomnie.
Un autre saint Hubert (fête : le 30 mai) mort au début du VIIIe siècle, était un moine qui guérissait les dépressions nerveuses par imposition des mains. Il était invoqué pour combattre l'angoisse.

HUBERT (MÉDAILLE DE SAINT)

Invocation contre l'insomnie et contre la rage :

Saint Hubert, toi qui n'avais peur ni des loups ni des ours, chasse la rage et éloigne les chiens, Saint Hubert, toi qui de douleur perdis le sommeil, aide-moi à retrouver le mien, Saint Hubert, qui de chasseur impie devint saint, montre-moi mon chemin, Comme le cerf de Dieu te montra le tien. Amen.

HUGUES (SAINT)

Hugues vient du germanique hug, « intelligence ». Saint Hugues (fête : le 1er avril), né dans la Drôme, moine à Valence au XIIe siècle, fut nommé contre son gré évêque de Grenoble ; il vendit les bijoux de son diocèse pour nourrir les pauvres, et aida saint Bruno à fonder son monastère de la Grande-Chartreuse.
Un autre saint Hugues (fête : le 29 avril) né à Saumur en 1024, mort à Cluny en 1109, fut l'abbé de ce monastère pendant un quart de siècle, et le conseiller de neuf papes et de nombreux souverains. Il était invoqué contre la grippe.

HYACINTHE (SAINT)

Hyacinthe vient du prénom grec *Hyacinthé*. Saint Hyacinthe (fête : le 17 août), surnommé l'apôtre de la Pologne, l'évangélisa au XIIe siècle. Saint Hyacinthe, qui prêcha jusqu'en Chine, était invoqué par les marcheurs, lorsqu'ils se sentaient les jambes fatiguées.

Autre saint Hyacinthe (fête : le 28 octobre), officier impérial en Cappadoce, au IIIe siècle : emprisonné parce que chrétien, il se laissa mourir de faim plutôt que de manger de la viande consacrée aux idoles. On l'invoquait lors des famines.

I

IDA (SAINTE)

Ida est la montagne de Crète où fut caché Zeus enfant. Ida de Boulogne (1040-1113), fille du duc de Lorraine, mère de Godefroy de Bouillon, fonda plusieurs monastères en Picardie. Sainte Ida (fête : le 13 avril) était invoquée contre la surdité.

IGNACE (SAINT)

Ignace vient du latin *ignitus*, « brûlé » (par la grâce). Saint Ignace, évêque d'Antioche au début du IIe siècle, fut déporté à Rome où il fut, dans un cirque, jeté en pâture aux loups. Saint Ignace (fête : le 17 octobre) était invoqué contre les loups.

Saint Ignace (fête : le 23 octobre), fils d'un empereur byzantin au VIIIe siècle, patriarche de Constantinople, était invoqué pour protéger les enfants de l'inceste, car il avait refusé de bénir un empereur qui couchait avec sa fille.

Saint Ignace de Loyola, (fête : le 31 juillet), ancien officier qu'une blessure avait rendu boiteux, fondateur de l'ordre des jésuites, était invoqué pour venir en aide aux enfants maltraités.

IMAMIAH (ANGE)

Si vous êtes né entre le 8 et le 12 décembre, votre ange gardien est Imamiah, Principauté, dont le nom signifie : « *Dieu élevé au-dessus de toutes choses* ». Imamiah encourage les tempéraments entiers et enthousiastes qui privilégient les sentiments et l'amour. Imamiah soutient leur capacité à se dévouer pour les causes humanitaires et justes. Selon la tradition, Imamiah sublime les pulsions sensuelles. Au quotidien, Imamiah préserve de la tyrannie des émotions et des réactions trop impulsives qui n'ont ni durée ni profondeur. Sur le plan personnel, Imamiah permet de cultiver la patience et l'espoir, l'endurance devant l'adversité et le courage au moment des épreuves.

Cet ange, associé à la Lune, influence le corps qu'il rend robuste et souple, résistant, et d'une grande force physique. Lorsque l'on invoque l'ange Imamiah on lui demande son soutien pour avoir le sens des responsabilités et combattre l'immaturité affective et amoureuse.

INNOCENT (SAINT)

Saint Innocent XI, mort en 1689, fut un pape qui voulut rompre avec les fastes de Rome et vécut dans la pauvreté personnelle. Il était invoqué (fête : le 12 août) pour lutter contre l'orgueil.

Les saints Innocents (fête : le 28 décembre), eux, massacrés sur l'ordre d'Hérode, qui craignait la naissance de Jésus, étaient invoqués pour résister à l'ambition.

INVOCATION À UN ANGE GARDIEN

Il est facile d'invoquer son ange gardien (voir Choix de l'ange gardien selon le jour de sa naissance) car il reste proche de nous, à notre écoute, et sait déjà ce dont nous avons besoin comme conseil ou comme aide. Une invocation consiste en une prière. La pureté de cœur, le respect, l'humilité et la générosité sont à mettre au premier rang. C'est l'esprit serein que l'on interpelle respectueusement son ange gardien en prononçant distinctement chacune des syllabes de son nom. La vibration des noms sacrés à un tel pouvoir que même si l'on ne prononce aucune autre parole, cela suffit pour être en relation avec l'ange que l'on appelle. Une invocation à un ange commence par l'affirmation de la foi en Dieu. On cherchera dans son cœur les mots qui conviennent tout en utilisant cette formule :

Saint est le Seigneur, le Dieu du Ciel et de la Terre! puis l'on continuera en s'adressant à l'ange dont on veut attirer l'attention : Ange (prononcer ici le nom de l'ange que l'on invoque), ange très bon et très saint, je te prie de demander au Dieu Très-Haut de me venir en aide et d'inspirer mes pensées et mes actes afin que (dire ici les soucis, les souffrances ou les espoirs que l'on a) je puisse surmonter les épreuves qui sont sur ma route, ou atténuer les malheurs et les maladies qui frappent telle ou telle personne (on prononce son nom ou chacun des noms concernés). Ange (prononcer encore le nom de l'ange que l'on invoque), accepte de porter nos prières et de demander à Dieu de me donner la force et la sagesse pour moi-même, de trouver les mots qui feront du bien autour de moi et pour ceux qui ont tant besoin de ton aide.

Après cela, on peut expliquer, préciser de quel problème il est question, pour quelles maladies ou quel malheur on demande l'aide et l'intervention céleste. Pour terminer, on remerciera les puissances du Ciel, selon son cœur ou en utilisant la formule : « Merci Seigneur, Dieu du Ciel et de la Terre, Merci, ange (prononcer le nom de l'ange invoqué), pour la bonté que tu mets à me (nous) secourir. »

Bien qu'un lieu calme et isolé permette de mieux libérer son esprit, toute prière ou invocation à un ange peut être dite n'importe où et à tout moment. D'autre part, il est important de se souvenir qu'une prière régulière, même très courte mais sincère, permet de se trouver spontanément en harmonie avec l'entité céleste que l'on invoque. C'est la clé de la réalisation des demandes et la réalisation des espoirs.

IRÈNE (SAINTE)

Irène vient du grec *Eirené*, « paix ». Sainte Irène (fête : le 5 avril) était fille de bonne famille, en Grèce, au début du IVe siècle ; arrêtée parce que chrétienne, elle refusa de trahir ses compagnons et fut brûlée vive.
Autre sainte Irène (fête : le 20 octobre), une belle vierge qui, au VIe siècle, victime de la machination d'un moine qu'elle avait éconduit, fut poignardée par son fiancé, et jetée dans le Tage, qui rejeta son corps à Santarem (*Santa Iria*). Elle était invoquée pour se consoler des chagrins d'amour.

ISABELLE (SAINTE)

Isabelle est un dérivé ibérique d'Élisabeth. Sainte Isabelle, morte en 1270, sœur du roi saint Louis, refusa d'épouser l'empereur d'Allemagne pour se consacrer au couvent de clarisses qu'elle avait fondé à Longchamp. Son ange gardien lui ayant donné la date de sa mort, elle organisa elle-même ses funérailles. Elle était invoquée (fête : le 22 février) pour veiller sur les nourrissons afin qu'ils ne s'étouffent pas pendant leur sommeil.

ISIDORE (SAINT)

Saint Isidore (560-636) fut évêque de Séville et auteur d'ouvrages rassemblant tout le savoir de l'époque. Saint Isidore (fête : le 4 avril) était invoqué contre les piqûres d'abeille ; il est souvent confondu avec un autre Isidore (fête : le 10 mai), lui aussi espagnol, mais au XIIe siècle, humble paysan d'une grande piété, patron des laboureurs et de la ville de Madrid.

ISIDORE (MÉDAILLE DE SAINT)

Invocation pour faire tomber la pluie :

> *Saint Isidore, patron des laboureurs, toi qui connais bien la terre pour l'avoir si souvent retournée, tu sais qu'elle a soif; Fais pleuvoir sur elle l'eau du ciel comme tu faisais pleuvoir tes bienfaits sur plus pauvre que toi, Fais que l'eau féconde le sol pour les futures moissons comme la prière féconde les cœurs ;*

Fais, je t'en supplie, encore ce miracle, toi qui en fis tant, ô bienheureux saint Isidore, pauvre parmi les pauvres, saint parmi les saints, transforme les pleurs des pécheurs en pluie, et leurs repentances en eau. Amen.

J

JACQUES (SAINT)

Prénom dérivé de Jacob. Saint Jacques le Majeur (fête : le 25 juillet), l'un des douze apôtres, partit évangéliser l'Espagne. Hérode le fit tuer en 44. Ses restes, transportés en Espagne, furent retrouvés au IXe siècle à Compostelle, qui devint un centre de pèlerinage. Saint Jacques le Majeur était invoqué contre les rhumatismes ; il est le patron des voyageurs et des pharmaciens.
Saint Jacques le Mineur (fête : le 3 mai), fut lui aussi l'un des principaux apôtres, et le premier évêque de Jérusalem. Il fut jeté du haut du Temple et lapidé en 62 par les Juifs orthodoxes. Saint Jacques le Mineur, patron des chapeliers, était invoqué par les blessés, pour combattre la douleur.
Saint Jacques de la Marche, avocat du XIVe siècle devenu missionnaire (et inquisiteur) en Europe centrale, passait pour guérir de la goutte ceux qui l'invoquaient.
Saint Jacques (fête : le 15 juillet), évêque en Grèce au IIIe siècle, passant près de lavandières, leur reprocha d'avoir retroussé leurs tuniques ; elles lui répondirent vertement : il leur jeta un sort qui leur fit aussitôt, malgré leur jeunesse, blanchir leurs cheveux. Il leur rendit leur couleur naturelle, après leur avoir fait promettre de laver leur linge dans une tenue décente. On l'invoquait pour freiner la venue des cheveux blancs.

JACQUES (MÉDAILLE DE SAINT)

Invocation contre les rhumatismes :

Bienheureux saint Jacques, qui as pardonné à ton bourreau, pardonne au pécheur que je suis, et soulage-moi de mes douleurs, comme tu soulageais celle des pèlerins qui marchaient jusqu'à ton tombeau ; si tu me guéris, j'aurais ce courage, et irais me recueillir dans une chapelle ou une église portant ton nom ; je garde ta médaille au cou comme sceau de ma promesse. Amen.

JANVIER (SAINT)

Janvier vient de Janus, dieu romain à deux visages. Saint Janvier, évêque de Bénévent (Italie), fut martyrisé en 304. Depuis, son sang, contenu dans des ampoules en la cathédrale de Naples (il en est le patron) se liquéfie le jour de sa fête. Il était invoqué (fête : le 19 septembre) contre les engelures, les éruptions volcaniques, et pour faire repousser les sourcils ; il est le patron des orfèvres.

JEAN (SAINT)

Jean, en hébreu, signifie « ce que Dieu donne », et vient des mots hébreux jo (abréviation de Jéhovah) et *natan*, « donner ». Jean (fête : le 27 décembre) est le frère de Jacques le Majeur, comme lui pêcheur en Galilée ; il est le confident de Jésus, qui, lors de sa crucifixion, lui confie sa mère Marie. Après la résurrection, il se rend en Asie mineure pour prêcher. Exilé sur l'île de Patmos, il y aurait rédigé son évangile et l'Apocalypse. Il y meurt, centenaire, vers l'an 100.
Un saint Jean, surnommé le Nain (fête : le 15 septembre), en Égypte au ve siècle, que sa petite taille rendait agressif, alla vivre dans le désert. il en revint serein. On l'invoquait pour venir en aide aux enfants complexés par un défaut physique.
Saint Jean de Capistran, né au xve siècle en Italie, fut légat du Pape et aida les Hongrois à repousser les Turcs. Il était invoqué lorsqu'un chef d'État était à l'agonie.
Saint Jean Bosco (fête : le 31 janvier) né et mort dans le Piémont italien (1815-1888), est un prêtre qui, pour donner

une instruction chrétienne aux enfants, fonda l'ordre des salésiens.

JEAN-BAPTISTE (SAINT)

Jean le Baptiste (fête : le 24 juin) baptisa Jésus dans le Jourdain. Hérode le fit décapiter pour plaire à Salomé, qui avait réclamé sa tête sur un plateau d'argent. Saint Jean-Baptiste était invoqué pour combattre la timidité, et les convulsions chez les enfants ; c'est le patron des tripiers, aubergistes, ramoneurs et couteliers.
Saint Jean-Baptiste de la Salle (fête : le 7 avril) fonda au XVIIe siècle la congrégation des Frères des Écoles chrétiennes. C'est le patron des enseignants.

JEANNE D'ARC (SAINTE)

Née à Domrémy, en Lorraine, en 1412, Jeanne d'Arc est la fille d'un paysan aisé. Elle entend, vers treize ans, en gardant ses moutons, d'après son témoignage, des voix célestes qui l'invitent à sauver la France alors sous la domination anglaise et bourguignonne. Personnification vivante de la patrie envahie, envoyée par Dieu pour sauver son pays, elle obtient du roi Charles VII, après avoir beaucoup insisté (on la prend, au début, pour une folle), une armée qui délivre Orléans assiégée par les Anglais (mai 1429). Elle ouvre la route de Reims, où elle fait sacrer Charles VII le 17 juillet 1429. À Compiègne, elle tombe aux mains des Anglais. À la suite d'un inique procès de trois mois, elle est condamnée à être brûlée vive comme hérétique et sorcière. Son supplice a lieu sur la place du Vieux-Marché, à Rouen, le 30 mai 1431. En 1455 s'ouvre le procès de réhabilitation de Jeanne d'Arc, qui aboutit à une sentence positive l'année suivante. Béatifiée en 1909, elle est canonisée en 1920 par Benoît XV, et devient patronne secondaire de la France (fête : le 13 mai). On l'invoque contre les brûlure, les accusations injustes et les blasphémateurs.

JEANNE D'ARC (MÉDAILLE DE SAINTE)

Sainte Jeanne d'Arc, toi dont la devise était « Messire Dieu premier servi », toi qui portais la sainte Vierge en étendard, intercède auprès d'elle en mon nom ; dis-lui, toi qui trouvas les mots pour confondre tes iniques juges, que je n'ai pas commis les fautes que l'on me reproche, et que seul le tribunal de Dieu m'importe ; Toi qui as connu l'atroce morsure des flammes, épargne-moi ce supplice, car je n'ai pas ton courage pour le supporter, et dis à la Mère de Notre-Seigneur Jésus-Christ, Reine des Anges, qui te visitèrent, que seul le feu de Dieu, celui qui illumine l'aurore et de sa foudre punit les méchants m'importe ; Toi qui cassas ton épée sur l'échine des blasphémateurs et des femmes dépravées, montre-moi le chemin de la sagesse, de la pureté et de la fidélité à « Messire Dieu premier servi », et à la Vierge Marie, Fontaine de miséricorde, Consolatrice des pécheurs, afin qu'à l'heure de ma mort, comme toi, je puisse jouir de la vie éternelle. Amen.

JELIEL (ANGE)

Si vous êtes né entre le 26 et le 30 mars, votre ange gardien est Jeliel, Séraphin, dont le nom signifie « Dieu secourable ». Jeliel aide à faire la distinction entre ce qui appartient à l'instant et ce qui est permanent dans notre existence. Il amène à surmonter les épreuves et à en retirer un enseignement positif. On peut aussi prier Jeliel pour lutter contre l'avarice car cet ange combat la tendance à amasser des biens inutiles qui emprisonnent notre esprit.
Cet ange, associé à la planète Mars, régit la stature et donne un corps robuste et une forte puissance sexuelle à ceux qu'il influence. L'ange Jeliel inspire un désir permanent de justice et d'ordre et ses protégés ont de l'autorité naturelle. On invoque l'ange Jeliel pour réfléchir avant d'entreprendre, et faire la part entre impulsion et réflexion.

JÉRÉMIE (PROPHÈTE)

Jérémie vient d'un mot hébreu signifiant « l'élève de Dieu ». Jérémie est l'un des quatre grands prophètes d'Israël, auteur du livre des *Lamentations*. Persécuté au VIIe siècle av. Jésus-

Christ pour avoir prophétisé les malheurs qui allait s'abattre sur le royaume de Juda, il fut lapidé par ses compagnons lors la Captivité du peuple juif à Babylone. Jérémie (fête : le 1er mai) était invoqué pour aider à supporter la misère.

JÉRÔME (SAINT)

Jérôme vient du latin *Hieromymus*, mot issu du grec signifiant « *nom sacré* ». Saint Jérôme, né en Dalmatie au IVe siècle, étudie à Rome la littérature et la théologie. Il est baptisé à l'âge de 19 ans. Pour fortifier sa foi chrétienne, il vit en ermite pendant cinq années dans le désert syrien. Revenu à Rome, le Pape lui demande de traduire en latin la Bible jusqu'alors écrite en grec : c'est la *vulgate*. Il repart ensuite pour la Terre sainte où il fonde deux monastères, un pour les hommes, l'autre pour les femmes, tout en poursuivant ses travaux d'érudition et ses disputes avec sa hiérarchie, car le saint homme a très mauvais caractère. Ordonné prêtre contre son gré, il refuse de servir la messe car s'en jugeant indigne. Il meurt à Bethléem en 419 et est aussitôt canonisé, puis déclaré Docteur d'Église. Saint Jérôme (fête : le 30 septembre), patron des traducteurs et des étudiants, était invoqué lorsqu'on était tenté de céder à la violence et à la colère, car Jérôme, malgré sa sainteté, était si irascible qu'il lui arrivait de boxer ses contradicteurs...

Saint Jérôme (fête : le 8 février) moine vénitien du XVIe siècle (après avoir été soldat), fonda une congrégation pour recueillir les orphelins, dont il est depuis le patron.

JÉSUS

Nom masculin très répandu à l'époque hellénistique. Forme hellénisée de l'hébreu *Josué* ou bien *Yehoshoua*.

JÉSUS-CHRIST

De l'hébreu *Yehôshoua* Jésus, « *Dieu sauve* », et de *Meshîhâ*, le Messie, l'Oint, le Christ. Jésus nous est connu par l'historien romain Tacite (*Annales* 15, 44), par Pline le

Jeune (*Lettre à l'empereur Trajan*), par Suétone (*Vie de l'empereur Claude*), et par l'historien juif Flavius Josèphe (*Antiquités juives*). Selon les Évangiles, Jésus naquit sous le règne du roi Hérode le Grand, sept ou quatre ans avant la date actuellement attribuée, fixée en l'an 754 de la fondation de Rome par le moine Denys le Petit (mort en 540). Selon ces dates, Jésus, qui entama sa vie publique à 30 ans, se manifesta entre 26 et 28 (Luc 3, 23), peut-être pendant deux ou trois années. Jésus fut crucifié un vendredi alors que Ponce Pilate était procurateur de Judée (entre 26 et 36), le 14 nisan (Jean 18, 28). Né à Bethléem, cité de David, dont il était un descendant (Matthieu 1, 6), Jésus était « Fils de Dieu » selon l'Évangile, ayant pris choisir de la Vierge Marie. Son père adoptif était saint Joseph (Matthieu 13). Il fut baptisé dans le Jourdain par Jean le Baptiste puis débuta son ministère et fit ses premiers miracles en Galilée, à Capharnaüm et Génésareth. Son enseignement et ses miracles lui valurent la haine des autorités religieuse, qui le firent condamner comme agitateur politique et faux messie. Le message essentiel de Jésus tient dans l'annonce et la promesse du Royaume de Dieu qui, à la fin des temps, détruira les forces du Mal. S'il veut être sauvé, l'homme doit répondre à cet appel et se convertir, puis vivre et agir dans la perspective du Royaume futur. Dans son message, Jésus-Christ proclame l'avènement prochain du Royaume de Dieu que chacun peut déjà vivre en son âme dès ici-bas. Jésus enseigna la loi d'amour citée par saint Jean dans son Évangile (chapitre 15, 12) : *Aimez-vous les uns les autres comme Je vous ai aimés. La résurrection du Christ est une victoire remportée sur la mort, à laquelle tous les hommes participeront le jour du Jugement dernier ; Jésus-Christ remet l'homme dans la main du Père et lui offre la possibilité de l'Éternité.*

JOACHIM (SAINT)

Joachim vient d'un mot hébreu signifiant « vœu de Dieu ». Saint Joachim, époux d'Anne, fut le père de la Vierge Marie. Il est (fête : le 26 juillet) le patron des lingères. On l'invoquait pour calmer les enfants qui pleuraient trop.
Saint Joachim (fête : le 16 avril) fut au XIVe siècle un moine-mendiant qui guérissait l'épilepsie par imposition des mains.

JONAS (SAINT)

Jonas, prophète de l'Ancien Testament, fut jeté à la mer parce que les marins du bateau sur lequel il avait embarqué croyaient qu'il attirait la tempête; une baleine l'avala et le recracha trois jours plus tard, indemne, sur un rivage. Jonas (fête : le 21 septembre) était invoqué pour une pêche fructueuse.
Autre saint Jonas, un moine égyptien du IVe siècle (fête : le 11 février), jardinier de son état, qui préparait des tisanes contre l'indigestion, et qui était invoqué en cas d'ennuis gastriques.

JOSEPH (SAINT)

Joseph vient de l'hébreu *jo*, abréviation de Jéhovah, et d'*eph*, « donner » : donné par Dieu. Saint Joseph, charpentier à Nazareth, est le mari de Marie, et le père nourricier de Jésus. Il est le patron (fête : le 19 mars) des sonneurs de cloches, des artisans en général, des charpentiers en particulier, et des fossoyeurs. Lui qui avait cherché un toit, afin que Marie puisse accoucher de Jésus à l'abri, était invoqué par ceux qui cherchaient à se loger.
Saint Joseph Barsabbas le Juste (fête : le 20 juillet) faillit remplacer Judas parmi les apôtres; on l'invoquait en cas d'intoxication alimentaire ou d'empoisonnement.
Saint Joseph Calasanze (fête : le 25 août) fonda, au XVIe siècle en Espagne, une congrégation pour l'éducation des enfants; on l'invoquait pour les protéger sur le chemin de l'école.

Saint Joseph de Cupertino, au XVIe siècle, était un moine qui pouvait entrer en lévitation dans l'église pendant l'office (les aviateurs en ont fait leur patron) et de deviner les péchés omis lors de la confession, raison pour laquelle on l'invoquait avant les examens, pour garder la mémoire fraîche.

JOSEPH (MÉDAILLE DE SAINT)

Invocation pour trouver un logement. Lorsqu'on a obtenu ce logement, il est recommandé d'y cacher la médaille de Saint-Joseph grâce à laquelle on l'a trouvé, le plus près possible des fondations, afin qu'elle protège la demeure.

Bon saint Joseph, qui apportas ta protection à l'Enfant-Dieu, et lui trouvas un toit pour naître et pour grandir, aide-moi à trouver où m'abriter, aide-moi à me loger ; Lorsque, bon saint Joseph, grâce à ton intercession, j'aurai trouvé mon logis, que ta bénéfique influence, par l'intermédiaire de cette médaille, continue à s'exercer, et que, dans ton immense bonté, tu continues à veiller sur mon toit comme tu veillas sur l'Enfant Jésus ; Amen.

JOSSE (SAINT)

Saint Josse fut roi de Bretagne avant de renoncer au trône pour se consacrer à la prière et mourir en ermite en Picardie à la fin du VIe siècle. Il était invoqué (fête : le 13 décembre) contre les maladies du foie, et pour protéger les récoltes contre les maraudeurs.

JUDE (SAINT)

Jude est un dérivé de « Juda », prénom hébreu signifiant « Gloire à Dieu ». Frère de l'apôtre Jacques le Mineur, il prêcha en Mésopotamie avant d'être martyrisé en Perse. Il était invoqué (fête : le 28 octobre) dans les situations désespérées.

JULES (SAINT)

Jules est la francisation du prénom latin Julius. Saint Jules fut pape de 337 à 352. Il renforça l'autorité du Saint-Siège contre les hérétiques (fête : le 12 avril). Il était invoqué contre la constipation. C'est sans doute à lui qu'on doit le surnom familier de « jules » pour désigner un pot de chambre ! Il était le patron des vidangeurs de fosses d'aisances.

Saint Jules (fête : le 19 août) fut un martyr à la fin du IIe siècle. Sénateur romain, il arrêta le bras (ce qui lui valut d'être bastonné jusqu'à ce que mort s'ensuive) de l'empereur Commode, qui était en train de battre sa femme ; les femmes battues par leur mari en firent leur patron.

JULIE (SAINTE)

Julie est un dérivé féminin de Jules. Sainte Julie (fête : le 8 avril), née dans l'Oise en 1751, morte à Namur en 1816, fonda l'ordre des Sœurs de Notre-Dame, institution chargée de l'éducation des jeunes filles et des institutrices.

Autre sainte Julie, une chrétienne qui, au VIIe siècle, partie évangéliser la Corse, y fut crucifiée. Elle en est aujourd'hui la sainte patronne, avec sa sœur, qui connut le même destin qu'elle, sainte Dévote.

JULIEN (SAINT)

Julien est un dérivé de « Jules ». Saint Julien l'Hospitalier (fête : le 27 janvier) croyant, une nuit, surprendre sa femme en compagnie d'un amant, leur trancha la tête. Il s'était trompé, et venait de tuer ses parents. Hanté par ce crime, il partit vivre en ermite avec son épouse et fonda un hospice pour les mendiants. Un lépreux ayant frappé à sa porte, il la lui ouvrit. C'était, en fait, un ange (ou Jésus) qui venait lui annoncer que, grâce à ce geste charitable, il était pardonné.

Un saint Julien (fête : le 17 février) était invoqué contre les brûlures : en 309, il assistait au martyre de onze chrétiens brûlés vifs en Palestine ; « les apôtres étaient douze, vous

n'êtes qu'onze » cria-t-il en sautant sur le bûcher pour faire le douzième !
Saint Julien (fête : le 28 août) fut un martyr au IIIe siècle à Brioude : officier romain converti au christianisme, il avoua sa foi pour partager le sort des martyrs. Il était invoqué lors des épidémies contre la contagion, mais aussi pour retrouver des objets volés.
Saint Julien (fête : le 16 mars) martyr au IIIe siècle, sous Dioclétien, fut enfermé dans un sac rempli de vipères que l'on jeta dans la mer. Il était invoqué contre les morsures de serpent.

JULIENNE (SAINTE)

Julienne est un dérivé féminin de « Jules ». Sainte Julienne (fête : le 16 février) fut martyre à Nicomédie au début du IVe siècle. Elle était invoquée lors des accouchements, ou contre la chute des cheveux.
Sainte Julienne Falconieri (fête : le 19 juin), de Florence, fonda un ordre religieux au XIVe siècle. Sur la fin de sa vie, comme elle rendait tout ce qu'on tentait de lui faire absorber, on lui posa une hostie sur le cœur : l'hostie fut absorbée par sa chair, qui en garda une marque rouge ! Elle était sollicitée contre les vomissements...

JUST / JUSTE (SAINT)

Just, ou Juste, vient du latin *justus*, « juste », Saint Just (fête : le 14 octobre), évêque de Lyon à la fin du IVe siècle, se fit ermite en Égypte (où il mourut) parce que la foule, malgré lui, avait envahi sa cathédrale pour y tuer un criminel qui y avait trouvé refuge.
Saint Just (fête : le 14 juillet) fut martyrisé au IVe siècle à Constantinople ; soldat romain devenu chrétien, on lui posa sur la tête un casque rougi au feu... Il était invoqué contre la chute des cheveux.

JUSTINE (SAINTE)

Justine est un dérivé féminin de « Justin ». Sainte Justine, une jeune vierge de Padoue, au IIIe siècle, fut martyrisée parce que chrétienne : on lui transperça les seins avec des poignards. Sainte Justine (fête : le 12 mars) était invoquée contre les douleurs aux seins, mais aussi pour lutter contre l'influence des astrologues.

K

KÉVIN (SAINT)

Kévin vient d'un mot celtique signifiant « pur ». Saint Kévin fonda au VIIe siècle un monastère en Irlande, et est le patron de la ville de Dublin (fête : le 3 juin). Ermite, il passait des mois entiers à prier adossé à un arbre, les bras en croix. Parce que les oiseaux se posaient sur ses bras en croix, et il était leur protecteur, comme le sera saint François d'Assise.

KHAVAKIAH (ANGE)

Si vous êtes né entre le 14 et le 18 septembre, votre ange gardien est Khavakiah, Vertu, dont le nom signifie « *Dieu qui donne la joie* ». Chavakiah encourage ceux qui veulent agir avec assurance et enthousiasme. Selon la tradition, Chavakiah a la mission de susciter chez ses protégés une foi que rien ne rebute ni ne détourne de son chemin.

Au quotidien, l'ange Chavakiah préserve de la dilapidation des biens et aide à bien gérer ses ressources physiques ou intellectuelles. Chavakiah permet de contrer toute tendance à la mégalomanie et évite de se lancer dans des entreprises hasardeuses. Cet ange, associé à la planète Mercure, donne à ses protégés la maîtrise du système nerveux, ce qui leur permet de dominer leurs réactions émotionnelles. Lorsque l'on invoque l'ange Chavakiah on lui demande son soutien pour lutter contre le besoin immodéré de possession et de richesse, l'aridité de cœur et l'avarice.

L

LAMBERT (SAINT)

Lambert vient du germanique *land*, « terre » et *behrt*, « brillant ». Saint Lambert, évêque de Maastricht fut, en 705, assassiné par Pépin de Herstal, maire du palais d'Austrasie, auquel il s'opposait politiquement et auquel il reprochait, en outre, son concubinage (dont Charles Martel fut le fruit). Il était invoqué (fête : le 17 septembre) contre les maux de reins.

LAURENT (SAINT)

Laurent vient du latin *laurus*, « laurier », le symbole de la victoire chez les Romains. Diacre du pape Sixte II, saint Laurent fut arrêté en 258 et, pour avoir refusé de livrer le trésor de l'Église à l'empereur, il fut couché sur un gril placé au-dessus d'un brasier. Résistant à des douleurs atroces, il eut le courage de narguer le bourreau : « Retourne-moi, maintenant, que l'empereur ait de la viande bien cuite à manger ! » Dieu, pour le prix de son martyre, lui aurait accordé la grâce de libérer, tous les vendredis, une âme du Purgatoire. Il était invoqué (fête : le 10 août), martyre oblige, contre les brûlures, mais aussi contre le lumbago ; il est le patron des policiers, des bibliothécaires, des économes (son métier auprès du Pape) et de ceux qui sont en contact avec le feu : pompiers, mais aussi rôtisseurs et repasseuses, qui avaient toujours un fer au chaud...

LAURENT (MÉDAILLE DE SAINT)

Invocation contre les brûlures :

Ô grand saint Laurent! / Sur un brasier ardent / Tournant et retournant / Tu n'étais pas souffrant! / Accorde-moi la grâce / Que cette douleur se passe! / Brûlure, / Perds ton échauffure! / Saint Laurent te l'ordonne, / Autant que la Madone. / Brûlure! perds ta chaleur, / Comme Judas perdit sa couleur, / Quand il reçut ses trente deniers / Au Jardin des Oliviers. / Amen. (Citée par Jacques Vessid dans ***Savoir à quel saint se vouer***, éditions Plon-Mame, Paris, 1995).

LAUVIAH (1) (ANGE)

Si vous êtes né entre le 11 et le 15 mai, votre ange gardien est Lauviah, Chérubin, dont le nom signifie : « *Dieu loué et exalté* ». Lauviah favorise l'amour de la vie, la découverte en soi de nouvelles dimensions et de capacités ignorées jusque-là. Lauviah donne à ses protégés l'art de communiquer la joie, de rendre autrui plus heureux par la générosité et la compassion. C'est pourquoi on regarde Lauviah comme un ange guérisseur. Au quotidien, l'ange Lauviah aide à s'abstenir de toute outrance et ouvre aux intuitions de l'esprit. Les protégés de Lauviah préfèrent la spiritualité et la philosophie à la frivolité du monde. Pour le corps, cet ange, associé à la planète Saturne, favorise le squelette et les articulations, donne à ses protégés robustesse et endurance. Lorsque l'on invoque Lauviah, il aide à mettre en valeur les qualités cachées, et à se préserver de la frivolité.

LAUVIAH (2) (ANGE)

Si vous êtes né entre le 11 et le 15 juin, votre ange gardien est Lauviah, Trône, dont le nom signifie « *Dieu admirable* ». Lauviah encourage l'acquisition d'une sagesse qui peut exiger le sacrifice de son ego et de ses intérêts. Lauviah apporte à ses protégés l'esprit de service à son sens le plus noble.

Leur attitude proche de celle des chevaliers sert d'exemple. Lauviah intervient dans les parties subtiles de l'âme qu'il protège de l'indécision et du doute, principal frein à l'épanouissement spirituel. Au quotidien, l'ange Lauviah chasse les vaines angoisses qui obstruent le chemin de la sagesse. Il lutte ainsi contre la dépression et le désespoir.
Cet ange, associé à la planète Saturne, régit les mécanismes du sommeil qu'il contribue à rendre positif et réparateur. Ange de la nuit, Lauviah permet l'apparition d'intuitions fulgurantes, et de rêves prémonitoires. Lorsque l'on invoque cet ange, il aide à mieux comprendre les expériences et épreuves qui jalonnent la vie, physique et spirituelle, de chaque individu.

LAZARE (SAINT)

Lazare est une déformation du prénom hébreu Éleazar, « celui que Dieu a secouru ». Lazare, frère de Marthe et le Marie, de Béthanie, fut ressuscité par le Christ. Chassé de Palestine, il serait arrivé en Provence avec les saintes Marie. La légende assure qu'il fut évêque d'Autun. Il est le patron des croque-morts et des fossoyeurs.
Saint Lazare, au IXe siècle, était moine et peintre; pour avoir restauré des fresques religieuses détruites dans les couvents par les iconoclastes, on lui brûla les mains. Ayant refusé, lors de son agonie, selon la légende, de pardonner à ses bourreaux, il fut condamné à effectuer un bref séjour au Purgatoire.
Saint Lazare de Constantinople était le patron des peintres et des sculpteurs; on l'invoquait contre les rhumatismes dans les bras et les mains, et aussi contre la colère... Saint Luc, dans son Évangile, parle d'un Lazare pauvre, mais secourable, opposé au mauvais riche. C'est sous l'autorité de ce saint Lazare-là (dont on met en doute l'authenticité) que furent placés, pendant les croisades, les hôpitaux pour lépreux : les lazarets. Il était invoqué (fête : le 23 février) contre la lèpre. À ne pas confondre avec le Lazare que Jésus

ressuscita à la demande de sa sœur Marthe, et qui est fêté en même temps qu'elle, le 29 juillet.

LÉGENDE DORÉE

Ensemble de textes recueillis par Jacques de Voragine, au XIIIe siècle, relatant les activités réelles ou merveilleuses des apôtres et des martyrs des premiers temps du christianisme. Ce sont ces légendes qui servirent souvent de référence aux imagiers pour la caractérisation de leurs personnages. Il en est ainsi de la croix de saint André, de la coupe de saint Jean, de l'équerre de saint Thomas, de la plaie à la cuisse de saint Roch ou de la flèche transperçant la main de saint Gilles sauvant la vie d'une biche. Au Moyen Âge, la *Légende dorée* fut le livre le plus lu et le plus récité dans l'ensemble de l'Europe chrétienne.

LEHAHIAH (ANGE)

Si vous êtes né entre le 8 et le 13 septembre, votre ange gardien est Lehahiah, Vertu, dont le nom signifie « *Dieu clément* ». Lehahiah encourage des qualités telles que la persévérance et l'endurance, la concentration et les efforts de longue durée. Grâce à son intervention, on peut agir plus aisément puisque l'on a le temps pour allié. Selon la tradition, Lehahiah a la faculté d'apporter le sursaut d'énergie nécessaire pour les plus difficiles victoires. Au quotidien, l'ange Lehahiah donne l'énergie nécessaire à l'action lorsque l'esprit veut et que le corps, par faiblesse, refuse. Il incite à s'adapter rapidement lorsqu'une situation nouvelle se présente et trouble un comportement routinier. Ses protégés se font aisément des relations dans tous les milieux.
L'ange Lehahiah, associé à la planète Vénus, maîtrise chez ses protégés l'élégance physique et leur suscite une autorité naturelle qui leur évite de s'imposer par l'extravagance. Quand on l'invoque, il aide à se modérer dans ses jugements, à montrer de la clémence et de l'indulgence envers les autres.

LEKABEL (ANGE)

Si vous êtes né entre le 24 et le 28 août, votre ange gardien est Lekabel, Domination, dont le nom signifie : « *Dieu qui inspire* ». Lekabel apporte à ses protégés une grande ouverture d'esprit, un tempérament capable de surmonter les difficultés et épreuves de l'existence et la capacité de les évaluer. La tradition fait de cet ange le messager porteur du bon jugement. Il donne aussi le goût pour les mathématiques et l'astronomie. Au quotidien, Lekabel modère l'usage exagéré de la logique qui asphyxie l'intuition, l'audace et l'esprit d'entreprise. Grâce à l'enthousiasme qu'il instille, Lekabel chasse le scepticisme et le pessimisme qui paralysent l'individu. Il fait préférer l'espérance à la morosité, et la ténacité à la paresse.

Cet ange, associé aux planètes Jupiter et Mercure, maîtrise la robustesse du corps, laquelle permet d'entreprendre des œuvres exigeant force et longueur de temps. Lorsque l'on invoque l'ange Lekabel, il apporte son soutien dans les travaux délicats où l'habileté, la patience et la ténacité sont de rigueur. On peut aussi faire appel à lui pour résoudre les questions épineuses.

LELAHEL (ANGE)

Si vous êtes né entre le 15 et le 20 avril, votre ange gardien est Lelahel, Séraphin, dont le nom signifie « *Dieu louable* ». Lelahel encourage et soutient les efforts que l'on fait pour accroître ses capacités à comprendre les autres, à acquérir une plus grande ouverture d'esprit. L'ange Lelahel aide à se détourner des plaisirs artificiels du monde et à poursuivre sa quête spirituelle ou guérison physique.

Cet ange, associé à la planète Vénus, apporte au corps et au visage la beauté, et à l'esprit la séduction. L'ange Lelahel, invoqué, permet de découvrir la beauté intérieure et de surmonter les difficultés et la misère du monde.

LÉON (SAINT)

Léon vient du latin *leo*, « lion ». Saint Léon Ier, pape de 440 à 461, fut surnommé « le Grand » à cause de son érudition (fête : le 10 novembre), mais aussi pour avoir réussi à dissuader Attila de ravager Rome. Trois ans plus tard, il eut moins de persuasion avec Genséric, roi des Vandales, qui lui, pilla la ville ; mais Léon obtint qu'il en épargne les habitants.
Saint Léon II, pape de 681 à 683, et compositeur de chants grégoriens, était le patron des musiciens.
Saint Léon, né à Carentan au IXe siècle, évêque de Rouen, alla évangéliser les Pyrénées, où il aurait démontré son pouvoir de rendre les ours inoffensifs (raison pour laquelle, ensuite, on l'invoquait), et où les Sarrasins le décapitèrent.

LÉONARD (SAINT)

Léonard est un dérivé de « Léon ». Léonard de Noblat, au VIe siècle, ermite, passait pour guérisseur. La reine d'Aquitaine ne parvenait pas à mettre un enfant au monde ; il lui fit une imposition des mains, et la délivra. Il avait été auparavant conseiller de Clovis. Saint Léonard (fête : le 6 novembre) était invoqué lors des accouchements...
Un autre saint Léonard, fondateur au VIe siècle d'une l'abbaye près du Mans, était invoqué contre la surdité.
Saint Léonard de Turin, au XIXe siècle (fête : le 30 mars), suggéra aux patrons italiens de ne faire travailler leurs ouvriers que huit heures par jour, ce qui lui valut quolibets et injures.

LÉONCE (SAINT)

Léonce est un dérivé de « Léon ». Saint Léonce, frère de Côme, Damien, Anthime et Euprèpe, fut martyrisé (fête : le 18 juin) avec eux en Cilicie pour avoir refusé d'abjurer sa foi chrétienne, au IVe siècle.
Saint Léonce, général né à Saintes au VIe siècle, fut touché par la grâce ; il se sépara, avec son accord, de sa femme (qui

devint sainte Placidine) et fut évêque de Bordeaux pendant vingt-quatre ans (fête : le 15 novembre).
Un autre Saint Léonce, évêque de Fréjus au Ve siècle, était invoqué contre les fatigues de la vieillesse.

LEUVIAH (ANGE)

Si vous êtes né entre le 22 et le 26 juin, votre ange gardien est Leuviah, Trône, dont le nom signifie « *Dieu qui secourt les pêcheurs* ». Leuviah encourage les élans positifs de l'individu de bonne volonté. Il lui accorde la capacité peu habituelle de savoir prendre la mesure des choses, de considérer les événements et les épreuves avec le recul des sages. Au quotidien, Leuviah aide à gérer les biens et propriétés, de bien maîtriser ses propres capacités, de lutter contre le dogmatisme et l'intolérance. En plus, Leuviah donne la simplicité et la patience, la faculté d'accepter son destin non avec fatalisme mais avec la certitude qu'il a une utilité.
Cet ange, associé à la planète Vénus, influence les fonctions de mémoire et d'intelligence. Lorsque l'on invoque l'ange Leuviah, on peut lui demander son soutien pour mieux comprendre les difficultés que l'on rencontre dans la société, rumeurs, scandales, procès, gaspillage...

LOUIS (SAINT)

Louis vient du germanique *hlod*, « gloire », et *wig*, « combat », « le glorieux combattant », qui a donné Clovis, puis Louis. Luigi est sa version italienne, Ludwig sa version allemande. Louis IX (1214-1270), roi de France, célèbre pour sa piété, organisa deux croisades (il mourut lors de la seconde). Le roi saint Louis (fête : le 25 août), patron des pâtissiers et des coiffeurs, était invoqué pour faire mûrir les abcès.
Saint Louis de Gonzague (fête : le 21 juin) quitta une famille princière (qui donna deux cardinaux en une génération) pour entrer chez les jésuites à la fin du XVIe siècle ; il mourut lors d'une épidémie en soignant des malades.

LOUIS (MÉDAILLE DE SAINT)

Invocation contre les abcès :

Bon saint Louis, toi qui guérissais des écrouelles par imposition des mains, je te prie, par ton saint pouvoir, de cicatriser mes abcès et de purifier mon sang, Bon saint Louis, toi qui t'agenouillais devant les plus pauvres pour leur laver les pieds, je te prie, par ton saint patronage, de m'aider à laver mon âme afin que je puisse, à ton exemple, toujours rendre hommage et louer le Seigneur. Amen.

LOUP (SAINT)

Loup vient du latin *lupus*, « loup » (animal protecteur de Rome, une louve ayant allaité Romulus, le fondateur de la ville). Saint Loup (fête : le 29 juillet), né à Toul et évêque de Troyes, réussit en 451 à convaincre Attila d'épargner son diocèse. Les bergers, dont il était le patron, l'invoquaient pour mettre en fuite les loups comme il avait su mettre en fuite le roi des Huns.

Saint Loup, de Limoges, était un évêque qui guérissait ses fidèles par imposition des mains, au VIIe siècle. On l'invoquait contre les maladies des intestins.

LUC (SAINT)

Luc vient du latin *lux*, « lumière » Médecin d'origine grecque, saint Luc se convertit au christianisme lorsqu'il rencontre saint Paul. À partir des témoignages qu'il recueille, il rédige son Évangile ; c'est le seul des quatre évangélistes à n'avoir pas côtoyé le Christ. Il sera l'auteur des Actes des Apôtres Ordonné prêtre, il devient évêque de Macédoine jusqu'en 66. À la mort de Paul, il repart en Grèce et meurt vers 90 ans. Saint Luc (fête : le 18 octobre), patron des sculpteurs et des chirurgiens, était invoqué contre l'impuissance masculine.

LUCE / LUCIE (SAINTE)

Lucie et Luce sont des dérivés féminins de « Luc ». Sainte Lucie, une jeune Sicilienne à la fin du IIIe siècle, fut dénoncée comme chrétienne par un soupirant éconduit. Elle fut condamnée à être enfermée dans une maison de prostitution, mais personne ne parvint à l'arracher du tribunal ; on tenta de la traîner avec des bœufs, mais elle paraissait indéracinable. Alors on mit le feu sous ses jambes et ses pieds ; en vain. Il fallut, en dernier recours, lui trancher la gorge. On invoquait sainte Lucie (fête : le 13 décembre) pour améliorer sa vue, et contre la dysenterie.

LUCIEN (SAINT)

Lucien est dérivé de « Luc », mais provient aussi de *Lucianus*, une famille romaine. Saint Lucien, prêtre romain venu évangéliser le nord de la Gaule fut martyrisé dans la région de Beauvais, au IIIe siècle. Il était invoqué contre l'impétigo (fête : le 8 janvier).

LUCRÈCE (SAINTE)

Lucrèce est un prénom romain. Sainte Lucrèce, née à Cordoue dans une famille musulmane au IXe siècle, fut tuée par ses parents pour s'être convertie au christianisme, et son corps jeté dans le Guadalquivir ; mais il flotta miraculeusement jusqu'à ce que les chrétiens le recueillent et l'enterrent religieusement. Elle était invoquée (fête : le 15 mars) pour venir en aide aux enfants martyrs Elle était aussi invoquée contre les accidents digestifs dus à des arêtes de poisson, car sa légende prétendait que son corps avait pu flotter sur le Guadalquivir grâce aux poissons qui s'étaient groupés pour le maintenir à la surface.

LUDMILLA (SAINTE)

Ludmilla vient du germanique *hirt*, « peuple », et *mund*, « protection ». Sainte Ludmilla, veuve d'un duc de Bohème à la fin du Xe siècle, fut chargée de l'éducation de son petit-fils, Venceslas, dont elle fit un saint. Sa belle-fille (qui était païenne), jalouse de son autorité morale, la fit assassiner. Sainte Ludmilla (fête : le 16 septembre) était invoquée pour venir en aide aux parents maltraités par leurs enfants.

M

MACAIRE (SAINT)

Au IVe siècle, saint Macaire, évêque de Jérusalem, d'origine égyptienne, aurait identifié la Sainte Croix, découverte par sainte Hélène, mère de l'empereur Constantin, ainsi que les croix des deux larrons compagnons de crucifixion de Jésus. Il était invoqué contre les inondations (fête : le 10 mars).
Autre saint Macaire (fête : le 10 avril), un évêque d'Antioche venu prêcher à Gand où il mourut de la peste au début du XIe siècle, qui était invoqué pour ouvrir les portes aux serrures récalcitrantes.

MADELEINE (SAINTE)

Madeleine est l'adaptation de *Magdala*, ancienne ville de Palestine. La fête : des Madeleine (le 22 juillet) est celle des Marie-Madeleine.
Mais il y a aussi une sainte Madeleine de Pazzi, carmélite née à Florence (fête : le 25 mai) au XVe siècle, que l'on invoquait contre les vomissements des femmes enceintes parce qu'elle-même était prise de vomissements lorsqu'elle se trouvait à proximité d'une personne en état de péché.

MAHASIAH (ANGE)

Si vous êtes né entre le 10 et le 14 avril, votre ange gardien est Mahasiah, Séraphin, dont le nom signifie « *Dieu sauveur* ». Mahasiah encourage la volonté et soutient les efforts que l'on fait tant sur le plan spirituel que sur le plan pratique ou matériel. Cet ange favorise ce qui transforme et régénère la condition humaine. L'ange Mahasiah aide à combattre l'orgueil, l'arrogance et la vanité. Les êtres marqués par Mahasiah réussissent dans les professions exigeant de la diplomatie, ou dans les métiers artistiques.
Cet ange, associé à la planète Vénus, divinité de l'art, de l'amour et de la beauté, donne un visage harmonieux, une belle prestance et de la séduction. De plus, cet ange marque ses sujets par une nette tendance à rechercher l'harmonie et la paix, et l'esthétique en toute chose. Lorsque l'on invoque l'ange Mahasiah, on peut lui demander son soutien pour accueillir en soi la paix puis l'apporter autour de soi dans le milieu où l'on se trouve.

MANAKEL (ANGE)

Si vous êtes né entre le 15 et le 19 février, votre ange gardien est Manakel, Ange, dont le nom signifie « *Dieu qui seconde et maintient toutes choses* ». Manakel apporte son énergie aux individus qui aident ceux qui souffrent. Manakel encourage le rôle de veilleur que se donnent les conservateurs et archéologues car, selon la tradition, il met son énergie au service de la mémoire, individuelle et collective. Nombre de protégés de cet ange ont le don de se souvenir de leurs existences passées, et des raisons de leur karma. Cette capacité leur permet d'être d'un grand secours à leurs semblables. Au quotidien, l'ange Manakel lutte contre l'envie de se servir des dons inhabituels que l'on possède dans un but mercantile ou pour obtenir un pouvoir personnel. Il encourage au contraire à les développer afin d'être utile à la communauté et pour cela donne un regard heureux sur la vie dont il chasse pessimisme et mélancolie. Manakel élimine aussi le sentiment de solitude.

Cet ange, associé à la Lune, donne au corps une belle silhouette, un visage avenant et une réelle séduction qui rend ses protégés irrésistibles. Lorsque l'on invoque l'ange Manakel, on lui demande son soutien pour apprendre à pardonner et oublier ce qui a occasionné des peines et des colères. De cette manière on atteint paix et sommeil, et meilleure vie.

MARC (SAINT)

Marc vient de *Marcus*, « marchand », en latin. Saint Marc, fils d'une riche veuve de Jérusalem, assiste à l'arrestation du Christ ; disciple de saint Pierre, il écrit le deuxième Évangile. Premier évêque d'Alexandrie (il fonde l'église d'Égypte), il est martyrisé sous Néron en l'an 74. Il est le patron de Venise, où ses reliques ont été déposées. Patron des notaires, il était invoqué (fête : le 25 avril) contre la gale. On l'invoquait aussi pour que les héritages, au moment de l'ouverture du testament, se passent bien...
Saint Marc, médecin italien du XVe siècle, se fit franciscain et fonda les monts-de-piété.

MARCEL (SAINT)

Marcel est un diminutif de « Marc ». Saint Marcel (fête : le 16 janvier) fut pape de 308 à 309. Son intransigeance envers les chrétiens qui, pour fuir les persécutions, avaient abjuré, lui valut d'être exilé par l'empereur Maxence. Une veuve l'accueillit, et transforma sa maison en église, où il mourut. Un autre saint Marcel, officier dans l'armée romaine au IIIe1 siècle, jeta son épée lors d'une parade en déclarant que, parce que chrétien, il ne voulait plus s'en servir. Il fut exécuté sur l'ordre de son général.

MARCELLE (SAINTE)

Marcelle est un diminutif de « Marcel ». Sainte Marcelle, au IVe siècle, riche patricienne romaine employa sa fortune à fonder une communauté féminine laïque. Elle était invoquée (fête : le 31 janvier) contre les douleurs dans les bras.

MARGUERITE (SAINTE)

Marguerite vient du latin *margarita*, « perle ». Il y a une confusion entre sainte Marguerite (fête : le 20 juillet) et sainte Marine (*voir* ce prénom) ; mais la médaille est au nom de Marguerite.

MARGUERITE (MÉDAILLE DE SAINTE)

Invocation à sainte Marguerite, ou à sainte Marine, lors des accouchements, afin qu'ils se passent bien :

> *Sainte Marguerite, qui as été brûlée, éventrée, fouettée, déchirée, prie pour moi qui souffre aussi ; tu fis le vœu de venir en aide à toute femme enceinte qui t'invoquerait ; Sainte Marguerite, assiste-moi dans mes douleurs d'accouchement, et que l'enfant sorte de moi sain et sauf aussi facilement que tu sortis des entrailles du diable. Amen.*

Une autre sainte Marguerite, au XIe siècle, appartenait à la famille royale anglaise chassée du trône par Guillaume le Conquérant. Elle se réfugia en Écosse dont elle épousa le roi, lui donnant huit enfants et fondant des monastères (fête : le 16 novembre).

Sainte Marguerite de Cortone, au XIIIe siècle (fête : le 22 février) entra dans les ordres dans sa trentaine ; auparavant, elle avait été une jeune femme fort belle et très courtisée ; devenue nonne, elle conçut une telle honte de sa vie passée qu'elle se défigura en se heurtant le visage avec une pierre. Les mères l'invoquaient lorsqu'elles trouvaient leurs filles trop coquettes, ou affichant de mauvais penchants.

Sainte Marguerite-Marie Alacoque (fête : le 16 octobre), dans son couvent de Paray-le-Monial, au XVIIe siècle, eut des visions du Cœur saignant de Jésus-Christ ; elle inaugura le culte du Sacré-cœur. Elle était invoquée contre les varices.

MARGUERITE-MARIE (MÉDAILLE DE SAINTE)

Invocation contre les varices :

Sainte Marguerite-Marie, toi à qui Jésus apparut, Lui qui versas son précieux Sang pour le rachat des hommes, rends-moi la santé, purifie mon sang comme je veux purifier mon âme ; je t'en rends grâce ; Amen.

MARIANNE (SAINTE)

Marianne est la contraction de « Marie », et d'« Anne ». C'est aussi un dérivé de prénom hébreu « Mariamne ». Sainte Marianne fut, sous la Révolution française, décapitée à Orange parce que religieuse (fête : le 9 juillet).
Sainte Marianne de Quito (Équateur) au XVIIe siècle, ayant été refusée comme religieuse, se comporta comme telle dans la maison familiale. Lors d'un tremblement de terre, elle montra un si grand dévouement qu'elle en mourut d'épuisement. Elle était invoquée pour échapper aux tremblements de terre.

MARIE (SAINTE)

Marie vient de l'hébreu « Myriam », voyante (ou souveraine). L'ange Gabriel avertit Marie qu'elle allait mettre au monde Jésus, qu'elle éleva et suivit jusqu'au pied du Calvaire. Ensuite, elle se serait retirée chez l'apôtre Jean. Elle ne mourut pas, mais eut une *assomption*, enlevée, corps et âme, au Paradis ; le pape Pie XII proclama ce dogme en 1950. Auparavant, le concile d'Éphèse, au IVe siècle, l'avait déclarée Mère de Dieu (fête : le 15 août). Louis XIII plaça le royaume de France sous sa protection le 10 février 1638. Elle est la patronne de plusieurs ordres religieux, et des femmes en général.

VIERGE MARIE (MÉDAILLE DE LA)

On l'invoque par sa prière, l'*Ave Maria*, en toutes circonstances, plus particulièrement lors des accouchements, contre les maladies, surtout celles des enfants, pour apaiser la discorde dans les couples et les familles, pour se protéger des accidents...

Je vous salue Marie, pleine de grâce, le Seigneur est avec vous; vous êtes entre toutes les femmes, et Jésus, le fruit de vos entrailles, est béni; Sainte Marie, Mère de Dieu, priez pour nous, pauvres pécheurs, maintenant et à l'heure de notre mort. Amen.

Sainte Marie d'Oignies (fête : le 23 juin), mariée contre son gré au XIIIe siècle, obtint de son mari que le mariage ne soit pas consommé, et que leur maison soit transformée pour recevoir les femmes qui allaient accoucher; on l'invoquait, bien sûr, lors des premières douleurs, mais aussi pour s'empêcher de proférer des jurons. Coutume due à une légende selon laquelle les ossements de la sainte s'étaient entrechoqués dans leur reliquaire lorsque le pape Grégoire IX, qui était fort colérique, avait juré à proximité...

Sainte Marie d'Égypte, fêtée (2 avril) par les chrétiens d'Orient, vécut au IVe siècle. Dès son adolescence, elle se livra à la débauche, jusqu'à ce que la vierge lui apparaisse; elle se retira alors dans le désert, où elle vécut en ermite pendant un demi-siècle. C'est, comme Marie-Madeleine, la patronne des pécheresses repenties.

MARIE-MADELEINE (SAINTE)

Madeleine est l'adaptation française de *Magdala*, ancienne ville de Palestine. Marie-Madeleine signifie « Marie de Magdala ». Marie-Madeleine, c'est la pécheresse à qui Jésus pardonne son passé de fille perdue. Mais il y a dans le Nouveau Testament une autre Marie-Madeleine, qui suit Jésus et assiste à sa crucifixion. Les catholiques romains les ont confondues en une seule Marie-Madeleine laquelle, avec Marthe et Lazare, fuyant la Palestine après la Pentecôte aurait débarqué aux Saintes-Maries-de-la-Mer (ville qui porte leurs noms), en Camargue. Marie-Madeleine était invoquée (fête : le 22 juillet) pour surmonter les chagrins d'amour; elle est la patronne des pécheresses repenties, des plombiers, des parfumeurs, des tanneurs...

MARIE-MADELEINE (MÉDAILLE DE SAINTE)

Invocation pour surmonter un grand chagrin d'amour.

Sainte Marie-Madeleine, toi qui as su te repentir de tes péchés et trouver la rédemption par l'humilité, tu sais combien les souffrances du cœur sont lourdes, et aussi douloureuses que celles du corps ; Sainte Marie-Madeleine, toi qui par tes larmes as enfin su trouver le repos de l'âme, aide-moi à retrouver la sérénité, aide-moi à surmonter ce chagrin qui me dévore et me détourne de la Voie du Seigneur, qui est Amour universel, à l'opposé des voies de Satan qui sont luxure et passion charnelle, auxquelles j'ai succombé, mais auxquelles je veux m'arracher, comme toi tu eus le courage de le faire ; Sainte Marie-Madeleine, toi qui reçus de Jésus l'absolution de tes erreurs, protège-moi toujours, comme une grande sœur ; Amen.

MARIN (SAINT)

Marin vient du latin marinus, « marin ». Saint Marin fut martyrisé à Césarée au IIIe siècle : officier dans l'armée romaine, il fut dénoncé comme chrétien par un soldat jaloux de son avancement plus rapide que le sien, et décapité. Saint Marin, parce qu'on lui avait tranché la sienne, était invoqué (fête : le 3 mars) contre les maux de gorge.

MARINE (SAINTE)

Sainte Marine, à Antioche au IIIe siècle, est chassée de sa famille parce que chrétienne ; la jeune fille devient bergère. Le gouverneur Olibrius la voit au milieu de ses moutons et en tombe amoureux. Mais en bonne chrétienne, elle repousse ses avances. De colère, il la fait mettre à mort. La légende raconte que, la veille de son exécution, le Diable, déguisé en dragon, entre dans sa cellule et l'avale, afin de l'arracher à la mort. Mais elle refuse l'aide du démon et grâce à la petite croix autour du cou, elle ouvre les entrailles du monstre, s'en échappe et le met en fuite. Sainte Marine (fête : le 20 juillet) était la patronne des nourrices (*voir* Marguerite).

MARTHE (SAINTE)

Marthe vient de l'araméen *mar,* « maîtresse ». Sainte Marthe est évoquée dans l'Évangile de saint Luc. Jésus s'étant arrêté chez elle, elle continue à faire le ménage et houspille sa sœur Marie qui, elle, écoute parler Jésus. Selon une légende provençale, elle aurait, après avoir débarqué aux Saintes-Maries-de-la-Mer, vaincu la tarasque, un dragon qui dévastait les environs de Tarascon (ville dont elle est la patronne)... Patronne des femmes de ménage, elle était invoquée (fête : le 29 juillet) contre les maux de dos, fréquents lorsqu'on se livre à des taches domestiques.
Une sainte Marthe espagnole fut, au IIIe siècle, décapitée parce que chrétienne. La prier aidait à surmonter les maux d'estomac.

MARTHE (MÉDAILLE DE SAINTE)

Invocation contre le mal de reins et les douleurs dues aux travaux ménagers.

> *Bonne sainte Marthe, toi qui avec humilité servais Jésus lorsqu'il venait en ta demeure, aide-moi à rendre mon foyer aussi accueillant que le tien, et chasse de moi, comme Jésus chassa la mort du corps de ton frère Lazare, ces maux de reins qui me font souffrir ; Qu'avec tes saints conseils et ta sainte protection, ma demeure soit comme mon âme, digne de recevoir Jésus lorsqu'il voudra y descendre ; Amen.*

MARTIAL (SAINT)

Martial vient du latin *martius,* qui signifie « guerrier », Mars étant le dieu de la Guerre chez les Romains. Saint Martial, au IIIe siècle, évangélisa le limousin. Premier évêque de Limoges, il était invoqué (fête : le 30 juin) contre les oreillons, et pour obtenir beaucoup de châtaignes.

MARTIN (SAINT)

Martin, comme Martial, vient du latin *martius,* qui signifie « guerrier », Mars ayant été le dieu de la Guerre chez les Romains. Saint Martin, né en Hongrie au début du IVe siècle, était officier dans l'armée romaine en Picardie. Croisant, l'hiver, un mendiant, il partagea en deux son manteau et en donna la moitié au misérable. La nuit suivante, en songe, il vit le Christ sous les traits du mendiant. Il se fit baptiser et christianisa la moitié nord de la France, jusqu'à la Loire. Saint Martin (fête : le 11 novembre) faisait l'objet d'un culte particulier des premiers rois de France, qui revendiquaient la moitié de son manteau comme étendard ; c'est pour abriter cette « chape » que l'on bâtit, dans l'église qui lui était consacrée à Tours, la première « chapelle ». Il était invoqué, peut-être à cause de son manteau protecteur, par les femmes d'ivrognes lorsqu'elles subissaient des coups et aussi pour faire revenir les animaux égarés.

MARTIN (MÉDAILLE DE SAINT)

Invocation contre l'alcoolisme :

Bienheureux saint Martin, toi que le Christ couronna lorsque tu montas au Ciel, intercède auprès de lui, qui changea l'eau en vin, afin qu'il change le vin en eau, et protège ainsi de l'alcoolisme (citer la personne) ; toi l'ancien soldat qui connut la violence des ivrognes, aide (nom de la personne) à sortir de sa déchéance, illumine son âme afin qu'il cesse de s'enivrer ; toi qui renversais les monuments païens, renverse sa bouteille avant qu'il ne l'ait bue, donne-lui le dégoût de l'alcool comme tu donnas le dégoût du mal aux païens que tu convertis, et ramène-le dans la communauté des chrétiens ; Amen.

Invocation pour faire revenir les animaux perdus :

Bon saint Martin, / Fais revenir mon chien, / Et aussi mon chat, / Et aussi ma brebis / Et tous les animaux / Qui se sont perdus / Bon saint Martin, / Qui sur un sans abri / Pour qu'il n'ait pas froid / Étendis ton manteau / Protège-les / Des périls de la forêt / Et pour qu'ils reviennent / Montre-leur le chemin / Bon saint Martin.

MARTINE (SAINTE)

Martine est un dérivé féminin de « Martin ». Sainte Martine fut l'une des premières chrétiennes suppliciées à Rome, dont elle est l'une des saintes patronnes. Elle était invoquée (fête : le 30 janvier) en cas de coliques.

MATHILDE (SAINTE)

Mathilde vient du germanique *maht,* « puissant », et *hild,* « combat » (ou « bouclier »). Sainte Mathilde, au xe siècle, fut l'épouse du roi d'Allemagne Henri l'Oiseleur, dont elle eut cinq enfants qu'elle éleva pieusement, tout en fondant des abbayes. En vain, car à la mort de son mari, ses enfants l'exilèrent dans l'un des couvents qu'elle avait fondés et l'y oublièrent, ne se réconciliant avec elle qu'à la fin de ses jours. Il faut dire, à leur décharge, que sa piété n'avait d'égal que son goût de l'intrigue, et qu'elle se mêlait volontiers de politique, aptitude dont ses rejetons héritèrent : sainte Mathilde fut mère du premier empereur d'Allemagne, du duc de Bavière, et, par sa fille, grand-mère d'Hugues Capet, premier roi de France. Elle était invoquée (fête : le 14 mars) par les parents maltraités par leurs enfants.

MATHURIN (SAINT)

Mathurin vient d'un mot latin signifiant « l'homme mûr ». Saint Mathurin fut évêque de Sens, au ive siècle. Saint Mathurin, patron des potiers et tisserands, était invoqué (fête : le 1er novembre) en cas de troubles psychiques (il avait guéri de la folie la fille d'un roi), et par les époux craignant une scène de ménage.

MATTHIAS (SAINT)

Matthias est un dérivé de « Matthieu ». Saint Matthias, disciple de Jésus, fut choisi au sort comme douzième apôtre, à la place de Judas. Il serait parti évangéliser en Turquie et aurait été martyrisé au sud du Caucase. Il était invoqué (fête : le 14 mai) par les alcooliques qui voulaient guérir de leur vice.

Un autre saint Matthias fut évêque de Jérusalem, au début du iie siècle. Il était invoqué en cas de douleurs à l'estomac.

MATTHIEU (SAINT)

Saint Matthieu (ou Mathieu) le « publicain », comme il se désigne lui-même, né à Capharnaum, était un officier civil (nommé Lévi avant sa conversion) chargé de la rentrée des impôts pour le trésor impérial, métier détesté des Juifs. Jésus, qui était à Capharnaum où il venait de guérir un paralytique, le vit et lui dit : « Suis-moi. » Et Matthieu se leva et obéit. Dans la liste des apôtres, il est placé le huitième, entre Thomas et Jacques. À la mort de Jésus, il alla porter la Bonne Parole, selon la tradition, en Perse (ou en Éthiopie, où il aurait converti au christianisme la famille royale en ressuscitant un prince), et où il fut martyrisé et mis à mort. Il menait une vie ascétique, s'abstenait de manger de la viande, ne consommant que des herbes, des graines et des pousses d'arbres. Il aurait fondé le premier couvent de vierges ; selon l'une des multiples légendes qui courent sur lui, c'est en défendant une vierge agressée par un seigneur qu'il aurait été tué. Avant de quitter la Palestine, il avait composé, en langue araméenne, un récit de la mission du Christ, à la demande des premiers fidèles chrétiens ; mais ce texte primitif s'est perdu, et l'Évangile de saint Matthieu, tel que nous l'avons maintenant, en est une version qui a été faite d'après le grec (fête : le 21 septembre).

MATTHIEU (MÉDAILLE DE SAINT)

Invocation pour préserver la virginité des jeunes filles :

Bienheureux saint Matthieu, qui enseigna aux vierges la sainte Parole, et les défendit contre les soudards, protège (nom de la personne) des tentations de la chair ; Comme toi qui renonças aux plaisirs du monde, qu'elle renonce au péché et garde, grâce à ton aide, sa pureté éloignée des atteintes du mal ; Bienheureux saint Matthieu, qui parmi les Élus siège à la droite de Dieu, pour tout ce que tu feras, et pour ta miséricorde, je te remercie ; Amen.

MAURICE (SAINT)

Maurice, comme Maur, vient de *maur,* « originaire du pays des Maures » (Mauritanie). Saint Maurice, chef de la légion thébaine, rattachée à l'armée impériale, est envoyé en Suisse combattre les Vandales sous le règne de Maximilien. Mais ses légionnaires sont chrétiens, et refusent de sacrifier aux dieux. L'empereur ordonne que la légion soit décimée : un soldat sur dix (ils étaient plus de 6 000) est exécuté. La punition n'ayant pas fait céder les survivants, ceux-ci sont, à leur tour, décimés... Tout l'effectif de cette légion thébaine sera ainsi massacré, y compris Maurice. Saint Maurice, dont le casque aurait été porté par Charles Martel lors de la bataille de Poitiers, était invoqué (fête : le 22 septembre) par les soldats pour obtenir la victoire ou, moins martialement, contre les douleurs de la goutte.
Un saint Maurice, conseiller des ducs de Bretagne au XIIe siècle, fonda le monastère de Carnoët.

MAX / MAXIME (SAINT)

Maxime (dont « Max » est un diminutif) vient du latin *maximus,* « le plus grand ». Maxime, abbé d'un monastère de Constantinople au VIIe siècle, eut les deux mains coupées parce qu'il soutenait, contre le patriarche de la ville, que, conformément aux principes catholiques, il y avait deux natures en Jésus Christ (l'humaine et la divine) ; son bourreau lui déclara que s'il avait soutenu qu'il n'y avait qu'une nature, il ne lui aurait coupé qu'une seule main. Saint Maxime était invoqué contre les blessures aux mains.
Un saint Maxime (fête : le 5 mai) fut, au IVe siècle, évêque de Jérusalem, et condamné à travailler dans les mines après avoir eu un œil crevé. Les aveugles se plaçaient sous sa protection. Saint Maxime (fête : le 25 novembre) abbé du monastère de Lérins, évangélisa la Provence au Ve siècle.

MEBAHEL (ANGE)

Si vous êtes né entre le 27 et le 31 mai, votre ange gardien est Mebahel, Chérubin, dont le nom signifie « *Dieu conservateur* ». Mebahel fait naître chez ses protégés le sens esthétique et celui de la compassion, deux valeurs nées de l'amour qui ne calcule pas. Cette pureté de sentiment s'accompagne de lucidité. Mebahel donne le don de connaître ce que peu de gens savent, de déceler ce qui est malade et ce qui est sain, ce qu'il faut soigner et ce qu'il faut apprendre. Au quotidien, l'ange Mebahel permet de ne pas se laisser aller à la sensiblerie, de ne pas tomber dans les pièges tendus par trop d'affectivité. Parce que Mebahel donne un sens critique aigu, il permet de repousser les calomnies et les faux témoignages, l'immoralité et les déviations de toutes natures.

Cet ange, associé à la planète Jupiter, maître des dieux, apporte, pour le corps et l'esprit, maîtrise et sens de la mesure, contrôle de soi. Lorsque l'on invoque Mebahel, il aide à lutter contre ceux par qui le scandale, sous toutes ses formes, arrive. Il apporte aussi le don de déceler le vrai du faux, le juste de l'injuste.

MEBAHIAH (ANGE)

Si vous êtes né entre le 22 et le 26 décembre, votre ange gardien est Mebahiah, Principauté, dont le nom signifie « *Dieu éternel* ». Mebahiah encourage les tempéraments qui privilégient l'harmonie et la sagesse. Il leur accorde la capacité de séduire ceux qui les écoutent car ils savent partager leurs connaissances avec intelligence et finesse. Selon la tradition, Mebahiah permet de discerner la supériorité des choses de l'esprit et l'authenticité des sentiments. Les protégés de Mebahiah apprennent à mieux communiquer leurs sentiments et à stabiliser leurs échanges relationnels. Au quotidien, Mebahiah lutte contre l'hypocrisie et les mystifications de toutes sortes visant à profiter de la crédulité d'autrui. Mebahiah s'oppose aussi aux analyses trop méthodiques qui ignorent les raisons du cœur et de l'intuition.

Cet ange, associé à la planète Jupiter, a la maîtrise sur la fécondité et apporte sa bénédiction aux familles nombreuses. Lorsque l'on invoque l'ange Mebahiah, on lui demande son soutien pour faire preuve d'objectivité et de justice autant dans la vie affective que dans les relations sociales et professionnelles.

MÉDAILLE DE PROTECTION

Héritière des talismans de protection antiques et du culte médiéval des reliques, la croyance dans le pouvoir des médailles de protection, ou médailles miraculeuses, est toujours vivace. On trouve, dans le commerce, généralement dans des librairies spécialisées dans les arts occultes, ces médailles de protection. Avant de les porter en pendentif, et d'invoquer la protection du saint ou le personnage qu'elles symbolisent, il faut les bénir (*voir* ci-après)
Les prières et incantations — qui s'ouvrent et s'achèvent sur un signe de croix — seront, pour plus d'efficacité, courtes, mais intenses (un exemple de ces prières est précisé dans la fiche des saints concernés). D'une façon générale, il n'y a pas de méthode particulière pour s'adresser à un saint intercesseur ; c'est, comme les anges, un intermédiaire, un porte-parole, sans protocole, entre Dieu et vous. L'essentiel de la prière est dans la sincérité avec laquelle elle est prononcée ; le fond compte plus que la forme. Lorsque vous lui adressez votre invocation, en touchant la médaille miraculeuse qui porte son nom, inutile de crier ; il suffit de la prononcer mentalement. De préférence quand on est seul, afin de mieux se concentrer.
Bénédiction des médailles. Il est d'usage, lorsqu'on vient d'acquérir une médaille, de la faire bénir. Si un prêtre ne l'a pas fait, on peut l'effectuer soi-même, dans la plus grande discrétion (l'eau bénite, comme le cierge, ne sont pas indispensables). Déposer la médaille devant soi, sur un mouchoir ou un napperon blanc, et réciter :

Notre aide est dans le Nom du Seigneur, qui a créé le Ciel et la Terre. Seigneur, exaucez ma prière, et que mon cri monte jusqu'à Vous. Dieu Tout-Puissant et Éternel, qui ne nous défendez pas de tailler ou de peindre des images ou figures de vos Saints, faites que chaque fois que nous les regardons des yeux du corps, nous cherchions par les yeux de la mémoire à imiter leurs actes et leur sainteté. Daignez, nous Vous en supplions, bénir, et sanctifier cette médaille faite en l'honneur du bienheureux N... (préciser le nom du saint), et accordez à quiconque aura soin de prier avec dévotion devant cette image, en vertu de ses mérites et par votre faveur, toutes les grâces en cette vie, et la gloire éternelle dans l'autre. Par Notre-Seigneur Jésus-Christ. Amen.

(d'après un rituel de l'Abbé Julio)

MÉDAILLE MIRACULEUSE

Voir médaille de protection.

MÉDARD (SAINT)

Saint Médard vint au monde vers 456, près de Noyon. Son père, saint Nectard, était un Franc, sa mère une Gallo-romaine. Ordonné prêtre à l'âge de trente-trois ans, après des études en Picardie, il partit prêcher dans les campagnes. En 530, il fut élu évêque de Noyons, charge à laquelle il ajouta, en 532, celle de l'évêché de Tournai, et entreprit de convertir la Flandre. On pense qu'il mourut vers 545. Le roi Clotaire fit transférer ses restes à Soissons, qui était sa capitale. C'est ainsi que saint Médard devint patron de la ville. On attribue à saint Médard l'institution des fêtes de rosières, destinées à récompenser d'une rose, dans les villages, les jeunes filles les plus vertueuses. Selon sa légende, saint Médard, offusqué de voir des jeunes gens mal se conduire lors de bals célébrant le retour du printemps demanda à Dieu de faire tomber de fortes pluies pendant quarante jours, jusqu'au temps des moissons ; d'où le vieux dicton qui prétend que s'il pleut pour la Saint-Médard, il pleut pendant quarante jours (fête : le 8 juin). Patron des brasseurs, des laboureurs, des marchands de parapluie et des rosières.

MÉDARD (MÉDAILLE DE SAINT)

Invocation contre la luxure et le péché de chair lors de fêtes ou de bals, et pour préserver les adolescents d'expériences amoureuses traumatisantes.

Saint Médard, toi qui fis pleuvoir pour éteindre les feux de la débauche, que le Malin avait allumés, je te confie la chasteté de (nom de la personne) afin que ni son corps ni son âme ne soient entachés de la moindre souillure. Que les artifices de la tentation, et les périls de la tentation, à cause de son imprudence et de son inexpérience, lui soient évités ; éloigne de (nom de la personne) ces désirs sensuels qui sont armes du démon, et que son innocence soit préservée. Amen.

MEHIEL (ANGE)

Si vous êtes né entre le 5 et le 9 février, votre ange gardien est Mehiel, Archange, dont le nom signifie « *Dieu qui vivifie toutes choses* ». Mehiel permet de lier intuition et raisonnement intellectuel car il favorise l'ouverture aux différents moyens de communication, visibles ou invisibles, raisonnés ou intuitifs. Selon la tradition, Mehiel règne sur la grammaire ce qui permet à ses protégés de s'exprimer clairement, de convaincre en utilisant des formes qui font autorité par leur justesse et leur forme. Au quotidien, l'ange Mehiel permet de combattre les tendances velléitaires, aide à poursuivre les projets jusqu'à leur aboutissement. Il donne de la suite dans les idées et aide à réfuter les argumentations mensongères. Mehiel lutte contre les superstitions et les idées fausses.

Cet ange, associé à la planète Mercure, permet de mieux résister aux excès de fatigue, car il maîtrise la vue et la faculté de réflexion. Lorsque l'on invoque l'ange Mehiel, on lui demande son soutien pour rester ferme de ses convictions et ne pas subir les raisonnements des autres.

MELAHEL (ANGE)

Si vous êtes né entre le 13 et le 17 juillet, votre ange gardien est Melahel, Trône, dont le nom signifie « *Dieu qui délivre des maux* ». Melahel encourage la capacité permettant d'évaluer les situations et épreuves de l'existence. Il donne un esprit perspicace et lucide, ainsi qu'un sens affiné de la stratégie. Les protégés de Melahel sont des planificateurs et des gestionnaires. La tradition attribue à Melahel la vertu de l'espérance. Au quotidien, l'ange Melahel apporte aux individus l'amour nécessaire pour contrebalancer la froideur de la raison et de la logique. Melahel donne à ses protégés courage et hardiesse, ainsi que le besoin de rechercher dans la nature les secrets de la vie (phytothérapie) car le natif de ce signe a la main verte.

Melahel, associé à la Lune, accentue un penchant pour l'enfance, l'instinct maternel et la rêverie, incline à la fécondité tant sur le plan de l'esprit (créativité) que sur le plan physique (enfantement). Lorsque l'on invoque l'ange, il aide à surmonter les difficultés liées au mensonge, au vol et la fraude.

MENADEL (ANGE)

Si vous êtes né entre le 19 et le 23 septembre, votre ange gardien est Menadel, Vertu, dont le nom signifie « *Dieu adorable* ».

Menadel encourage ceux qui veulent cultiver la franchise et la spontanéité, mettre en œuvre une dynamique positive dans leurs entreprises. Pour la tradition, Menadel est chargé de réveiller en nous la puissance divine qui y demeure en secret. Au quotidien, l'ange Menadel préserve de l'imprudence et de la dispersion. Il combat l'envie de se montrer et « d'en faire trop », ce qui conduit à des efforts inutiles. En négatif, Menadel peut rendre trop conservateur.

Cet ange, associé à la planète Mercure, à la maîtrise sur la partie du cerveau qui nous relie à notre nature archaïque. Lorsque l'on invoque l'ange Menadel, on peut lui demander son soutien pour extirper de soi toute agressivité et violence liées au refus de s'adapter au monde tel qu'il est, et aux autres tels qu'ils sont.

MESURE DU CHRIST

Médaille de protection, dont la longueur, multipliée par 36, donne la taille du Christ, soit 5 cm x 36 = 180 cm. Mesure purement symbolique, car on ignore sa taille réelle... On l'invoque quand on se sent menacé, contre les catastrophes naturelles, pour réussir dans ses entreprises et trouver le bonheur dans sa vie intime.

MESURE DU CHRIST (MÉDAILLE DE LA)

Bénis sois-Tu, Jésus-Christ, Fils de Celui qui nous protège, qui a fortifié les serrures de nos portes, qui fait régner la paix jusqu'aux dernières frontières, qui nous donne le plus pur froment, qui donne la neige comme la laine épaisse, et qui disperse les nuées comme une cendre légère, et qui déchaîne les frimas ; mais qu'Il dise un mot, et toutes les glaces se fondent ; que son Esprit émette un souffle, et les eaux redeviennent liquides. Loué soit le Seigneur du haut des Cieux, loué soit Jésus-Christ son Fils ; Amen.

MICHAËL (ANGE)

Ange du Soleil. Ange de la lumière. Voir *Apocalypse (Anges dans l').*

MICHEL (SAINT)

Michel vient d'un mot hébreu signifiant « qui est comme Dieu ». Saint Michel est un archange, chef des légions célestes, vainqueur du démon dans l'Apocalypse de saint Jean. Il apparut à Jeanne d'Arc et l'envoya auprès de Charles VII. L'évêque d'Avranches, après une autre de ses apparitions, lui fit bâtir une église sur le mont... Saint-Michel. Saint Michel, que Dieu envoie arrêter le bras d'Abraham lors du sacrifice d'Isaac, ouvrir la mer Rouge devant Moïse ou aider Daniel à tenir tête aux lions dans la fosse, était prié (fête : le 29 septembre) par les grands pécheurs d'intercéder en leur faveur pour écourter leur séjour en Purgatoire.

MICHEL (MÉDAILLE DE SAINT)

Invocation lorsqu'on a commis une faute grave.

Saint Michel, archange des archanges, bras armé de Dieu, j'ai fauté et m'en repens ; Protège-moi, aide-moi dans mon combat contre le mal, afin que je ne périsse pas dans les profondeurs des enfers au jour du Jugement redoutable, et que je reste dans la Lumière céleste. Je te supplie, saint Michel, archange de Lumière qui te tiens près de Dieu, de recevoir mon pardon et de le lui transmettre, pour mon salut ; Amen.

MICHELINE (SAINTE)

Micheline est un dérivé de « Michèle ». Micheline, en Italie au début du XIVe siècle, mariée à 12 ans, veuve à 20, entra chez les franciscaines et donna sa fortune aux pauvres, à la grande colère de sa belle-famille, qui la fit emprisonner. Ses gardiens, émus par sa détresse, la délivrèrent. Pour ne pas les dénoncer, Micheline prétendit avoir été délivrée par des anges. Elle mourut au retour d'un pèlerinage en Terre Sainte (fête : le 19 juin).

MIHAËL (ANGE)

Si vous êtes né entre le 18 et le 22 novembre, votre ange gardien est Mihaël, Puissance, dont le nom signifie « *Dieu, Père secourable* ». Mihaël permet par son énergie de répandre ses connaissances, qu'elles soient issues de découvertes personnelles ou d'un enseignement reçu et bien assimilé. Messager réputé de la miséricorde céleste, Mihaël soutient la lutte contre les perversions. Selon la tradition, Mihaël peut faciliter la réalisation concrète des rêves et des ambitions. Au quotidien, l'ange Mihaël permet de distinguer ce qui est momentané et superficiel de ce qui est profond et éternel. Cet ange remet les choses et les êtres à leur juste place, et aide à surmonter les complexes d'infériorité qui interdisent de se lancer dans de nouvelles expériences. Il

atténue aussi les complexes de supériorité qui compromettent les espérances par trop d'ambition.
Cet ange, associé à la planète Vénus, a la maîtrise sur les désirs du corps et sur les sens, de la sexualité aux plaisirs de la table. Lorsque l'on invoque l'ange Mihaël, il aide à se libérer des conséquences d'anciennes actions, comme il aide à trouver l'apaisement aux âmes des défunts qui n'ont pas encore trouvé le repos dans l'Au-delà.

MIKAËL (ANGE)

Si vous êtes né entre le 19 et le 23 octobre, votre ange gardien est Mikaël, Puissance, dont le nom signifie « *Vertu de Dieu, Maison de Dieu* » ou « *Semblable à Dieu* ». Mikaël donne à ses protégés rayonnement, connaissance de ses propres valeurs, fermeté, rigueur et maturité. Il est le défenseur des valeurs religieuses, des institutions monastiques, et préserve ceux qui ont un pouvoir dans ces domaines. On lui donnait le rôle de défenseur de l'institution monarchique. Au quotidien, l'ange Mikaël apporte la confiance en soi et délivre de tout sentiment de culpabilité. Il lutte contre la froideur, l'intransigeance et les crises d'autorité.
Cet ange, associé à la planète Jupiter, donne un port majestueux, une belle physionomie et un geste large et décidé. Lorsque l'on invoque l'ange Mikaël, il aide à se libérer d'une timidité qui empêche de s'extérioriser et de rayonner dans le monde.

MITZRAËL (ANGE)

Si vous êtes né entre le 16 et le 20 janvier, votre ange gardien est Mitzraël, Archange, dont le nom signifie « *Dieu qui console les opprimés* ». Mitzraël encourage la rapidité d'esprit, la souplesse de raisonnement, et l'ingéniosité qui permet de surmonter les difficultés et de résoudre les problèmes. De plus, Mitzraël donne à ses protégés une grande inventivité et une intelligence créatrice qui surmonte les barrières mentales et les dogmes établis. Au quotidien, l'ange

Mitzraël donne la maîtrise des instincts et des pulsions que la conscience ne contrôle pas. De plus, il tempère l'esprit trop critique amenant les contradictions violentes et les disputes. Mitzraël donne à ses protégés une autorité naturelle qui leur permet de diriger les autres et de prendre de justes décisions.
Cet ange, associé au Soleil, maîtrise les formes du visage et les proportions harmonieuses du corps. Il accorde une douce et longue vieillesse. Lorsque l'on invoque l'ange Mitzraël on lui demande son soutien pour conserver la mémoire, approfondir les choses par la réflexion et atténuer l'excès de franchise qui fait parfois plus de mal que de bien.

MONIQUE (SAINTE)

Monique vient du mot grec *monos*, « unique ». Sainte Monique, née à Carthage au IVe siècle, fut la mère de saint Augustin, qu'elle convertit après une jeunesse agitée. Elle était invoquée (fête : le 27 août) par les mères qui désiraient ramener leurs fils dans le droit chemin.

MUMIAH (ANGE)

Si vous êtes né entre le 16 et le 20 mars, votre ange gardien est Mumiah, Ange, dont le nom signifie « *Fin de toutes choses* ». L'Ange mumiah favorise la capacité de percevoir les énergies diffusées par l'entourage. Il soutient l'imagination qu'il rend créatrice et réceptive au monde extérieur. Selon la tradition, Mumiah accorde le don de reconnaître par le toucher le passé de certains objets ayant été possédés par des individus au psychisme puissant. Au quotidien, l'ange Mumiah donne les qualités positives permettant de lutter contre l'instabilité psychique, le stress et les tendances neurasthéniques. Il combat les tendances velléitaires, les illusions et la fuite devant la réalité. Cet ange procure aussi à ses protégés le don de la communication spirituelle, l'intelligence des choses cachées, l'approche des mystères du monde.

180 - MUMIAH (ANGE)

Mumiah, associé à la Lune et Saturne, régit le sens du toucher et a la maîtrise sur la vieillesse dont il atténue les infirmités et les souffrances. Lorsque l'on invoque l'ange Mumiah, il évite d'avoir un esprit critique trop négatif. Il aide à acquérir du réalisme.

N

NAISSANCE (CHOIX DE SON ANGE
gardien selon son jour de...)
Voir en annexe.

NANAËL (ANGE)
Si vous êtes né entre le 13 et le 16 décembre, votre ange gardien est Nanaël, Principauté, dont le nom signifie « *Dieu qui rabaisse les orgueilleux* ». Nanaël soutient ceux qui ont une nature affective chaleureuse et démonstrative et qui extériorisent leurs sentiments. Il accroît la confiance en soi, ce qui augmente encore la séduction. Selon la tradition, Nanaël a la faculté de favoriser la naissance d'un nouvel âge de conscience, d'un nouvel amour. Au quotidien, Nanaël évite d'être toujours préoccupé par son ego, de ne voir les rapports avec autrui qu'en fonction de son affectivité, sans tenir compte des besoins sentimentaux réels des autres. Parce que Nanaël rend peu communicatif et solitaire, il incite aussi à préférer la méditation et la quête spirituelle aux plaisirs mondains et éphémères.
Cet ange, associé à la planète Saturne, a la maîtrise sur la notion de temps et d'immobilité, et favorise le jeûne, la méditation et les exercices de recueillement. Lorsque l'on invoque l'ange Nanaël, il aide à lutter contre la jalousie et l'envie pour des biens matériels sans durée ni importance.

NARCISSE (SAINT)

Narcisse vient d'un mot grec désignant cette fleur, à partir de la racine *narkos*, « sommeil ». Saint Narcisse fut évêque de Rome au IIe siècle : élu à ce siège alors que déjà centenaire, il l'aurait occupé seize ans !
Saint Narcisse, nouveau Mathusalem, était invoqué (fête : le 29 octobre) par ceux qui voulaient vivre vieux. Le premier Narcisse, d'après la mythologie, fut un Grec, jeune et beau, qui, en se mirant dans une fontaine, tomba amoureux de sa propre image. Il mourut de langueur en se contemplant ; à sa place, poussa la fleur qui porte son nom.

NATHALIE (SAINTE)

Nathalie vient du latin *natalis*, « jour de naissance », allusion à celui du Christ. Sainte Nathalie, au IVe siècle, vivait en Turquie où elle visitait les prisons afin de soigner les chrétiens qu'on y avait suppliciés. Elle l'aurait payé de sa vie, partageant le supplice de son époux, saint Adrien (*voir* ce prénom). Selon une autre légende, elle aurait réussi à s'enfuir à Constantinople, où elle aurait achevé ses jours dans la prière et la charité. Elle était invoquée (fête : le 27 juillet) pour venir en aide aux blessés.
Sainte Nathalie aurait, au IXe siècle à Cordoue, ville musulmane, subi le martyre en compagnie de son époux saint Aurèle. Elle avait caché qu'elle était chrétienne jusqu'à ce qu'elle voit un coreligionnaire fouetté en public. Elle osa alors, par défi, se promener sans son voile islamique, et fut décapitée.

NELCHAËL (ANGE)

Si vous êtes né entre le 2 et le 7 juillet : votre ange gardien est Nelchaël, Trône, dont le nom signifie « *Dieu seul et unique* ». Nelchaël encourage la fermeté et le sang-froid devant les difficultés, soutien la bravoure et la détermination face à l'adversaire. Il donne le sens de la responsabilité. Cette fermeté va de pair avec la charité et la compassion. Au

quotidien, l'ange Nelchaël permet d'atténuer l'orgueil qui pousse à défier inconsidérément l'adversaire ou le destin, et plutôt que de se rebeller contre l'adversité, permet de prendre ses distances face aux événements et aux sentiments, d'assumer sereinement ses responsabilités.
Cet ange, associé à la planète Mercure, influence ce qui dans le cerveau dirige l'intelligence et la logique ; il permet ainsi une meilleure compréhension des abstractions et des mathématiques. Lorsque l'on invoque l'ange Nelchaël, il aide à entrevoir tous les facteurs qui déstabilisent l'individu, qu'ils soient sociaux ou provoqués par l'ignorance des principes spirituels.

NEMAMIAH (ANGE)

Si vous êtes né entre le 1er et le 5 janvier, votre ange gardien est Nemamiah, Archange, dont le nom signifie « *Dieu louable* ». Nemamiah encourage toutes les démarches qui apportent davantage de discernement et de compréhension. Nemamiah donne aussi l'énergie nécessaire pour dépasser les conventions et rechercher dans ses intuitions la part de vérité qu'elles recèlent. Au quotidien, l'ange Nemamiah lutte contre les troubles mentaux, contre l'excentricité et l'artificiel. Nemamiah apporte son aide à ses protégés pour qu'ils triomphent de leurs difficultés d'expression issues souvent d'une trop grande nervosité. Nemamiah apporte ainsi le calme et la sérénité nécessaires aux chefs d'entreprise et à ceux qui mettent leur énergie au service des justes causes.
Cet ange, associé à la planète Mars, suscite un corps vigoureux et une grande maîtrise physique. Lorsque l'on invoque l'ange Nemamiah on lui demande son soutien pour effacer de soi une trop grande susceptibilité qui transforme les critiques, même constructives, en affront.

NESTOR (SAINT)

Nestor est le prénom d'un vieux roi, dont la vie couvre trois générations, héros de la guerre de Troie, et qui passe son temps, en vain, à vouloir réconcilier les Grecs entre eux. Saint Nestor, évêque en Turquie au IIIe siècle, condamné à être crucifié, demanda à Dieu, alors que ses bourreaux l'emmenaient au supplice, de faire cesser la pluie, afin que ces derniers ne soient pas mouillés ! Depuis, saint Nestor (fête : le 26 février) est invoqué pour faire cesser la pluie.

NICOLAS (SAINT)

Nicolas vient du grec *niké*, « victoire », et de *laos*, « peuple ». Saint Nicolas, évêque de Myre, en Turquie au IVe siècle, entra un jour chez un aubergiste qui venait d'égorger, de découper et de mettre au saloir de trois jeunes enfants afin de les donner à manger ultérieurement à ses clients. Saint Nicolas ressuscita les petits, et pardonna à l'aubergiste. Une autre fois, il fit parvenir à un homme ruiné une bourse pleine d'or afin qu'il renonce à son projet de prostituer ses trois jeunes filles pour subvenir aux besoins de sa famille. Saint Nicolas, patron de la Russie et de la Lorraine, (fête : le 6 décembre) protecteur des petits enfants et des jeunes filles pauvres, est invoqué lors des maladies infantiles.

NICOLAS (MÉDAILLE DE SAINT)

Invocation en cas de fièvre chez l'enfant.

Bon saint Nicolas, toi qui aimas tant les enfants, prends pitié de celui pour qui je prie ; Tu te plaisais à les bénir et à les embrasser, et tu ressuscitas de petits martyrs ; Chasse le démon qui est en lui, malgré son innocence, et guéris-le de cette maladie qui le tourmente et l'enfièvre ; merci de veiller sur lui, bon saint Nicolas, et, je t'en supplie, de lui redonner la santé ; Amen.

NITHAËL (ANGE)

Si vous êtes né entre le 17 et le 21 décembre, votre ange gardien est Nithaël, Principauté, dont le nom signifie « *Roi des Cieux* ». Nithaël encourage les tempéraments qui privilégient la finesse et la sensibilité, et les êtres qui respectent les valeurs traditionnelles et la personnalité d'autrui. Nithaël ajoute à cela le sens de la diplomatie, le tact et la sincérité dans les relations, qu'elles soient amicales ou sentimentales. Selon la tradition invoquer Nithaël permet d'éveiller des qualités de cœur allant de la compassion aux élans amoureux. Au quotidien, l'ange Nithaël permet de résister au besoin immodéré de jouissance et de plaisir sensuel, de lutter contre le luxe et la désinvolture. Il aide aussi à ne pas être dupe des masques et des êtres négatifs qui se cachent derrière leur beauté.

Cet ange, associé à la planète Saturne, a dans le corps la maîtrise de la longévité et de la santé. Lorsque l'on invoque l'ange Nithaël, il aide à résister aux débordements d'une émotivité exagérée et d'une sentimentalité risquant de submerger la raison.

NITH-HAIAH (ANGE)

Si vous êtes né entre le 23 et le 28 juillet, votre ange gardien est Nith-Haiah, Domination, dont le nom signifie « *Dieu qui donne avec sagesse* ». Nith-Haiah encourage l'altruisme et la tolérance. Nith-Haiah apporte à ses protégés le goût du geste gratuit et désintéressé. Il aide à pratiquer les exercices de méditation qui amènent à la sérénité, au vide mental (vacuité) une fois ôtées les barrières de l'intellect, voire au mysticisme. Au quotidien, cet ange contribue à la stabilité psychologique de ses protégés et leur apporte une réserve qui les fait apprécier en société ; il les encourage à préférer la stabilité et la profondeur aux débordements incontrôlables.

Cet ange, associé à la planète Saturne, participe, dans le corps humain, à la maîtrise de la taille qu'il fait robuste et haute, et du visage qu'il modèle empreint de sagesse et de sérénité. Lorsqu'on invoque cet ange, il aide à surmonter les difficultés liées à l'égarement dans un monde violent et envers lequel on se sent de plus en plus étranger.

NOTRE-DAME DES MIRACLES

Pendant le Moyen Âge, on a recensé les miracles dus aux saints et à leurs reliques, et les miracles, encore plus nombreux, dus à la Vierge Marie, dont le culte, celui de Notre-Dame, est général. On attribue même à Notre-Dame des miracles qui remontent avant l'introduction du christianisme en Gaule, et qui font partie des vieilles légendes celtes. Dans la plupart des régions sont bâties des églises dédiées à Notre-Dame du Miracle. C'est dans une église Notre-Dame du Miracle, près d'Orléans, que Jeanne d'Arc trouve son épée. On l'invoque pour résoudre un grave problème qui peut être aussi bien sentimental que médical, concerner la vie familiale que la vie sociale.

NOTRE-DAME DES MIRACLES (MÉDAILLE DE)

Notre Dame, toi qui, à l'invocation de ton nom, fais des miracles, baisse les yeux sur ton enfant qui souffre, et accorde-lui la grâce de ton regard; Notre Dame des Sept Douleurs, pleine de larmes, toi dont un glaive de souffrance transperça l'âme si douce quand Jésus fut mis en croix, je vénère ta douleur, et me repends du mal que j'ai fait, afin que la Passion de Notre-Seigneur Jésus n'ait pas été vaine; Notre-Dame sainte Marie, Reine du Ciel et Maîtresse du monde, mère du Rédempteur, écoute ma requête, et ne repousse pas ma prière; j'ai dans mon cœur les plaies du Crucifié : je t'en conjure, guéris-m'en; Notre-Dame Vierge, Mère de Dieu, qui te tiens auprès du Seigneur, intercède en ma faveur, afin qu'il détourne de moi sa colère; Amen.

O

OCTAVE (SAINT)

Octave vient du latin *octavius*, « huitième ». L'Octave (ou Octavien) le plus célèbre est le petit-neveu de Jules César, qui devint empereur sous le nom d'Auguste. Saint Octavien fut, lui, un prêtre martyr de Carthage, au ve siècle. Bien invoqué (fête : le 20 novembre), il hâtait la cicatrisation des petites plaies.

ODILE (SAINTE)

Odile vient du germain *Odo*, « richesse ». Sainte Odile, à l'époque mérovingienne, naquit aveugle. Son père, comte d'Alsace, qui désirait un garçon, voulut la tuer. Sa mère la mit à l'abri dans un monastère. Baptisée, Odile recouvra miraculeusement la vue. Elle revint chez son père, qui voulut la marier. Elle dut s'enfuir, avant de revenir. Son père lui offrit un château dont elle fit un monastère et un hôpital (sur le mont Saint-Odile) où elle mourut en 720. Patronne de l'Alsace (fête : le 13 décembre), elle était invoquée contre la varicelle et la cécité.

ODILE (MÉDAILLE DE SAINTE)

Invocation contre la varicelle et la cécité.

> *Sainte Odile, toi à qui l'eau du baptême lava les yeux et donna la vue, guéris-moi (ou nom de l'enfant) du mal qui m'aveugle ; toi qui soignais les pauvres et enseignais les nonnes, fais entrer*

la lumière dans mon âme et la santé dans mon corps; Que ta douceur et ta foi deviennent la mienne; Amen.

ODILON (SAINT)

Odilon est un dérivé masculin d'« Odile ». Saint Odilon au XIe siècle, porta l'abbaye de Cluny à son apogée; on lui doit la fête : de la Toussaint (fête : le 11 mai).

OMAËL (ANGE)

Si vous êtes né entre le 19 et le 23 août, votre ange gardien est Omaël, Domination, dont le nom signifie « *Dieu patient* ». Omaël soutient les qualités qui viennent du cœur, gentillesse, sensibilité, tolérance, tact et délicatesse. L'ange Omaël apporte, par l'amour de l'autre, un enrichissement social, professionnel et moral de grande valeur. Au quotidien, l'ange Omaël permet de lutter contre l'hypocrisie et les tentations que l'on peut avoir de manipuler son prochain.
Cet ange, associé à la planète Mars, maîtrise la fécondité féminine et les organes de la maternité. Lorsque l'on invoque Omaël, il aide à déjouer les pièges de la séduction et de la manipulation.

OMER (SAINT)

Omer vient du germanique *ald* « ancien », et *ward* « garde ». Saint Omer, moine du VIIe siècle, fonda le monastère qui a donné son nom à la ville qui a été bâtie autour. Saint Omer, aveugle sur la fin de sa vie, était invoqué (fête : le 9 septembre) pour rendre la vue aux aveugles.

ORIFIEL (ANGE)

Ange de Saturne. Ange des solitudes. Voir *Apocalypse (Anges dans l')*.

OURIEL (ANGE)

Nom de plusieurs personnages bibliques et de l'un des quatre archanges. Ouriel, placé à la gauche du trône de Dieu, donne à Israël l'expiation et la lumière.

P

PADRE PIO (SAINT)

Francesco Fiorgione (qui deviendra Padre Pio) naît le 25 mai 1887 dans un village d'Italie du Sud, au sein d'une famille pieuse. Très jeune, il a des visions de la Vierge, mais aussi du diable, qu'il chasse en faisant le signe de croix. À 11 ans, il entre, malgré une santé chancelante, chez les capucins, devenant fra Pio. En 1916, souffrant de plusieurs maladies, restées encore inexpliquées, il entre au convent de san Giovanni Rotondo, qu'il ne quittera plus. Le 20 septembre 1918, il reçoit aux mains et aux pieds les cinq stigmates, là où le Seigneur a eu les chairs transpercées sur la voix, et ne cessera de garder ces plaies, sanglantes, jusqu'à sa mort. Les foules commencent à accourir pour se confesser à lui et assister à ses messes. Padre Pio a le don de clairvoyance : il sait d'avance ce que les pécheurs vont lui confesser avant qu'ils n'aient ouvert la bouche, et opère des guérisons miraculeuses. Il confesse environ soixante-dix personnes par jour, malgré son épuisement. À partir du mois de mars 1968, il ne peut plus se déplacer qu'en fauteuil roulant. Le 23 septembre 1968, il expire à l'aube alors qu'il célébrait la messe. Alors que les moines lui glissent un rosaire entre les mains, ils constatent que les stigmates ont disparu. Padre Pio est canonisé le 16 juin 2002 (fête : le 23 septembre) par le pape Jean-Paul II. On l'invoque contre la souffrance et les forces du mal.

PADRE PIO (MÉDAILLE DE SAINT)

Le padre Pio écrivit cette prière, qu'il suffit de reprendre, lorsqu'on veut l'invoquer :

Ô Mère, mets-en moi cet amour qui brûlait en ton cœur pour ton Fils. Moi qui suis si faible, j'admire le mystère de ton Immaculée Conception. Je le désire ardemment : purifie mon cœur pour qu'il puisse mieux aimer Dieu; purifie mon esprit pour qu'il puisse s'élever à lui et le contempler, l'adorer et le servir en esprit et en vérité ; purifie mon corps pour qu'il devienne un tabernacle moins indigne de le recevoir, lorsqu'il viendra en moi dans l'Eucharistie. Ensuite, l'on conclut avec l'une de ses formules : Que l'Esprit-Saint me comble de ses très Saints Dons, qu'il me sanctifie, me guide dans les voies du Salut éternel et qu'il me réconforte dans mes innombrables afflictions. Amen.

PAHALIAH (ANGE)

Si vous êtes né entre le 27 juin et le 1er juillet, votre ange gardien est Pahaliah, Trône, dont le nom signifie « *Dieu rédempteur* ».

Pahaliah encourage la bravoure, la ténacité, la résistance morale et physique dans l'adversité. Cet ange soutient le moral de ceux qui tiennent leur cap dans la tempête sans se laisser aller au découragement. Pour la tradition, Pahaliah est le principal dispensateur de force mesurée, permettant de maîtriser ses énergies sans recourir à la violence. Au quotidien, Pahaliah aide à se défendre. Cet ange soutient le moral des combattants, fait disparaître le découragement, le sentiment d'impuissance ou de résignation. Généralement, les protégés de Pahaliah sont marqués par la piété et la fidélité et se tournent souvent vers la philosophie. Un grand nombre de religieux se trouvent parmi eux.

Cet ange, associé aux planètes Saturne et Vénus, donne à ses protégés une grande maîtrise sur les instincts sexuels. Ils peuvent se consacrer facilement aux études de longue durée. Lorsque l'on invoque l'ange Pahaliah, il aide à mieux résister à l'agressivité, à la violence collective et à la brutalité de la civilisation urbaine.

PARADIS

Du grec *paradeisos,* « jardin », « verger » et, par extension, « séjour des bienheureux ». Dans la Bible, le jardin d'Éden est nommé « Paradis » tandis que le christianisme donne ce nom au séjour des âmes justes, après la mort. Après le Jugement dernier, qui succédera à la résurrection de tous les morts, les saints demeureront dans la Jérusalem céleste, « ville d'or » sur laquelle règne le Christ.

Pour l'islam, *al Janna* est le paradis, lieu d'éternité, de délices et de joie, un jardin fleuri où l'eau jaillit continuellement. Pour le bouddhisme, le paradis d'Amitabha est un séjour heureux, d'un accès facile, qui attend les fidèles fervents. Pratiquement toutes les religions, de l'Antiquité à l'ère moderne, évoquent un mythique paradis perdu, un merveilleux âge d'or, antédiluvien, qui a peut-être donné naissance à ce paradis futur qu'annoncent toutes les religions du monde.

PASCAL (SAINT)

Pascal signifie en latin *l'homme de Pâques.* Saint Pascal, né dans une famille de pauvres paysans, en Espagne au XVIe siècle, devint un humble moine franciscain. Sa piété était telle qu'il pouvait guérir des malades en priant, ou faire tomber la pluie en cas de sécheresse. Il était invoqué (fête : le 17 mai) contre les maux de gorge parce qu'il avait failli étrangler une jeune fille dans le corps de laquelle le diable s'était caché pour le mettre à l'épreuve... Le diable, qui n'était pas si mauvais, se retira juste avant qu'elle n'expire sous la poigne de saint Pascal, qui ne badinait pas avec la chasteté !

PATRICIA (SAINTE)

Patricia est un dérivé féminin de « Patrick ». Sainte Patricia fut martyrisée au début du IVe siècle. On l'invoquait (fête : le 13 mars) pour apaiser les disputes conjugales.

PATRICK (SAINT)

L'origine de saint Patrick est obscure : était-il Franc, Écossais ou Gallo-Romain ? Il naquit vers 380, près de Boulogne-sur-Mer selon les uns, en Écosse selon les autres. Son père était diacre et sa mère une parente de saint Martin de Tours. À l'âge de seize ans, il fut enlevé par des pirates, et vendu comme esclave en Irlande. Son maître le maltraitait. Au bout de six ans, il parvint à s'enfuir en Écosse, et, sitôt libre, songea à entrer dans les ordres, afin de pouvoir évangéliser les païens irlandais. Auparavant, il étudia dans les grands monastères de Marmoutier (Touraine) et de Lérins (Méditerranée). Il avait quarante ans passés lorsqu'il partit pour l'Irlande, malgré l'opposition de sa famille et des évêques, qui jugeaient son entreprise aussi téméraire qu'inutile. Son premier soin fut de s'adresser aux chefs de clan, qui jouissaient d'une influence toute-puissante ; il en convertit plusieurs, et avec eux un grand nombre de guerriers. Pendant vingt ans, menant une vie aussi austère qu'exemplaire, il établit des couvents, bâtit des églises, ordonna des prêtres. Il mourut vers 465, après avoir soumis presque toute l'Irlande à l'Évangile, et réconcilié les chefs de ses clans. C'est à lui que les Irlandais doivent le trèfle comme emblème : il l'utilisait pour symboliser la sainte Trinité (fête : le 17 mars).

PATRICK (MÉDAILLE DE SAINT)

Invocation pour mettre fin aux discordes :

> *Saint Patrick, qui fus esclave et qui te libéras, dégage-moi des chaînes de la haine, rends à mon cœur sa liberté d'aimer ; Saint Patrick, qui, à la surprise du monde, réconcilias les rois d'Irlande et en fis des chrétiens, apaise ma discorde, et fais-moi l'oublier ; je pardonnerai comme tu as pardonné à ceux qui t'avaient maltraité, je tendrai la main à celui que je voulais frapper, car seul l'amour de Dieu ne se discute pas ; Amen.*

PAUL (SAINT)

Paul vient du latin *paulus,* « faible ». Saul persécutait les premiers chrétiens en Palestine jusqu'à ce que, sur le chemin de Damas, une vive clarté (qui l'aveugla) le jette à bas de son cheval et que le Christ s'adresse à lui pour en faire son apôtre. Arrivé à Damas, il se fit baptiser, devint Paul, recouvra la vue, rencontra les apôtres et parcourut l'Empire romain en prêchant jusqu'à ce que Néron le fasse arrêter, à Rome, et décapiter en 67 (fête : le 29 juin; conversion : le 25 janvier). Surnommé « l'Apôtre des Nations », d'un zèle apostolique inébranlable, il organisa nombre d'Églises naissantes. Il est l'auteur des épîtres qui portent son nom, dans le Nouveau Testamand.

PAUL (MÉDAILLE DE SAINT)

Invocation contre la luxure et le dérèglement des mœurs.

Bienheureux saint Paul, apôtre des Gentils, que Dieu illumina sur le chemin de Damas, aide-moi (ou aide X..., si l'on prie pour une personne à son insu), égaré(e) dans les voies tortueuses de la vie, à trouver la Lumière. Comme toi, j'ai été aveuglé, comme toi j'ai d'abord choisi les mauvais chemins. Toi qui as su te pénétrer de la force de Dieu pour mieux prêcher sa Parole, donne-moi un peu de cette force, afin que je puisse dominer mes mauvais penchants, et vaincre ces démons de la chair qui me poussent au péché. Tes paroles sont chastes, tes écrits sont justes et purs; qu'ils soient mon modèle, que ma conduite devienne irréprochable, que mes pensées soient chastes et pures, et que mes actions soient justes et pures. Éloigne de moi les impies pervers. Toi qui, plusieurs fois, connus les liens de la prison, délivre-moi de la luxure. Amen.

Un saint Paul (fête : le 15 janvier), ermite en Égypte pendant presque cent ans au IIIe siècle, était invoqué contre les morsures de serpent.

Un saint Paul (fête : le 8 février), conseiller du roi Dagobert et évêque de Verdun au VIIe siècle, patron des boulangers, était invoqué lorsqu'on n'avait pas de bois pour se chauffer.

Saint Paul de Narbonne (fête : le 22 mars), évangélisa au IIIe siècle le sud-ouest de la Gaule; il était invoqué contre les cas de folie douce et de mélancolie.

Saint Paul de la Croix (fête : le 19 octobre), au XVIIIe siècle, fonda un ordre, en Italie, pour former prédicateurs et missionnaires ; il était invoqué par les étudiants avant de passer un examen.

PENTAGRAMME (MÉDAILLE)

Le pentagramme est moins une médaille qu'un talisman, c'est-à-dire qu'il a des origines païennes. Dans l'Antiquité, le pentagramme était un signe de reconnaissance entre les disciples de Pythagore, parce que, clef de la Haute-Science, il ouvrait la voie du secret. Les Pythagoriciens traçaient ce symbole à la fin de leur correspondance, en guise de salutations. On utilisait aussi le pentagramme pour garder une bonne santé en plaçant, à chaque pointe de l'étoile, une lettre du mot UGEIA, déformation du nom de la déesse de la santé, Hygie. Les francs-maçons appellent le pentagramme l'Étoile flamboyante. Le pentagramme symbolise encore l'étoile de Vénus, donc le mariage, le bonheur, l'accomplissement. Médaille de forces et de puissances occultes, parce qu'elle fait la synthèse des forces complémentaires qui s'exprime à travers les cinq pointes de son étoile, elle protège des démons malfaisants, et, en général, du mal sous toutes ses formes.

On l'invoque pour se protéger du mal et de l'adversité.

> *Par les cinq pointes de ce pentagramme, pointé vers le ciel, qui connaît mon combat, Que les gémissements de mon cœur deviennent des rugissements, Que la lumière d'amour revienne dans mes yeux éteints, Que les humiliations fouettent mon orgueil Que ceux qui ont souhaité mon malheur deviennent muets. Et que je rende à tous, sans distinction, le bien pour le mal ; Amen.*

PHILIBERT (SAINT)

Philibert est la germanisation du prénom « Philippe ». Saint Philibert (ou Philbert) fonda, au VIIe siècle, les monastères de Jumièges et de Noirmoutier. Est-ce parce qu'il implanta ses monastères en des contrées humides ? Il était invoqué (fête : le 20 août) contre les angines.

PHILIPPE (SAINT)

Philippe vient des mots grecs *philein,* « aimer », et *Hippos,* « cheval ». Saint Philippe fut l'un des douze apôtres. Venu de Galilée, il alla évangéliser les Scythes, au nord de la mer Noire, qui le crucifièrent, la tête en bas, comme saint Pierre. Il était invoqué (fête : le 3 mai) par les boiteux, et contre les serpents ; il était aussi le protecteur des chapeliers, à cause de son martyre, la tête en bas.
Saint Philippe Néri (fête : le 26 mai) qui, au XVIe siècle, annonçait l'Évangile dans les bouges, devint prêtre vers 40 ans et fut le confesseur à la mode à Rome. Il fonda l'ordre des oratoriens, qui se spécialisèrent dans l'éducation des jeunes gens de bonne famille.

PIERRE (SAINT)

Pierre vient du latin *petra,* « pierre ». Saint Pierre, pêcheur sur le lac de Tibériade, quitta tout pour suivre Jésus, avec son frère André. Jésus le désigna comme chef des apôtres. À sa mort, il prêcha à Jérusalem, puis en Samarie, à Antioche et à Rome, dont il fut le premier évêque (et donc le premier pape), et mourut sous le règne de Néron. Condamné à être crucifié, il demanda à ce que ce soit la tête en bas, par humilité par rapport au Christ. Patron des banquiers, des menuisiers, de ceux qui vivent du poisson et des tailleurs de pierre, il était invoqué (fête : le 29 juin) pour attendrir les... cors au pied.

PIERRE (MÉDAILLE DE SAINT)

Invocation contre les maux de jambes et de pieds, et plus particulièrement les cors et les durillons.

Bienheureux saint Pierre, prince des Apôtres, solide comme la pierre sur laquelle le Christ a bâti son Église, redonne force à mes jambes, redonne sûreté à mon pas, redonne santé à mes pieds, que je puisse, comme toi, aller par les chemins pour nter les louanges de Dieu Tout-Puissant, et combattre les nemis de la Foi. Amen.

Saint Pierre d'Alcantara (fête : le 19 octobre), de noblesse espagnole, au XVIe siècle, abandonna gloire et richesse pour devenir franciscain. Mystique, en proie à des extases, il réforma une branche de son ordre, imposant encore plus de rigueur, et aida sainte Thérèse d'Avila à réformer le Carmel.

POIËL (ANGE)

Si vous êtes né entre le 27 et le 31 décembre, votre ange gardien est Poiël, Principauté, dont le nom signifie « *Dieu qui soutient l'Univers* ». Poiël encourage les tempéraments qui privilégient la tendresse et l'affectivité et montrent de la douceur dans leurs relations. Poiël possède une sensibilité très vive et une réceptivité qui l'est tout autant, et qu'illustre l'amour maternel. Au quotidien, Poiël lutte contre la nonchalance et la passivité qui incitent à ne pas assumer ses responsabilités sous couvert de timidité ou d'humilité. Ceux qui prient Poiël parviennent à acquérir assez de maturité pour combattre cette instabilité émotionnelle qui devient au fil des ans un véritable handicap dans le domaine social et affectif. Poiël donne un tempérament agréable, et le sens de la dignité.

Cet ange, associé à la planète Mercure, a la maîtrise sur le corps, et fait se cambrer les humbles, et se voûter les orgueilleux. Lorsque l'on invoque l'ange Poiël, on lui demande son soutien pour arriver enfin à se détacher des anciens schémas de vie, de se couper de l'environnement maternel ou familial afin de vivre totalement les expériences de l'existence comme, par exemple, une nouvelle vie de couple.

PRINCIPAUTÉ

Voir *Hiérarchie des anges gardiens.*

PRISCILLA (SAINTE)

Priscilla est un dérivé de « Prisca », prénom latin emprunté au mot *priscus,* « ancien ». Sainte Priscilla, ou Priscille, au Ier siècle, serait l'une des premières Romaines chrétiennes à avoir été martyrisées. Elle aurait accueilli saint Pierre et mit ses biens à sa disposition, lorsqu'il était venu s'installer à Rome. Elle était invoquée (fête : le 18 janvier) lors des crises de folie.

PROSPER (SAINT)

Prosper vient du latin *prosperus,* « prospère », « favorable ». Saint Prosper, originaire d'Aquitaine, fut au Ve siècle, évêque en Italie ; cet érudit, qui aida le Pape à combattre des hérésies, aimait à s'exprimer en vers. Patron des poètes, il était invoqué (fête : le 25 juin) par les muets pour les aider à combattre leur infirmité.

PUISSANCE

Voir *Hiérarchie des anges gardiens.*

QUENTIN (SAINT)

Quentin vient du latin *quintus,* « cinquième ». Saint Quentin, issu d'une grande famille romaine, s'installa dans la région d'Amiens, au IIIe siècle, afin de l'évangéliser. Le chef franc local le fit percer avec des broches du cou aux cuisses, puis lui fit enfoncer des clous rougis au feu dans le crâne, avant de le décapiter. Le lieu de son supplice est devenu la ville de Saint-Quentin, dans l'Aisne. Il était invoqué (fête : le 31 octobre) contre la toux.

R

RACHEL (SAINTE)

Rachel vient d'un mot hébreu signifiant « brebis ». Héroïne de la Bible, Rachel est la seconde épouse de Jacob qui, malgré son amour pour elle, a dû épouser en premières noces Léa, sa sœur aînée, après avoir été trompé par Laban, père des deux jeunes filles. De Jacob, Rachel a deux fils, Joseph et Benjamin (elle meurt en le mettant au monde). Sainte Rachel était la patronne des mutilés de guerre.

RAPHAËL (SAINT)

Raphaël, en hébreu, signifie « Dieu nous guérit ». Raphaël est l'un des sept archanges de la Bible, qui guérit Tobie devenu aveugle, ou qui délivre Sara d'un démon qui l'avait rendue sept fois veuve. Saint Raphaël était patron des voyageurs (fête : le 29 septembre).

RAPHAËL (MÉDAILLE DE SAINT)

Invocation contre le mal de mer, contre la paralysie ou pour faire un bon voyage :

Saint Raphaël, gardien du Trône de Dieu, donne-moi la force de toujours marcher dans les voies que le Seigneur m'a tracées, protège-moi des dangers et périls qu'il me faudra traverser, détourne de moi la maladie, et le Malin. Amen.

RAPHAËL (ANGE)

Ange de Mercure. Ange civilisateur. Voir *Apocalypse (Anges dans l')*.

RAYMOND (SAINT)

Raymond vient du germanique *rad,* « conseil », et *mund* « protection ». Saint Raymond de Penafort (Catalogne) fut, au XIIIe siècle, général des dominicains et évêque de Barcelone. Il appartenait à la famille des rois d'Aragon, ce qui ne l'empêchait pas d'être exigeant avec eux : Jacques Ier, s'étant rendu dans l'île de Majorque (où saint Raymond séjournait alors) avec sa maîtresse, Raymond exigea son départ. Le roi ayant refusé, Raymond décida de regagner, lui, le continent. Comme il n'y avait pas de bateau, il jeta son manteau sur l'eau, y planta son bâton comme mât, et relevant un pan du manteau pour faire voile, fit la traversée jusqu'à Barcelone, en six heures ! Patron des théologiens, il était invoqué (fête : le 7 janvier) contre le hoquet, et contre les naufrages.
Saint Raymond Nonnat (fête : le 31 août), est chef, au XIIIe siècle, d'un ordre monastique espagnol chargé de racheter les chrétiens prisonniers des musulmans. Il s'offrit lui-même en otage. Pour l'empêcher de convertir ses geôliers, on lui ferma la bouche avec un cadenas jusqu'à la remise d'une rançon. Il était invoqué par ceux qui étaient injustement emprisonnés.
Saint Raymond Lulle (fête : le 3 juillet), moine franciscain espagnol du XIIIe siècle, fut alchimiste, philosophe et missionnaire. Octogénaire, il se rendit en Algérie pour prêcher ; la population le lapida.

REHAËL (ANGE)

Si vous êtes né entre le 4 et le 8 octobre, votre ange gardien est Rehaël, Vertu, dont le nom signifie « *Dieu qui reçoit les pécheurs* ». Rehaël suscite le discernement et le juste jugement, la rapidité d'esprit qui permet de s'adapter aux exi-

gences de la nécessité. Cette adaptabilité, qui se voit notamment dans l'adresse manuelle, apporte maîtrise et sûreté dans de multiples circonstances. Selon la tradition, Rehaël donne la force de ne pas se laisser influencer par les rumeurs négatives. Au quotidien, l'ange Rehaël permet de lutter contre l'hésitation stérile.
Cet ange, associé à la planète Mars, influence la longévité car il préserve le corps de l'usure prématurée. Lorsque l'on invoque l'ange Rehaël, il aide chacun à se remettre dans le bon chemin de son existence.

REINE (SAINTE)

Reine vient du latin *regina,* « reine ». Sainte Reine, bergère dans la région d'Autun, au IIIe siècle, repoussa les assauts galants du gouverneur romain de la région. Lequel, de dépit, parce qu'elle était chrétienne, la fit martyriser, notamment en lui faisant appliquer des fers rouges sur sa peau, dont elle guérit miraculeusement. Aussi la fit-il, en dernier ressort, décapiter. Reine (dont le martyre eut lieu à Alise-Sainte-Reine, emplacement supposé de la bataille d'Alésia), patronne des charpentiers, était invoquée (fête : le 7 septembre) contre l'impétigo et autres affections de la peau.
Une autre sainte Reine (fête : le 1er juillet) est fêtée à Denain comme fondatrice de cette ville.

REIYEL (ANGE)

Si vous êtes né entre le 14 et le 18 août, votre ange gardien est Reiyel, Domination, dont le nom signifie « *Dieu prompt à secourir* ».
Reiyel soutient ceux qui aspirent à la sagesse et désirent mettre leur volonté et leur force dans l'amélioration de la société. Il amène un jugement sain et juste car Reiyel est l'ange de la sagesse et de la charité. Il intervient pour que l'amour soit préservé dans une société trop matérialiste. Reiyel apporte à ses protégés le sens du sacré. Au quotidien, il associe l'humilité au désintéressement. Il permet aussi de

se garantir du fanatisme religieux comme de l'athéisme viscéral. On dit, par ailleurs, que Reiyel accorde à ses protégés l'art de convaincre.
Cet ange, associé à la planète Mars, influe sur la prestance et l'allure physique de ses protégés. Lorsque l'on invoque l'ange Reiyel, il aide à lutter contre l'orgueil et l'égocentrisme, et met en garde contre la vaine recherche d'un bonheur qui ne serait que matériel et social.

RÉGIS (SAINT)

Régis vient du latin *rex,* « roi ». Saint Jean-François Régis (devenu saint Régis), né à Narbonne, fut un jésuite qui, au XVIIe siècle, prêcha les protestants cévenols. Il mourut lors d'une tempête de neige à La Louvesc (Ardèche), lieu de pèlerinage. Il était invoqué (fête : le 16 juin) pour obtenir la rédemption des prostituées.

RÉMI / RÉMY (SAINT)

Rémi vient du latin *remedius,* « celui qui guérit » (d'où remède). Saint Rémi, d'origine gauloise, évêque de Reims, sut, au VIe siècle, convaincre Clovis de se convertir au catholicisme et de placer son administration sous l'autorité de l'Église (les évêques faisaient alors office de préfets). Saint Rémi de Reims était invoqué (fête : le 15 janvier) par ceux qui cherchaient un emploi.
Un autre saint Rémi (fête : le 19 janvier), fils bâtard de Charles Martel, fut évêque de Rouen au VIIIe siècle.

RICHARD (SAINT)

Richard vient du germanique *ric,* « puissant », et *hard,* « fort ». Saint Richard, au XIIe siècle, né dans une famille modeste, devint chancelier de l'université d'Oxford et évêque ; il eut à résister à l'hostilité du roi d'Angleterre qui cherchait à restreindre les pouvoirs du clergé. Patron des charretiers, il était invoqué (fête : le 3 avril) contre le paludisme.

RITA (SAINTE)

Rita est un diminutif de « Marguerite ». Sainte Rita, en l'Italie au xve siècle, entra au couvent après la disparition tragique de son mari (qui la battait) et de ses deux fils, où elle finit ses jours dans l'ascèse. Sainte Rita, patronne des charcutiers, était invoquée (fête : le 22 mai) lors des cas et situations désespérés.

RITA (MÉDAILLE DE SAINTE)

Invocation dans les cas désespérés et contre les maladies incurables.

> *Bonne sainte Rita, viens à mon secours !... Tu es mon dernier espoir. Toi qui, malgré toutes les épreuves, gardas foi en Dieu, donne-moi le courage d'affronter les épreuves que le Tout-Puissant m'envoie ; Toi qui prêchais le pardon des offenses, demande à Dieu de me pardonner mes péchés, et de soulager mes peines ; Bonne Rita, toi la sainte des cas impossibles, je m'en remets à toi ; tu es mon refuge, tu es mon modèle ; sainte Rita, je t'en supplie, reste avec moi. Amen.*

ROBERT (SAINT)

Robert vient du germanique *hrod,* « gloire », et *behrt*, « illustre ». Saint Robert de Molesme, né près de Troyes au xie siècle, bénédictin, devint ermite en Bourgogne ; son ermitage étant devenu monastère, il repartit pour un autre ermitage, et s'installa à Cîteaux, où il fonda la première abbaye cistercienne, avant de retourner, sur ordre du Pape, à Molesme, dans son premier ermitage, pour y remettre les moines dans le chemin de rigueur qu'il leur avait tracé, et y mourir en 1110 (fête : le 30 avril).

Un autre saint Robert, au xie siècle, se fit lui aussi ermite, mais dans le Massif Central, où il fonda l'abbaye de la Chaise-Dieu. On l'invoquait pour ne pas se perdre, lorsqu'on marchait dans la nuit noire.

ROCH (SAINT)

Roch vient du latin *rocca*, « pierre ». Saint Roch, fils de bonne famille à Montpellier, au XIVe siècle, mena une vie errante, au service des pèlerins et des pestiférés. Patron des chirurgiens et des employés de pompes funèbres, il était invoqué (fête : le 16 août) par les marcheurs lorsqu'ils avaient mal aux genoux.

ROCHEL (ANGE)

Si vous êtes né entre le 1er et le 5 mars, votre ange gardien est Rochel, Ange, dont le nom signifie « Dieu qui voit tout ». L'ange Rochel favorise la capacité de percevoir les signes émis par l'entourage. Il permet à ses protégés d'affiner leur tempérament et leur équilibre psychique et spirituel, leur bonne santé physique et leur lucidité. Selon la tradition, cet ange régit l'œil intérieur, c'est-à-dire la clairvoyance et la connaissance des choses invisibles. Au quotidien, l'ange Rochel aide à combattre les mensonges que l'on se fait à soi-même à des fins matérialistes ou mercantiles.
Cet ange, associé à la planète Jupiter, a la maîtrise sur la partie du cerveau qui organise la mémoire. Lorsque l'on invoque l'ange Rochel, il aide à lutter contre le mercantilisme effréné, le matérialisme, et tout ce qui conduit à la sécheresse de cœur.

ROLAND (SAINT)

Roland vient du germanique *Hrod*, « gloire », et *Land*, « pays ». Saint Roland, au XIVe siècle, dans les forêts du nord de l'Italie, vécut pendant un quart de siècle, ne se nourrissant que de fruits et d'herbes crues, sans prononcer un mot, et capable de rester en extase pendant plusieurs heures face au ciel, en équilibre sur une jambe. Ramené de force à la civilisation par des chasseurs, il mourut peu après ; on s'aperçut alors qu'il était membre de la prestigieuse famille des Médicis. Il était invoqué (fête : le 15 septembre) pour avoir du beau temps car, prétendait sa légende, Dieu, parce qu'il vivait nu, sans abri, n'avait ni fait geler ni fait trop pleuvoir tout le temps qu'avait duré son ermitage.

ROMAIN (SAINT)

Romain vient du latin *romanus*, « romain ». Saint Romain, au Ve siècle, se fit ermite dans les forêts du Jura, puis, des disciples l'ayant rejoint, édifia un monastère autour duquel s'éleva la ville de Saint-Claude (fête le 28 février).
Un autre saint Romain (fête : le 23 octobre) fut évêque de Rouen au VIIe siècle. Patron des colporteurs, il était invoqué contre la noyade, et les crises d'épilepsie.

ROMUALD (SAINT)

Romuald vient du germanique *Hrod*, « gloire », et *walden*, « régner ». Saint Romuald, fils du duc de Ravenne, au XIe siècle, fut témoin d'un crime commis par son père ; il l'expia à sa place et partit vivre en ermite dans les Pyrénées. Il était invoqué (fête : le 19 juin) afin que des proches, dont on était sans nouvelles, en donnent.

ROSE (SAINTE)

Rose vient du latin *rosa*, « rose ». Sainte Rose de Lima, au XVIe siècle, est une dominicaine issue d'une riche famille, qui vécut dans l'austérité et le mysticisme. Patronne de l'Amérique du Sud, elle était invoquée (fête : le 23 août) contre l'eczéma et la toux.

S

SABINE (SAINTE)

Sabine vient du latin *sabinus*. Les Sabins étaient voisins des Romains, lesquels, parce qu'ils en manquaient pour peupler Rome, leur enlevèrent leurs femmes. Sainte Sabine fut une vierge martyrisée à Rome, au IVe siècle, pour avoir donné une sépulture à sa servante, une chrétienne martyrisée elle aussi (fête : le 29 août). Elle était invoquée contre les cauchemars.
Autre sainte Sabine (fête : le 8 décembre), au destin tout aussi cruel, une jeune Anglaise du VIIIe siècle qui chercha à s'enfuir à Rome pour se faire religieuse. Le noble anglais qui voulait l'épouser contre son gré la rattrapa, et l'assassina.

SAINT

Du latin *sanctus*, c'est-à-dire « parfait ». Attribué à une personne, à un lieu ou à un objet, le mot « saint » le consacre, aux yeux des profanes comme aux membres d'une communauté religieuse. Toutes les religions possèdent des lieux saints vers lesquels se dirigent des pèlerinages. Le centre des temples, le *naos* dans lequel ne peut entrer que le grand-prêtre, est généralement le lieu le plus sacré, appelé saint des saints. C'est dans le Saint des Saints que les Hébreux enfermaient le tabernacle, où était placée l'Arche d'Alliance.

Le christianisme considère comme saints les martyrs et les êtres qui ont eu une vie particulièrement exemplaire tant par l'amour qu'ils ont donné que par la fidélité qu'ils ont montrée dans leur foi. Les églises, villes et villages ont souvent pris le nom d'un saint pour en faire leur patron protecteur tandis que les familles donnaient ce nom, pour des raisons identiques, à leurs enfants lors de leur baptême. Les saints sont généralement fêtés le jour anniversaire de leur mort tandis que la fête : de tous *les saints*, la Toussaint, est célébrée le 1er novembre.
On appelle *Semaine sainte* la semaine qui précède Pâques et qui débute le dimanche des Rameaux.
Le *Saint-Siège* est le siège de la papauté au Vatican, à Rome. Il représente le gouvernement de l'Église, exercé par la Curie et par le souverain pontife, le Pape, lequel est appelé aussi le *Saint-Père*.

SAINT-CHRÊME

Matière onctueuse composée d'un mélange d'huile d'olive et de baume, consacrée rituellement et utilisée pour les onctions, notamment pour l'administration des sacrements.

SAINT-ESPRIT

Avec le Père et le Fils, le Saint-Esprit est la troisième Personne de la Trinité. Selon l'Église catholique le Saint-Esprit procède du Père et du Fils (*filioque*), alors que pour l'Église orthodoxe, c'est du Père par le Fils qu'il procède. Les deux spécificités sont actuellement validées que par deux Églises. Mais cette distinction fut l'une des raisons du schisme qui sépara les deux Églises. C'est par le Saint-Esprit que la Vierge Marie conçut Jésus, de même que c'est le Saint-Esprit qui présida au baptême du Christ en apparaissant au-dessus de lui sous la forme d'une colombe.
Le Saint-Esprit est aussi appelé « Paraclet », c'est-à-dire le Consolateur, le Guide et l'Inspirateur des apôtres avant leur mission, au moment de la Pentecôte, où il descendit sur eux

sous la forme de langues de feu. Les dons spirituels que reçurent les apôtres étaient les Sept Dons du Saint-Esprit, à savoir : la sagesse, l'intelligence, la science, le conseil, la force, la piété et la crainte de Dieu.

SALOMON

Voir *Sceau de Salomon (médaille).*

SAMAËL (ANGE)

Ange de Mars. Ange exterminateur. Voir *Apocalypse (Anges dans l').*

SARA / SARAH (SAINTE)

Sarah est un mot hébreu signifiant « reine ». Sara, malgré ses 90 ans, eut d'Abraham, 99 ans, un fils, Isaac, comme un ange le lui avait annoncé. Sainte Sarah était invoquée par les femmes stériles. Sainte Sarah, la patronne des Gitans, aux Saintes-Maries-de-la-Mer, serait, selon la légende, la servante noire de sainte Marie Jacobé et de sainte Marie Salomé.

SATURNIN (SAINT)

Saturnin vient de Saturne, dieu romain du Temps. Saint Saturnin, martyrisé au IIIe siècle (on le livra à un taureau dans les arènes), fut le premier évêque de Toulouse (fête : le 29 novembre). Saint Saturnin était invoqué lorsqu'on avait les mains gonflées ou des engelures, ou lorsque l'on était (supplice oblige) chargé par un taureau.

SCEAU DE SALOMON (MÉDAILLE)

Roi du grand royaume d'Israël (965-926 avant notre ère), fils et successeur de David, constructeur du Temple de Jérusalem, Salomon fut réputé pour sa profonde sagesse ; on lui attribue le *Livre des proverbes (Qohéleth).* C'est dans le *Cantique des cantiques* que le grand roi laisse éclater son amour de la beauté, de la vie, de l'Épouse et de l'Époux idéals, dont les Noces mystiques préfigurent l'Union des Christ et de l'Église au Ciel. Salomon rétablit en Israël le culte des divinités étrangères et notamment celui d'Astarté, déesse de l'amour et de la fertilité, et de Molek, provoquant la colère de Dieu. À sa mort, le royaume d'Israël fut démantelé.

Le Sceau de Salomon, étoile à six branches qui entremêle deux triangles équilatéraux, aurait été remis au grand roi hébreu par l'archange Michel lui-même : il contient, dans son dessin, toute l'antique sagesse des alchimistes. La pointe en haut symbolise le Feu, le triangle la pointe en bas l'Eau, le creux gauche entre les deux pointes latérales l'Air, celui de droite la Terre. Le Sceau englobe aussi les 7 métaux et les 7 planètes : argent-Lune triangle du haut, Mars-fer triangle supérieur de gauche, cuivre-Vénus triangle supérieur de droite, Jupiter-étain triangle inférieur de gauche, mercure-Mercure triangle inférieur de droite, plomb-Saturne triangle du bas, or-Soleil figure centrale. Par cette configuration géométrique, le Sceau de Salomon émet des ondes positives. Par ses triangles entrelacés, c'est un symbole d'amour et d'appartenance, de fidélité, aussi. On l'invoque lorsqu'on est présence d'un problème inextricable, dans une situation délicate. On s'adresse au Sceau de Salomon pour lui demander conseil, avant de prendre une décision lourde de conséquence (notamment amoureuse) :

Sceau du grand roi Salomon, qui atteste les volontés de Yahvé et sa Loi, dicte-moi ce que je dois faire, et ce que tu as ordonné sera fait !

SEALIAH (ANGE)

Si vous êtes né entre le 3 et le 7 novembre, votre ange gardien est Sealiah, Puissance, dont le nom signifie « *Moteur de toutes choses* ». Sealiah donne de l'énergie pour ses ambitions, si elles sont nobles. Selon la tradition, Sealiah éveille en nous le besoin d'autorité nécessaire pour organiser la société dans laquelle on vit. Cet ange augmente l'énergie vitale, ce qui éloigne les vampires, c'est-à-dire les agressions extérieures de toutes sortes. Au quotidien, l'ange Sealiah donne une forme souple à l'autorité et permet de lutter contre l'abus de pouvoir et la dictature. Sealiah combat aussi l'orgueil et l'égocentrisme, qui finissent par couper des réalités. Il permet de maîtriser ses craintes et d'acquérir le détachement nécessaire pour être efficace dans ses entreprises.

Cet ange, associé au Soleil, donne une belle vitalité, et a la maîtrise de l'appareil respiratoire. Il influence aussi les échanges entre l'être humain et son environnement, aiguise la curiosité et facilite l'apprentissage. On invoque son aide pour échapper à la routine et aux dogmes et avoir la force de créer.

SÉBASTIEN (SAINT)

Sébastien vient d'un mot grec signifiant « honoré ». Saint Sébastien, officier originaire de la Narbonnaise, fut martyrisé à Rome au IVe siècle. Percé de flèches et laissé pour mort, il fut recueilli et soigné par une Romaine. Puis il se rendit auprès de l'empereur Dioclétien pour lui demander de libérer les chrétiens. L'empereur le fit fouetter à mort. Une autre femme recueillit son corps et l'enterra là où s'élève la basilique qui porte son nom. Patron des archers (puis des policiers) et des ferrailleurs, il était invoqué (fête : le 20 janvier) contre la poliomyélite et la paralysie des membres.

SÉBASTIEN (MÉDAILLE DE SAINT)

Saint Sébastien, sois attentif à ma prière, ouvre l'oreille à mes supplications ; toi qui as été éprouvé par les flèches, et dont le corps inerte a été ramené à la vie, redonne vigueur à mes membres morts, affermis mes pas dans les sentiers que Dieu a tracés ; Saint Sébastien, mon âme est dans le trouble, toute ma force m'a quitté ; toi que les flèches ont traversé sans que ta foi, comme ton sang, coule de ton corps, ne m'abandonne pas, redonne-moi l'espoir, la volonté et la guérison. Amen.

SÉGOLÈNE (SAINTE)

Ségolène, prénom du Sud-Ouest, vient du celtique *ségal*, « seigle ». Sainte Ségolène, au IXe siècle, était fille et épouse de seigneurs d'Aquitaine. Veuve, elle entra en religion. Sainte Ségolène (fête : le 24 juillet) était la protectrice des veuves.

SÉHEIAH (ANGE)

Si vous êtes né entre le 8 et le 13 août, votre ange gardien est Séheiah, Domination, dont le nom signifie « *Dieu qui guérissez les malades* ». Séheiah soutient les individus capables d'entreprendre des actions exigeant rapidité et enthousiasme, et ayant confiance dans le but qu'ils poursuivent. Pour cela, il leur offre des opportunités et la force nécessaire pour résister à l'adversité. Au quotidien, l'ange Séheiah favorise une existence calme et ordonnée, réfléchie. Séheiah protège de l'aventurisme et met en garde contre les prises de risques inutiles. Séhelah est regardé comme un protecteur efficace contre les accidents et les brutalités de toutes sortes. Forts de ce soutien, les protégés de Séheiah restent sereins, et prudents, face aux difficultés et aux épreuves.
Cet ange, associé à la planète Jupiter, maîtrise les principes de longévité et les résistances (immunologie) du corps humain. Lorsque l'on invoque l'ange Séheiah, il met en garde contre les excès de puissance, les abus de pouvoir et le fanatisme.

SÉRAPHIN

Nom signifiant « les brûlants » correspondant à une catégorie d'anges possédant six ailes, plus particulièrement chargés des purifications, ou exterminations, par le feu. Plus largement, les séraphins illustrent l'ardeur et le feu animant les serviteurs zélés, les porteurs de Lumière puis, en définitive, une partie de la Lumière elle-même. Voir *Hiérarchie des anges gardiens*.

SERGE (SAINT)

Serge, en russe Sergueï, viendrait du latin *serica*, « fait en soie ». Serge, soldat dans l'armée romaine fut fouetté à mort en Syrie, au IIIe siècle, pour ne pas avoir voulu sacrifier aux dieux païens, et après avoir dû traverser la ville déguisé en femme et chaussé de souliers garnis de pointes à l'intérieur. Il était invoqué (fête : le 7 octobre) contre le mal aux pieds et par ceux qui assumaient difficilement leur virilité.
Saint Serge, né en Russie au XIVe siècle, dans une famille noble, se fit ermite, puis bâtisseur de monastères. Il aida, par ses conseils, les princes russes à chasser la domination mongole, et à reconnaître la primauté du grand-duc de Moscovie.

SIBYLLE (SAINTE)

La sibylle, chez les Grecs, était la femme qui, dans les temples, prédisait l'avenir. Sainte Sibylle, au XIVe siècle, orpheline italienne devenue aveugle et recueillie par des dominicaines, guérissait par imposition des mains. Elle était invoquée (fête : le 23 mars) pour améliorer la vue.

SIMÉON (SAINT)

Siméon (comme Simon) vient d'un mot hébreu signifiant « celui qui obéit (à Dieu) ». Saint Siméon était un cousin germain de Jésus. Il devint évêque de Jérusalem après son frère saint Jacques, et mourut martyrisé, à 120 ans : on le fouetta puis on le crucifia. Il était invoqué (fête : le 18 février) pour vivre longtemps.
Autre saint Siméon (fête : le 5 janvier), dit le Stylite, un berger turc du IVe siècle qui, d'abord ermite dans le désert, s'imposa de telles privations et mortifications que des moines refusèrent ensuite de le recevoir parmi eux. Il s'installa alors à Antioche, où il se fit murer, pendant quarante jours, sans eau et sans pain dans une cellule, avant de s'installer au sommet d'une colonne, exposé au soleil, au froid et au vent, et de s'y tenir debout, pendant plusieurs années, jusqu'à sa mort.

SIMON (SAINT)

Simon veut dire en hébreu « *celui qui obéit* (à Dieu) ». Selon d'autres sources, ce serait un dérivé germanique de *Sig*, « victoire » et *Mund*, « protection ». Saint Simon (le Cananéen) est l'un des douze apôtres, à ne pas confondre avec Simon Pierre (saint Pierre). Après la Pentecôte, il serait parti évangéliser l'Afrique, ou la Grande-Bretagne. Selon une autre légende, il serait allé jusqu'en Perse, où on l'aurait mis à mort en l'attachant sur une planche et en le sciant dans le sens de la longueur. Saint Simon était le patron de ceux qui travaillaient le cuir. Il était invoqué (fête : le 28 octobre) contre les morsures de serpent.

SITAËL (ANGE)

Si vous êtes né entre le 31 mars et le 4 avril, votre ange gardien est Sitaël, Séraphin, dont le nom signifie « *Dieu, l'espérance de toutes créatures* ». Sitaël aide à découvrir ses richesses intérieures et à les multiplier autour de soi. Il apporte enthousiasme et optimisme à ses protégés. On prie Sitaël pour se libérer des chaînes karmiques qui empêchent de progresser dans le quotidien.

Cet ange, associé au Soleil, donne le moral à ses protégés, s'ils ont le respect de la parole donnée. Lorsque l'on invoque l'ange Sitaël, on peut lui demander plus particulièrement son aide pour mieux gérer ses biens et ses connaissances.

SOLANGE (SAINTE)

Solange vient du latin *solemnis*, « solennel ». Sainte Solange, au IXe siècle, gardait les moutons dans la région de Bourges. Un hobereau, passant par là, voulut attenter à sa virginité ; pour le mettre en fuite, elle pria et des trombes d'eau rafraîchirent les ardeurs de son agresseur qui, de rage, trancha d'un coup d'épée la tête de la bergère. Elle était invoquée, légende oblige, pour faire tomber la pluie ; elle était aussi protectrice des enfants (fête : le 10 mai).

SOLÈNE (SAINTE)

Solène (ou Solemne, ou Soline) a la même racine que « Solange ». Sainte Solène, au IIIe siècle, était une jeune fille de Gascogne promise à un seigneur païen dont elle ne voulait pas. Elle s'enfuit pour lui échapper, mais il la retrouva à Chartres, et la décapita. On notera les similitudes entre cette légende et celle de Solange. Elle était invoquée (fête : le 17 octobre) contre les escarres.

SOSTHÈNE (SAINT)

Saint Sothène, au IVe siècle, était bourreau en Chalcédoine ; chargé d'exécuter sainte Euphémie, il fut subjugué par son courage et se fit baptiser, pour être, à son tour, martyrisé, passant de l'état de bourreau à celui de victime, non sans avoir démontré, dans l'arène où on l'avait jeté, son pouvoir sur les fauves, qui refusèrent de le dévorer, obligeant ses anciens confrères à le décapiter. Patron des dompteurs, il était invoqué (fête : le 20 mars) contre les attaques des bêtes sauvages.

STANISLAS (SAINT)

Stanislas vient du slave signifiant « se dresser glorieusement ». Saint Stanislas, fils d'un noble polonais et évêque de Cracovie au XIe siècle, excommunia, à la suite d'une querelle, le roi de Pologne qui, pour se venger, le fit dépecer sur son autel. Il était invoqué (fête : le 11 avril) contre les coupures.

SUZANNE (SAINTE)

Suzanne vient d'un mot hébreu signifiant « rose », ou « lis ». Sainte Suzanne vivait sous le règne de Dioclétien, au IIIe siècle. Dioclétien, voulant la marier à Maximien, son successeur, elle annonça qu'elle était chrétienne. Il la fit égorger (fête : le 11 août).

Une autre sainte Suzanne, japonaise, fut persécutée à Nagazaki comme chrétienne au XVIIe siècle ; on la pendit par les cheveux à une potence pendant une journée avant de la décapiter. Elle était invoquée, supplice oblige, contre la chute des cheveux.

La première Suzanne est celle de la Bible : elle fut surprise en train de se baigner nue par deux vieux juges qui lui firent des propositions malhonnêtes. Elle les repoussa avec indignation; mais ils étaient juges religieux, et se vengèrent en l'accusant d'adultère. Il fallut l'intervention d'un jeune homme inspiré par Dieu pour les confondre et les faire lapider.

T

TÉTRAGRAMMATON (MÉDAILLE)

Étoile à cinq branches comme le Pentagramme (*voir* ce mot), mais chargée sur son pourtour de symboles hébraïques, le Tétragrammaton symbolise l'Homme dans toute sa puissance, la pointe du haut figurant la tête, les deux pointes médianes les bras étendus, les deux pointes du bas les deux jambes tendues. Il canalise les énergies protectrices et émet des énergies créatives. C'est un talisman de protection réputé très efficace, un bouclier contre les forces occultes. On l'invoque pour se protéger, en cas d'urgence ou lorsqu'on se sent agressé, lorsqu'on perçoit des énergies hostiles à son égard. On prend discrètement le Tétragrammaton entre le pouce et l'index de la main gauche, en orientant les deux pointes du bas (qui sont alors l'équivalent des « cornes du Diable », un antimaléfice) vers celui que l'on considère comme son agresseur, en récitant mentalement : *Esprits mauvais, fuyez, Démons cornus, soyez battus...*

THÉODORA (SAINTE)

Théodora est le féminin de « Théodore ». Sainte Théodora, (fête : le 11 septembre) fut, au ve siècle, une dame de la haute société d'Alexandrie qui avoua à son mari ses infidélités, et qui, en remerciement de son pardon, se comporta en femme vertueuse tout le restant de sa vie.

Une autre sainte Théodora (fête : le 28 avril), au comportement encore plus exemplaire, elle aussi d'une bonne famille d'Alexandrie fut, au IVe siècle, une jeune fille que le gouverneur, parce qu'elle était chrétienne, et chaste, envoya dans un lieu de débauche. Son premier visiteur fut un soldat, saint Didyme, qui lui proposa d'échanger leurs habits. Théodora, déguisée en légionnaire, put ainsi s'enfuir. Didyme, lui, fut arrêté et envoyé à l'échafaud, sur le chemin duquel Théodora le vit passer. Elle se jeta aux pieds du gouverneur et demanda à mourir à sa place. Le gouverneur trancha... en les faisant décapiter tous les deux !
L'une et l'autre sainte Théodora étaient invoquées par les femmes adultères qui en éprouvaient des remords.

THÉODORE (SAINT)

Théodore vient du grec *theodoros,* « don de Dieu ». Saint Théodore, légionnaire converti au christianisme dans l'armée romaine en garnison en Turquie, au IVe siècle, fut martyrisé pour avoir incendié un temple païen dédié à Cybèle : on lui ouvrit le ventre avant de le brûler (fête : le 9 novembre). Il était invoqué, supplice oblige, avant les opérations de l'appendicite.
Un autre saint Théodore, lui aussi soldat, mais général, à la même époque, aurait été crucifié pour s'être opposé à l'arrestation de soldats chrétiens. Il était le protecteur des soldats.
Autre saint Théodore, un évêque de Libye, au IVe siècle, qui, ayant eu la langue coupée pour l'empêcher de prêcher, n'en retrouvait pas moins sa voix pour faire ses sermons. Il était le patron des comédiens.

THÉRÈSE (SAINTE)

Sainte Thérèse d'Avila (fête : le 15 octobre) née en 1515 à Avila, en Castille, entra au carmel, dont elle durcit la règle, après avoir eu des extases mystiques au cours desquelles elle

s'évanouissait de bonheur, au point que les théologiens la soupçonnaient de diabolisme. Elle mourut en 1582.
Sainte Thérèse de Lisieux (fête : le 1er octobre), née à Alençon en 1873 dans une famille modeste, entra au Carmel à 15 ans, où se trouvaient déjà deux de ses sœurs. Elle n'eut guère le temps de faire épanouir autour d'elle son mysticisme, sa charité et sa piété exemplaires : elle mourut de tuberculose, après une longue agonie, à 24 ans.

THÉRÈSE DE LISIEUX (MÉDAILLE DE SAINTE)

Contre la tuberculose et les maladies pulmonaires :

Sainte Thérèse de l'Enfant-Jésus, qui supporta ta longue maladie et bien des souffrances physiques sans jamais te plaindre, donne-moi ta joie, celle qui te faisait surmonter ta douleur pour l'amour du Christ, et fais ce nouveau miracle, toi qui en fis tant, de me rendre ma santé perdue, pour que je puisse, à ton exemple, de tout mon souffle retrouvé, rendre longtemps grâces, avec ton humilité et ta sérénité, à cet Enfant-Jésus qui nous sauva. Amen.

THIBAUD (SAINT)

Thibaud (ou Thibaut) vient du germanique *Theud,* « peuple », et de *bald,* « courageux ». Saint Thibaud, au XIIIe siècle, ancien chevalier de Philippe-Auguste, fut abbé au monastère des Vaux-de-Cernay. Malgré son poste, il était le plus humble des moines. Ce serait grâce à ses prières que saint Louis, que l'on croyait stérile, aurait eu des enfants. Il était invoqué (fête : le 8 juillet) contre la stérilité.

THIERRY (SAINT)

Thierry vient du latin *Theodoricus,* prénom issu du germanique *Theud,* « peuple », et *Ric,* « puissant ». Saint Thierry était, au VIe siècle, le fils d'un chef de brigands qui écumaient la Champagne et la Lorraine. Le bandit, voulant obliger son fils à se marier, celui-ci s'enfuit près de Reims où, après avoir été ermite (puis converti ses père et frères), fonda un monastère qu'il put faire vivre grâce aux dons du roi Thierry Ier d'Austrasie, qu'il avait guéri d'un furoncle à l'œil. Il était invoqué (fête : le 1er juillet) contre cette maladie et les orgelets.

THOMAS (SAINT)

Thomas vient d'un mot hébreu signifiant « jumeau ». Saint Thomas est l'apôtre d'abord incrédule qui, pour croire en la résurrection du Christ, dut mettre son doigt dans les plaies de son corps. Il serait ensuite parti évangéliser en Chine, Éthiopie et en Indes, et serait mort martyr à Madras (fête : le 3 juillet). Il était le patron des experts de justice.

THOMAS (MÉDAILLE DE SAINT)

Invocation pour obtenir un témoignage favorable, lors d'un procès, ou pour se protéger d'une poursuite en justice.

Bienheureux saint Thomas, à qui le Christ pardonna de ne pas avoir cru tout de suite en Lui, apporte-moi ton aide, pour confondre ceux qui ne me croient pas. Toi qui sais que ma cause est juste, toi qui prêchas les impies pour l'honneur de Dieu, plaide pour moi, inspire mes défenseurs, fais éclater l'évidence comme éclatèrent, sous tes yeux, les preuves du martyre de Notre-Seigneur, lui aussi victime d'un procès inique. Saint Thomas, merci de ton soutien; comme prix de ton aide, accepte cette vibrante prière. Amen.

Saint Thomas d'Aquin (fête : le 28 janvier) est un grand théologien qui enseigna à Paris sous le règne de saint Louis. Saint Thomas d'Aquin patron des libraires, était invoqué pour ne pas succomber à la luxure : quand il était jeune, ses frères, qui étaient contre sa vocation religieuse, l'enfermèrent en compagnie d'une prostituée d'une grande beauté; pour la repousser, saint Thomas brandit un tison en direction du visage de la belle impure, qui s'enfuit par la fenêtre.

THOMAS D'AQUIN (MÉDAILLE DE SAINT)

Invocation pour lutter contre le péché de luxure :

Bienheureux saint Thomas d'Aquin, qui résistas à la beauté du Diable, aide-moi à résister aux appels de la luxure ; toi qui toujours sus rester chaste, ôtes de mon âme toute lubricité, inspire-

moi pour seul désir celui de la perfection spirituelle, et pour seul amour celui de Notre-Seigneur. Amen.

Saint Thomas Becket (fête : 29 décembre), au XIIe siècle, chancelier et ami du roi d'Angleterre Henri II, s'opposa à lui lorsqu'il devint archevêque ; furieux, Henri II le fit assassiner.

TRÔNE

Voir *Hiérarchie des anges gardiens.*

U

UMABEL (ANGE)

Si vous êtes né entre le 21 et le 25 janvier, votre ange gardien est Umabel, Archange, dont le nom signifie « *Dieu au-dessus de toutes choses* ». Umabel encourage ceux qui possèdent le sens de l'autorité et savent prendre des décisions rapides lorsque cela est nécessaire. Umabel soutient leur courage et les aide à résister aux influences extérieures en leur donnant confiance et force. À ses protégés, Umabel octroie le don de persuasion et un grand esprit de synthèse. Au quotidien, l'ange Umabel donne un aspect humaniste et altruiste à la démarche de ses protégés. Il leur donne aussi le goût des activités et sports collectifs. Selon la tradition, Umabel permet de s'harmoniser avec soi-même et avec les autres, ce qui est complété par l'amour inné de la musique, un goût prononcé pour les voyages et l'astronomie.
Cet ange, associé à la planète Vénus, maîtrise la souplesse du corps. Lorsque l'on invoque l'ange Umabel, on lui demande son soutien pour éviter l'intolérance, acquérir de l'indulgence et juger les agissements des autres avec sérénité.

URIEL (ANGE)

Ange des liturgies et textes sacrés orientaux.

URSULE (SAINTE)

Ursule vient du latin ursus, « ours » (animal sacré chez les Celtes). Princesse d'Écosse du IVe siècle, sainte Ursule fut fiancée par son père au roi d'Angleterre ; elle dut alors lui avouer qu'elle avait fait, avec onze mille vierges, le vœu de chasteté, et que, pour s'en défaire, il lui fallait, avec ses compagnes, faire un pèlerinage en Germanie (elle voulait, en vérité, fonder un monastère dans la région de Cologne). Aussi le roi d'Écosse mit-il à leur disposition une flotte de vaisseaux. Mais, parvenues en Germanie, les onze mille vierges furent massacrées par les Huns... Patronne des institutrices, elle était invoquée (fête : le 21 octobre) par ceux qui voulaient mourir subitement...

V

VALENTIN (SAINT)

Valentin désignait un originaire de Valence (Espagne). Selon une autre source, Valentin vient du latin *valens,* « vigueur ». Saint Valentin, au IIIe siècle, était évêque en Italie et avait déjà accompli plusieurs miracles (selon d'autres versions, il n'était que médecin) quand un philosophe païen lui demanda de sauver de la mort son fils malade. Valentin accepta à une condition : si l'enfant guérissait, toute la famille se convertirait. Ce qui fut fait. L'apprenant, le préfet de Rome fit mettre à mort Valentin. Il était le patron des apiculteurs, et des amoureux, sans doute à cause de la lune... de miel (fête : le 14 février)...
Le second Valentin, honoré le même jour, est l'apôtre du Tyrol, qui le reconnaît pour patron. Belge ou Anglais de naissance, il consacre sa vie à la conversion des peuples païens qui habitent les Alpes et les rives du Danube. Il meurt vers 470, et son corps est transporté à Passau, en Bavière.

VALENTIN (MÉDAILLE DE SAINT)

Invocation pour des fiançailles heureuses :

> *Bon saint Valentin, toi qui assistais les chrétiens dans le secret, veille sur notre bonheur et sur notre futur foyer ; avec les liens de notre mariage, bon saint Valentin, nous te tresserons une couronne de félicité. Que ton saint patronage rende notre amour durable ; Amen.*

VALÉRIE (SAINTE)

Valérie est le féminin de « Valéry ». Sainte Valérie, au IIIe siècle, eut son époux, saint Vital, jeté dans un puits, à Ravenne, et lapidé parce que chrétien ; cela n'entama pas sa foi. Aussi fut-elle torturée et tuée à son tour (fête : le 28 avril).

Une autre sainte Valérie (fête : 10 décembre), convertie au IIIe siècle par saint Martial, à Limoges, fut égorgée par son fiancé païen parce qu'elle refusait de l'épouser. Ses reliques, à l'abbaye de Chambon (Creuse) guérissaient qui les touchait. Elle était invoquée, supplice oblige, contre les maux de gorge, et par les célibataires qui cherchaient une femme.

VALÉRY (SAINT)

Valéry vient du verbe latin *valere,* « être courageux ». Saint Valéry, originaire d'Auvergne, fut un moine du VIIe siècle fondateur d'un monastère en Picardie. Saint Valéry, patron des mariniers, était invoqué (fête : le1er avril) contre l'artérite, maladie qu'il soignait par imposition des mains.

VASARIAH (ANGE)

Si vous êtes né entre le 29 août et le 2 septembre, votre ange gardien est Vasariah, Domination, dont le nom signifie « *Dieu juste* ». Vasariah soutient les tempéraments sensibles et sereins, ce qui ne l'empêche pas de susciter réalisme et bon sens. Cet ange est regardé comme un messager apportant courage et lucidité, et favorisant le retour sur soi-même. Il protège des angoisses existentielles, du laisser-aller et de la paresse, et maintient dans le chemin vertueux de la sagesse et de la tempérance. Au quotidien, l'ange Vasariah apporte son aide pour lutter contre la crédulité, la passivité et la négligence. Il donne une excellente mémoire, améliore l'art de convaincre. Les protégés de Vasariah sont partisans d'une justice droite et humaine.

Cet ange, associé à la planète Mars, maîtrise la gorge et les cordes vocales. Lorsque l'on invoque l'ange Vasariah, il aide à renforcer les tempéraments déficients, à lutter contre le manque de volonté ou l'abattement, et redonne du tonus à ceux qui se découragent.

VEHUEL (ANGE)

Si vous êtes né entre le 23 et le 27 novembre, votre ange gardien est Véhuel, Principauté, dont le nom signifie « *Dieu grand et élevé* ». Vehuel encourage l'expression des tempéraments intuitifs et sensibles, les aide à ressentir les sentiments qu'ils suscitent ou que les autres ressentent sans pouvoir l'exprimer. Ainsi, Vehuel permet de reconnaître les êtres entre lesquels peut lier une véritable amitié. Vehuel donne aussi à ses protégés la puissance nécessaire pour s'écarter des sentiers battus, aller explorer des domaines redoutés et parfois interdits. Au quotidien, Vehuel aide à vaincre la trop grande part que prennent chez ses protégés les élans émotionnels. Il les préserve du risque d'amoralité que leur fait courir leur recherche de liberté. Vehuel donne aussi la capacité de démêler le faux du vrai dans les relations humaines, d'aider chacun dans sa quête du bien-être matériel et du bonheur spirituel.
Cet ange, associé à la planète Mercure, a la maîtrise sur la sensibilité du corps, et les rapports qu'il entretient avec le monde extérieur. Lorsque l'on invoque Véhuel, il aide à résoudre lès conflits nés entre le besoin de se préserver et la tentation d'un altruisme trop entier.

VEHUIAH (ANGE)

Si vous êtes né entre le 21 et le 25 mars, votre ange gardien est Vehuiah, Séraphin, dont le nom signifie « *Dieu élevé au-dessus du monde* ». Vehuiah stimule les efforts de celui qui cherche à comprendre la force céleste. Il donne de l'intuition, voire du mysticisme ou, plus simplement, permet d'entrevoir le bon chemin à suivre dans la vie. Vehuiah est un ange qui révèle le feu que l'on porte en soi. Prier cet ange permet de sortir de situations obscures ou d'atténuer les

révoltes que l'on sent monter en soi. Vehuiah est à invoquer avant de passer des examens.
Cet ange, associé à la planète Mars, régit la tête et influence ceux qui ont une préférence marquée pour l'action et le goût du risque. Ils s'adressent à Vehuiah pour modérer leur ardeur et maîtriser leur énergie.

VÉRONIQUE (SAINTE)

Véronique vient du latin *verus,* « ce qui est vrai », et du grec icon, « image ». Sainte Véronique (qui, avant l'événement, s'appelait Bérénice) est celle qui essuya le visage ensanglanté du Christ, lors de son chemin de croix. Sur le linge apparut le visage du Christ, le *Verum Icon,* « la vraie et Sainte Face » dont la contraction donna Véronique. Elle épousa Zachée, un homme riche, et, avec lui, partit évangéliser l'Europe. Elle mourut à Soulac, en Gironde, où ses reliques faisaient l'objet de pèlerinages (fête : le 4 février), et Zachée à Rocamadour.

VERTU

Voir *Hiérarchie des anges gardiens.*

VEULIAH (ANGE)

Si vous êtes né entre le 24 et le 28 octobre, votre ange gardien est Veuliah, Puissance, dont le nom signifie « *Roi dominateur* ». Veuliah pousse à être sûr de soi et à pardonner la faiblesse des autres. Il permet de nouer des relations cordiales avec ses supérieurs et ses subordonnés. Au quotidien, l'ange Veuliah incite à ne pas avoir la naïveté de croire que l'on a toujours raison ou que les valeurs que l'on défend sont toujours les plus justes. Il aide à lutter contre l'inconséquence, et apporte prudence et pondération. De plus, Veuliah dispense au plus haut point la loyauté et la justice, donnant de surcroît l'amour de la liberté.
Cet ange, associé à la planète Mars, suscite un corps robuste pouvant se livrer à la pratique de sports exigeant puissance

et discipline. Lorsque l'on invoque Veuliah, il aide à se montrer moins indulgent pour soi-même et répand une force sereine.

VICTOR (SAINT)

Victor vient du latin *victor,* « victorieux ». Saint Victor était, au IIIe siècle, confident de l'empereur. L'empereur, ayant appris qu'il était chrétien, le fit traîner sur le dos dans les rues de Marseille, où il était en garnison, puis le fit enfermer dans un cachot, où Victor réussit à convertir ses trois geôliers, lesquels furent décapités. Victor, lui, fut encore torturé, puis broyé par des meules à moudre le grain. Patron des meuniers (à cause des instruments de son supplice), il était invoqué par les boiteux (fête : le 21 juillet).

VINCENT (SAINT)

Vincent vient du verbe latin *vincere,* « vaincre ». Saint Vincent (fête : le 22 janvier), en Espagne, était, au IIIe siècle, prédicateur chrétien. Le gouverneur local lui fit déchirer les muscles

avec des crochets et le fit brûler à petit feu, tandis qu'il continuait, jusqu'au dernier soupir, à chanter des psaumes. Saint Vincent, le martyr espagnol qui chantait pendant son supplice, était invoqué par les chanteurs qui ne voulaient pas perdre leur voix. Il était aussi invoqué contre les maladies des intestins car, lors de son supplice, on lui ouvrit le ventre et on lâcha des corbeaux pour qu'ils viennent lui piquer les entrailles ; mais les corbeaux se précipitèrent sur les bourreaux et leur crevèrent les yeux à coups de bec.

Saint Vincent de Paul (fête : le 27 septembre), né dans les Landes en 1581 dans une famille de pauvres paysans, vendit ses deux bœufs d'héritage pour payer ses études et devenir prêtre. Henri IV en fit l'aumônier de la reine Margot. Mais il s'intéressa davantage aux miséreux et aux galériens, aux vieillards et à tous ceux que la société laissait dans la déchéance. Il fonda la congrégation des Filles de la Charité. Il mourut d'épuisement en 1660 et au service de tous.

VINCENT DE PAUL (MÉDAILLE DE SAINT)

Patron des orphelins, des mendiants et des miséreux, il est invoqué pour protéger les esclaves et les orphelins.

Bienheureux saint Vincent de Paul, qui as consacré ta vie à aider les malheureux, apporte ton soutien, secret mais efficace à (X...) à qui la vie n'épargne pas de cruelles épreuves ; Bienheureux saint Vincent de Paul, apporte aussi ton soutien aux miens, qu'ils ne manquent jamais d'affection et d'amour, et fais qu'ils ne soient jamais orphelins de Dieu, et fais aussi qu'ils ne soient les esclaves que de Notre-Seigneur Jésus-Christ, en qui tout est Amour. Amen.

Y-Z

YABAMIAH (ANGE)

Si vous êtes entre le 6 et le 10 mars, votre ange gardien est Yabamiah, Ange, dont le nom signifie « *Verbe qui produit toutes choses* ». Yabamiah fait percevoir avec beaucoup de sensibilité ce que les individus gardent secrets. Yabamiah donne aussi à ses protégés une grande compréhension des autres, de la délicatesse, du sens artistique et de la psychologie. Selon la tradition, Yabamiah régit le don de distinguer la vérité qui anime les êtres. Au quotidien, l'ange Yabamiah permet de ne pas être aveuglé par l'émotivité, la sienne propre ou celle de son entourage. Cet ange accorde à ses protégés la connaissance initiatique. Dans la vie professionnelle, les fidèles de cet ange ont la faculté de prévoir avant tout le monde les bonnes décisions.
Cet ange, associé à la planète Jupiter, a la maîtrise sur le système nerveux. Il donne un comportement dynamique positif.

YAH-HEL (ANGE)

Si vous êtes entre le 26 et le 30 janvier, votre ange gardien est Yah-hel, Archange, dont le nom signifie « *Dieu suprême* ». Yah-hel encourage la capacité à lier sentiments et raison. Avec l'aide de Yah-hel, on sait juger les situations et les comparer avec d'autres, afin de se déterminer et de

choisir le meilleur moyen de mener à bien une action. Enfin, selon la tradition, Yah-hel donne des facilités pour la parole, et ses protégés savent persuader les autres par le discours. Au quotidien, l'ange Yah-hel apporte son soutien pour combattre les élans d'émotivité qui perturbent la raison. Maître de la parole, il lutte contre l'hypocrisie et le mensonge. Ceux que cet ange protège ont besoin de solitude car ils privilégient la méditation et la vie intérieure. Yah-hel leur donne le goût de la philosophie et des spéculations métaphysiques, c'est pourquoi nombre d'entre eux ont une existence humble et vertueuse, proche de la vie monastique.
Cet ange, associé à la planète Vénus, a la maîtrise sur la résistance physique du corps et le met hors d'atteinte des maladies. Lorsque l'on invoque l'ange Yah-hel, on lui demande son soutien pour conserver la maîtrise de ses paroles et ne pas utiliser son éloquence pour séduire et tromper les autres.

YEHUIAH (ANGE)

Si vous êtes entre le 3 et le 7 septembre, votre ange gardien est Yehuiah, Vertu, dont le nom signifie « *Dieu qui connaît toutes choses* ». Yehuiah répand une énergie qui permet d'agir intuitivement et spontanément, de montrer dans ses entreprises une manière ingénieuse de résoudre les difficultés. Cette attitude va avec une grande indépendance d'esprit, signe distinctif des inventeurs et des révolutionnaires. Selon la tradition, l'ange Yehuiah a la faculté d'aider à mettre en œuvre la puissance et le courage nécessaire pour affronter les situations périlleuses ou demandant une grande maîtrise. Au quotidien, l'ange Yehuiah apporte sérénité et intelligence, permet de lutter contre le stress et la nervosité, ce qui est utile, notamment, avant les examens. Cet ange, associé à la planète Vénus, a la maîtrise de la colonne vertébrale, notamment de la région lombaire, et l'on dit que celui qui naît sous son pouvoir possède une belle souplesse physique. Lorsque l'on invoque l'ange Yehuiah, il aide à éviter ces attitudes irascibles et violentes souvent à l'origine de conflits aux conséquences dramatiques.

YEIAIËL (ANGE)

Si vous êtes né entre le 8 et le 12 juillet, votre ange gardien est Yeiaiël, Trône, dont le nom signifie « *La Droite de Dieu* ». Yeiaiël encourage les natures fidèles et sociables, celles qui recherchent l'affection de leur entourage afin de les aider à résoudre leurs difficultés matérielles et leurs problèmes personnels. Yeiaiël est un messager de justice. Il permet à ses protégés de juger de l'importance des choses et des événements, de respecter les droits de chacun. Au quotidien, il évite de tomber dans le piège de l'hypocrisie et de la manipulation des autres pour son profit. Il apporte l'esprit de tolérance et éclaire sur les motivations de ceux que l'on ne connaît pas mais avec lesquels on est en contact. Cette faculté est utile pour faciliter les échanges. Sur le plan moral, Yeiaiël rend libéral et philanthrope, ajoutant même quelquefois le goût du risque et de l'aventure.

Cet ange, associé à la planète Mercure, maîtrise l'oreille interne et le sens de l'équilibre. On peut l'invoquer pour lui demander son soutien afin de démasquer l'hypocrisie, les idées reçues mais fallacieuses, et les abus de confiance.

YEIALEL (ANGE)

Si vous êtes entre le 6 et le 10 janvier, votre ange gardien est Yeialel, Archange, dont le nom signifie « *Dieu qui exauce les générations* ». Yeialel permet de discerner et de reconnaître ce qui appartient au savoir traditionnel et ce qui provient de l'analyse intellectuelle et de la recherche. Il donne aussi assez de concentration pour permettre aux hommes de comprendre le fondement de toutes choses. C'est pourquoi ses protégés ont des dons pour les études et les sciences avancées. Selon la tradition, Yeialel à la maîtrise de l'astronomie et donne la compréhension de la place de l'homme dans l'univers. Au quotidien, l'ange Yeialel accroît l'ouverture de conscience. Dans le monde professionnel, cela permet d'être toujours au plus haut niveau et d'obtenir les meilleures situations. Yeialel aide à lutter contre la manie du détail qui fait passer à côté de l'essentiel. Cet ange, associé à la planète Mars a la maîtrise sur les muscles qu'il rend puissants. Lorsque l'on invoque l'ange Yeialel, il aide à acquérir plus de tact et d'aptitude à comprendre les blessures que l'on peut faire par des critiques disproportionnées.

YEIAZEL (ANGE)

Si vous êtes né entre le 9 et le 13 octobre, votre ange gardien est Yeiazel, Vertu, dont le nom signifie « *Dieu qui réjouit* ». Yeiazel encourage la vivacité et la souplesse d'esprit, la capacité de s'adapter. Selon la tradition, Yeiazel a aussi la faculté d'éveiller l'enthousiasme dont ont besoin ses protégés pour répondre à leurs intuitions et aux révélations fulgurantes qu'ils reçoivent. Au quotidien, il vise la stabilité de l'être et encourage sa maturité. Il aide ses protégés à lutter contre le découragement ou la surexcitation. Espérance et amour sont les principales qualités apportées par Yeiazel. Cet ange, associé à la planète Jupiter, maîtrise la sensibilité. Il aide à résister à la souffrance et aux privations. Lorsque l'on invoque l'ange Yeiazel, il suggère comment rester dans le chemin que l'on a choisi, et comment ne pas se laisser perturber par les influences extérieures.

YELAHAIAH (ANGE)

Si vous êtes né entre le 29 octobre et le 2 novembre, votre ange gardien est Yelahaiah, Puissance, dont le nom signifie « *Dieu éternel* ». Yelahaiah soutient ceux qui font partager leur expérience. Il les stimule en activant leur courage et leur dynamisme tout en leur permettant de défendre leur intégrité. L'ange Yelahaiah encourage aussi les entreprises dictées par la justice et la droiture et qui tendent à l'amélioration de la vie sociale. Au quotidien, l'ange Yelahaiah

limite l'agressivité, l'esprit de revanche et la dictature. Avec lui on lutte efficacement contre la témérité, les efforts inutiles et le surmenage. Yelahaiah encourage l'esprit de recherche, tant spirituel que physique.
Cet ange, associé à la planète Mars, donne au corps une grande résistance aux agressions extérieures et aux coups et blessures. Lorsque l'on invoque Yelahaiah, il aide à mieux contrôler sa propre force, à éviter si possible la violence et à rechercher la conciliation.

YERATHEL (ANGE)

Si vous êtes né entre le 3 et le 7 août, votre ange gardien est Yerathel, Domination, dont le nom signifie « *Dieu qui punit les méchants* ». Yerathel encourage et soutient les êtres dotés d'un esprit ouvert et entreprenant, leur apporte de l'entrain pour mener à bien leurs entreprises. Yerathel révèle aux hommes les secrets de la nature, l'intimité des choses. Au quotidien, l'ange Yerathel soutient les efforts pour s'échapper de la condition matérielle et s'orienter vers les connaissances spirituelles et métaphysiques. Yerathel seconde ses protégés et leur permet de mieux gérer leur potentiel d'intelligence comme leurs biens physiques. Yerathel donne de la lucidité face au bonheur comme aux épreuves liées à l'adversité.
Cet ange, associé à la planète Jupiter, maîtrise le cœur et stabilise l'émotion, rend celui qu'il protège capable d'une grande sérénité. Lorsque l'on invoque l'ange Yerathel, il aide à lutter contre la dangereuse torpeur de la réussite sociale.

YEZALEL (ANGE)

Si vous êtes né entre le 21 et le 26 mai, votre ange gardien est Yezalel, Chérubin, dont le nom signifie « *Dieu glorifié sur toutes choses* ». Yezalel encourage l'individu à rechercher les valeurs qu'il possède en lui-même et à acquérir de nouvelles connaissances. Cet ange apporte le don de persua-

sion. Au quotidien, Yezalel apporte sa puissance angélique pour éviter que l'être ne s'assoupisse ou tergiverse avant d'entamer sa réelle destinée qui est d'entraîner les autres vers la découverte d'eux-mêmes. Ce combat pour la découverte de sa propre puissance amène à lutter contre toute forme de dictature car l'être que parraine Yezalel est quelqu'un de profondément social et juste ayant un grand sens de la communauté à qui l'ange ajoute encore un penchant sincère pour l'amitié, la fidélité et l'amour.
Cet ange, associé à la planète Jupiter, influence la partie du cerveau responsable de la mémoire. Lorsque l'on invoque cet ange, il aide à lutter contre le désordre et l'utopie.

ZACHACHARIEL (ANGE)

Ange de Jupiter. Ange de puissance. Voir *Apocalypse (Anges dans l')*.

Choix de l'ange gardien selon son jour de naissance

Les soixante-douze anges gardiens se répartissent les trois cent soixante-cinq jours de l'année. Leur répartition débute le jour de l'équinoxe de printemps, moment où le soleil se trouve sur le premier degré du signe du Bélier. Selon votre jour de naissance, choisissez votre ange gardien à partir de la liste suivante, et reportez-vous à sa fiche alphabétique :

Du 21 au 25 mars : Vehuiah.
Du 26 au 30 mars : Jeliel.
Du 31 mars au 4 avril : Sitaël.
Du 5 au 9 avril : Élemiah.
Du 10 au 14 avril : Mahasiah.
Du 15 au 20 avril : Lelahel.
Du 21 au 25 avril : Achaiah.
Du 26 au 30 avril : Cahethel.
Du 1er au 5 mai : Haziel.
Du 6 au 10 mai : Aladiah.
Du 11 au 15 mai : Lauviah (1).
Du 16 au 20 mai : Hahaiah.
Du 21 au 26 mai : Yezalel.
Du 27 au 31 mai : Mebahel.
Du 1er au 5 juin : Hariel.
Du 6 au 10 juin : Hekamiah.
Du 11 au 15 juin : Lauviah (2).
Du 16 au 21 juin : Caliel.
Du 22 au 26 juin : Leuviah.

Du 27 juin au 1er juillet : Pahaliah.
Du 2 au 7 juillet : Nelchaël.
Du 8 au 12 juillet : YeaiëI.
Du 13 au 17 juillet : Melahel.
Du 18 au 22 juillet : Haheuiah.
Du 23 au 28 juillet : Nith-Haiah.
Du 29 juillet au 2 août : Haaiah.
Du 3 au 7 août : Yerathel.
Du 8 au 13 août : Séheiah.
Du 14 au 18 août : Reiyel.
Du 19 au 23 août : Omaël.
Du 24 au 28 août : Lekabel.
Du 29 août au 2 septembre : Vasariah.
Du 3 au 7 septembre : Yehuiah.
Du 8 au 13 septembre : Lehahiah.
Du 14 au 18 septembre : Khavakiah.
Du 19 au 23 septembre : Menadel.
Du 24 au 28 septembre : Aniel.
Du 29 septembre au 3 octobre : Haamiah.
Du 4 au 8 octobre : Rehaël.
Du 9 au 13 octobre : Yeiazel.
Du 14 au 18 octobre : Hahahel.
Du 19 au 23 octobre : Mikaël.
Du 24 au 28 octobre : Veuliah.
Du 29 octobre au 2 novembre : Yelahaiah.
Du 3 au 7 novembre : Sealiah.
Du 8 au 12 novembre : Ariel.
Du 13 au 17 novembre : Asaliah.
Du 18 au 22 novembre : Mihaël.
Du 23 au 27 novembre : Véhuel.
Du 28 novembre au 2 décembre : Daniel.
Du 3 au 7 décembre : Hahasiah.
Du 8 au 12 décembre : Imamiah.
Du 13 au 16 décembre : Nanaël.
Du 17 au 21 décembre : Nithaël.
Du 22 au 26 décembre : Mebahiah.
Du 27 au 31 décembre : Poiël.

Du 1er au 5 janvier : Nemamiah.
Du 6 au 10 janvier : Yeialel.
Du 11 au 15 janvier : Harahel.
Du 16 au 20 janvier : Mitzraël.
Du 21 au 25 janvier : Umabel.
Du 26 au 30 janvier : Yah-hel.
Du 31 janvier au 4 février : Anauël.
Du 5 au 9 février : Mehiel.
Du 10 au 14 février : Damabiah.
Du 15 au 19 février : Manakel.
Du 20 au 24 février : Ayaël.
Du 25 au 29 février : Habuiah.
Du 1er au 5 mars : Rochel.
Du 6 au 10 mars : Yabamiah.
Du 11 au 15 mars : Haiaiël.
Du 16 au 20 mars : Mumiah.

Choix du saint selon son mal

Abcès (contre les...) : Louis
Abeilles (attirer les) : Isidore, Valentin
Accidents (contre les) : Marie
Accident de chasse : Hubert
Accident de la route : Christophe
Accouchement : Anne, Antoine, Charlemagne, François, Léonard, Marguerite, Marie
Accusations injustes : Jeanne d'Arc
Adolescents (sexualité des) : François, Médard
Adultère (contre l') : Daniel, Françoise, Théodora
Adversité (contre l') : Pentagramme
Agonie, agonisants : Abel, Acace, Colombe, Éric, Jean
Alcoolisme (contre l') : Martin, Matthias
Ambition (contrôler l') : Innocent
Amour (chagrin d') : Irène, Marie-Madeleine
Animaux égarés : Martin
Angine : Philibert
Angoisse : Hubert
Aphtes (contre les) : Gaston
Apoplexie : André, Christian
Appendicite : Théodore
Arête de poisson : Blaise, Lucrèce
Artérite : Valéry
Asphyxie (contre l') : Félix
Avarice (contre l') : Ambroise, Guillaume

Belle-mère encombrante :	Françoise
Bêtes sauvages :	Sosthène
Blasphèmes (contre les...) :	Jeanne d'Arc
Blessures (contre les...) :	Jacques, Nathalie
Bois de chauffage :	Paul
Boitement (contre le) :	Camille, Gilles, Philippe, Victor
Bonheur domestique :	Mesure du Christ
Bras (douleurs dans le) :	Marcelle
Brûlures (contre les...) :	Benoît, Jeanne d'Arc, Laurent
Calculs rénaux :	Conrad
Cancer :	Anastasia, Gilles
Canicule (contre la) :	Ambroise
Cardiaques (maladies...) :	Notre-Dame-des-Miracles
Carie :	Apolline
Cas désespérés :	Rita
Catastrophes familiales :	Catherine
Catastrophes naturelles :	Mesure du Christ.
Cauchemars (contre les) :	Sabine
Cécité :	Max, Notre-Dame-des-Miracles, Odile, Omer, Sibylle
Chagrin d'amour :	Marie-Madeleine
Chasse (accident de) :	Eustache, Hubert
Chasteté :	Cécile, Édoaurd, François, Thomas
Chevaux :	Éloi
Cheveux (chute des) :	Flora, Julienne, Just, Suzanne
Cheveux blancs :	Jacques
Chocs (contre les) :	Eusèbe
Chômage :	Rémi
Chorée :	Guy
Chute (après une) :	Gaspard
Cicatrisation des plaies :	Octave
Colère :	Jérôme, Lazare
Colique :	Guy, Honoré, Martine
Coliques néphrétiques :	Florent
Complexes psychiques :	Jean
Confession des fautes :	Michel, Padre Pio
Constipation :	Jules, Omer
Contagion :	Armel, Julien
Convulsions :	Ghislain, Guy, Jean-Baptiste
Cors aux pieds :	Pierre

Crise de nerfs :	Balthazar
Débauche (contre la) :	Marie
Décision à prendre :	Sceau de Salomon
Défaite (contre une) :	Charlemagne
Démons (contre les) :	Benoît, Eusèbe, Geneviève, Gilles
Dents (mal aux) :	Apolline, Basile, Guy
Dépression nerveuse :	Hubert
Désespérée (situation) :	Rita
Désobéissance des enfants :	Monique
Dettes (rembourser ses) :	Albin, Baudouin
Diabète (contre le) :	Gertrude
Diarrhées (contre les) :	Germain
Discorde (mettre fin à la) :	Marie, Patrick
Disputes conjugales :	Marie, Patricia
Disputes familiales :	Hélène
Dos (contre le mal de) :	Laurent
Douleurs physiques :	Jacques, Padre Pio
Durillons :	Pierre
Dysenterie :	Eulalie, Guy, Lucie
Eau (trouver de l') :	Anselme
Éboulements :	Césaire
Écrouelles (guérir des) :	Édouard, Louis
Eczéma (contre l') :	Côme, Rose
Éloquence (avoir de l') :	Théodore
Emploi (recherche d') :	Rémi
Enfant (maladie d') :	Blaise, Clotilde, Nicolas
Enfants martyrs :	Édouard
Enfant (premiers pas) :	Guillaume
Enfants (protection des) :	Antoine, Marie, Nicolas, Solange
Enfants (surveillance des) :	Antoine, Charlemagne
Engelures :	Janvier, Saturnin
Ennemis (lutter contre ses) :	Georges
Épilepsie :	Amédée, Balthazar, Charlemagne, Joachim, Romain
Épine (piqûre d') :	Félix
Épouse (trouver une) :	Valérie
Éruptions volcaniques :	Agathe
Érysipèle (contre l') :	Antoine
Escarres :	Solène
Esclavage (contre l') :	Vincent

Estomac (ulcère l') : Diego
Estomac (brûlures d') : Grégoire, Marthe, Matthias
Étouffement (contre l') : Blaise
Évanouissement : Valentin
Examens universitaires : Paul
Expulsion d'un domicile : Basile
Famine : Geneviève, Hyacinthe
Fautes graves : Michel, Padre Pio
Faveurs féminines : Marcel
Femmes battues : Anastasia, Jules, Rita
Fête réussie : Fabienne
Feux de cheminée : Clément
Fiançailles heureuses : Valentin
Fièvre (contre la) : Abraham, Gérard
Fièvre de l'enfant : Nicolas
Foie (maladie du) : Cyrille, Josse
Folie (contre la) : Berthe, Gildas, Priscilla
Foudre (contre la) : Barbe, Charlemagne
Fracture osseuse : Éloi, Félix
Froid (contre le) : Notre-Dame-des-Miracles
Furoncle : Thierry
Gel (contre le) : Benoît
Genoux (mal aux) : Roch
Gerçures : Agathe
Gorge (mal de) : André, Audrey, Marin, Pascal, Valérie
Gourmandise (contre le) : Micheline
Goutte (contre la) : Jacques, Maurice
Grippe : Hilaire, Hugues
Grossesse : Anne
Guerres (contre les) : Notre-Dame-des-Miracles, Padre Pio
Hémorroïdes (soulager les) : Athanase, Basile, Fiacre, Gilbert
Héritage (faire un) : Marc
Hiérarchie (être aimé de sa) : Étienne, Eustache
Homosexualité (contre l') : Anastase
Hoquet (contre le) : Eugénie, Serge
Impétigo : Lucien, Reine
Impôts (contre trop d') : Eusèbe
Impuissance masculine : Albert, Luc, Serge
Incendie (contre l') : Boniface

Inceste (contre l') : Frédéric, Ignace
Incontinence d'urine : Gervais
Indigestion : Aurélien, Jonas
Injustice (contre l') : Acace, Jeanne d'Arc
Inondations : Macaire
Insomnie (contre l') : Bernard, Désiré, Hubert
Intermédiaire (trouver un) : Gabriel
Intestins (maladie des) : Loup, Vincent
Intoxication alimentaire : Joseph
Jambes (contre le mal de) : Pierre
Jambes paralysées : Corneille, Honoré, Notre-Dame de Lourdes
Jambe cassée : Adrien
Jardin (avoir un beau) : Adam
Jeu (se délivrer du) : André
Jurons (contre les) : Marie
Lait (nourrice de) : Agathe
Langue (maladie de la) : Anastasia
Logement (trouver un) : Joseph
Longévité : Narcisse, Siméon
Loups (dresser des) : Edmond, Étienne, Hervé, Ignace
Lucidité (garder sa) : Grégoire
Lumbago (contre le) : Laurent
Luxure : Agathe, Médard, Paul, Thomas
Mains (blessures aux) : Edmond, Max
Mal (se protéger du) : Pentagramme
Maladies : André, Catherine, Marie
Maladies incurables : Rita
Maladies infantiles : Marie
Maléfices (contre les) : Benoît
Malhonnêteté (resister à la) : Alphonse
Manies (guérir de ses) : Gautier
Maraudeurs (contre les) : Josse
Marcheurs (aide aux) : Robert, Roch
Mari (trouver un) : André, Estelle
Mariage (échapper au) : Alexis
Mélancolie (contre la) : Grégoire, Paul
Mémoire (perte de) : Expédit, Joseph
Ménage (travaux de) : Marthe
Mensonge (contre le) : André
Mer (mal de) : Raphaël

Mésentente conjugale : Marie, Mathurin
Mésentente familiale : Marie
Messager (trouver un) : Gabriel
Migraines (contre les) : Denis, Gaston, Gérald
Misère (contre la) : Delphine, Jérémie, Vincent
Morsure de serpent : Lucien, Philippe, Simon
Mort (se protéger de la) : André, Charlemagne, Mesure du Christ
Mort subite (pour une) : Barbe, Ursule
Mort (vision de sa) : Brigitte
Morts (pour honorer les) : Padre Pio
Mutilés de guerre : Rachel
Mutisme (contre le) : Prosper
Myopie (contre la) : Eustache
Naufrages (contre les) : Raymond
Nerfs (crises de) : Balthazar, Donald
Nerveuses (maladies) : Notre-Dame-des-Miracles
Nourrices : Marine
Nourrissons (protection des) : Isabelle
Nourriture (trouver de la) : Geneviève, Hyacinthe
Nouvelles (avoir des) : Romuald
Noyade : Romain
Nuit noire : Robert
Objection de conscience : Marcel
Objets perdus : Antoine, Barnabé
Objets volés : Julien
OEdèmes : Gilbert
Oiseaux (protection des) : François
Orage (contre l') : Antoine, Barbe
Oreillons : Martial
Orgelet : Thierry
Orgueil (contre l') : Anne, Bernadette
Orphelins (protection des) : Vincent
Otage (prise d') : Abel, Acace
Ouïe fine (avoir l') : Claire
Ours (dresser les) : Léon
Panaris (contre les) : Cyprien, Honorat
Paralysie (contre la) : Corneille, Notre-Dame de Lourdes, Raphaël, Sébastien
Paralysie des jambes : Honoré.
Parasites (animaux) : Augustin, Florent

Parents maltraités :	Ludmilla, Mathilde
Parole (maladie de la) :	Notre-Dame-des-Miracles
Peau (maladies de la) :	Antoine, Côme, Reine
Pécheresse repentie :	Marie-Madeleine, Régis
Perte d'un objet :	Antoine
Perversions sexuelles :	Eugénie
Peste (contre la) :	Bruno
Pied (mal au) :	Pierre, Serge
Piqûres de ronces :	Arnold
Piqûres vénéneuses :	Gérard, Gertrude
Pluie (faire cesser la) :	Nestor
Pluie (faire tomber la) :	Herbert, Isidore, Solange
Poisson (arête de) :	Blaise, Lucrèce
Poliomyélite :	Sébastien
Poumons (maladie des) :	Notre-Dame des Miracles, Thérèse
Prisonniers :	Germain, Raymond
Procès (gagner un) :	Thomas
Prospérité :	Mesure du Christ, Sainte Trinité.
Prostituée repentie :	Régis
Protection céleste :	Sainte Trinité
Protection :	Tétragrammaton
Psychoses maniaques :	Gautier
Purgatoire (éviter le) :	Laurent, Michel
Querelles familiales :	Gondran
Rage (contre la) :	Hubert
Rats (contre les) :	Augustin, Gertrude
Règles (premières) :	Agnès
Règles douloureuses :	Denise
Règles tardives :	Félix
Reins (mal aux) :	Lambert, Marthe
Réussite (acquérir la) :	Mesure du Christ, Sainte Trinité
Réveil de bonne heure :	Germain
Rhumatismes :	Jacques, Lazare
Ronflement (contre le) :	Bernard
Route (éviter un accident de) :	Christophe
Sang (maladie du) :	Notre-Dame-des-Miracles
Sécheresse (contre la) :	Notre-Dame-des-Miracles, Honoré
Sécurité (se sentir en) :	Ange gardien
Sein (cancer du) :	Anastasia

Seins douloureux :	Agathe, Justine
Seins (raffermir les) :	Christine
Serpents (morsures de) :	Julien, Philippe, Simon
Situations désespérées :	Jude, Rita
Soif (contre la) :	Cyrille
Soleil (faire venir le) :	Adam, Aignan, Roland
Solitude (contre la) :	Ange gardien
Somnolence :	Guy
Sort (contre le mauvais) :	Catherine
Souffrance (contre la) :	Padre Pio
Stérilité (contre la) :	Anne, François, Gabriel, Notre-Dame-des-Miracles, Sara, Thibaud
Surdité (contre la) :	Aurélien, Ida, Léonard
Taureau (charge d'un) :	Saturnin
Témoignage favorable :	Thomas
Tempêtes (contre les) :	Cyrille
Temps (avoir du beau) :	Roland
Testament (être sur un) :	Félix
Tête (maux de) :	Denis
Timidité :	Jean-Baptiste
Torticolis (contre le) :	Arnold
Toux :	Quentin, Rose
Travaux ménagers :	Marthe
Tremblements de terre :	Agathe, Césaire, Marianne
Troubles psychiques :	Mathurin
Tuberculose :	Casimir, Céline, Thérèse
Urgence (en cas d') :	Expédit
Urinaire (incontinence) :	Gervais
Varicelle :	Odile
Varices :	Marguerite-Marie
Venin (se protéger du) :	Charlemagne
Ventre (maux de) :	Guy, Honoré
Veuvage :	Ségolène
Victoire militaire :	Maurice
Vieillesse (contre la) :	Léonce
Vigne (protection de la) :	Augustin, Hilaire
Violence (contre la) :	Jérôme
Virginité (garder sa) :	Agnès, Angèle, Catherine, Matthieu
Vision de sa mort :	Brigitte

Voix (extinction de) :	Cécile, Vincent
Voix (avoir une forte) :	Félix
Vomissements :	Julienne, Madeleine
Voyage (avant de partir en) :	Christophe, Raphaël
Vue (avoir une meilleure) :	Geneviève, Lucie
Yeux (maladie des) :	Notre-Dame-des-Miracles

Imprimé en France sur Presse Offset par

BRODARD & TAUPIN

GROUPE CPI

16176 – La Flèche (Sarthe), le 02-10-2003
Dépôt légal : septembre 2003